Los beneficios de la publicación de este libro servirán para financiar el Fondo para los Libros de El Tibetano que consiste en un capital destinado a perpetuar las enseñanzas de El Tibetano y de Alice A. Bailey.

ESPEJISMO
(GLAMOUR)
UN PROBLEMA MUNDIAL

PRIMERA EDICIÓN EN NOUS: SEPTIEMBRE DE 2017
EDICIÓN REVISADA EN 2017
EDICIÓN AUTORIZADA POR LUCIS TRUST

TÍTULO ORIGINAL: GLAMOUR: A WORLD PROBLEM

© 1950 ALICE A. BAILEY

© EDITORIAL NOUS
CAMINO DE ZAGÁN, 9
28694 SIERRA OESTE DE MADRID
EDITORIAL@DHARANA.ORG

ISBN: 978-84-127765-2-2
DEPÓSITO LEGAL: LU 119-2017

PRODUCCIÓN: NOUMICON

Impreso en papel reciclado 100%

Impreso en España. Printed in Spain

WWW.EDITORIALNOUS.COM
WWW.DHARANA.ORG

ALICE A. BAILEY

ESPEJISMO

(GLAMOUR)

UN PROBLEMA MUNDIAL

NOTA: Los números de la edición inglesa están señalizados con el siguiente símbolo: [i...]

ÍNDICE

RESUMEN DE UNA DECLARACIÓN HECHA POR EL TIBETANO

PUBLICADA EN AGOSTO DE 1934

[iix] Solamente diré que soy un discípulo tibetano de cierto grado; esto puede significar muy poco para ustedes, porque todos son discípulos, desde el aspirante más humilde hasta más allá del Cristo Mismo. Tengo cuerpo físico lo mismo que todos los hombres; resido en los confines del Tíbet y, a veces (desde el punto de vista exotérico), cuando me lo permiten mis obligaciones, presido un grupo numeroso de lamas tibetanos. A esto se debe la difusión de que soy un abad de ese monasterio lamásico. Aquellos que están asociados conmigo en el trabajo de la Jerarquía (todos los verdaderos discípulos están unidos en este trabajo) me conocen también con otro nombre y cargo. A. A. B. conoce dos de mis nombres.

Soy un hermano que ha andado un poco más por el sendero y, por consiguiente, tengo más responsabilidades que el estudiante común. He luchado y me he abierto camino hacia la luz y logrado mayor cantidad de luz que el aspirante que leerá este artículo, por lo tanto, tengo que actuar como transmisor de luz, cueste lo que cueste. No soy un hombre viejo, con respecto a lo que la edad puede significar en un instructor, ni tampoco soy joven e inexperto. Mi trabajo consiste en enseñar y difundir el conocimiento de la Sabiduría Eterna donde quiera que encuentre respuesta, y esto lo he estado haciendo durante muchos años. Trato también de ayudar a los Maestros M. y K. H. en todo momento, porque estoy relacionado con Ellos y Su trabajo. Lo expuesto hasta aquí encierra mucho, pero no les digo nada que pueda inducirles a ofrecerme esa ciega obediencia y tonta devoción que el aspirante emocional brinda al Gurú y Maestro con el que aún no está en condiciones de tomar contacto, ni puede lograrlo hasta tanto no haya trasmutado la devoción emocional en desinteresado servicio a la humanidad, no al Maestro.

No espero que sean aceptados los libros que he escrito. Pueden o no ser exactos, correctos y útiles. El lector puede comprobar su verdad [IVI] mediante la práctica y el ejercicio de la intuición. Ni A. A. B. ni yo, tenemos interés en que se los considere como que han sido inspirados, ni tampoco que se diga misteriosamente que son el trabajo de uno de los Maestros.

Si estos libros presentan la verdad de tal manera que pueda considerarse como la continuación de las enseñanzas impartidas en el mundo, y si la instrucción suministrada eleva la aspiración y la voluntad de servir desde el plano de las emociones al plano mental (el plano donde pueden hallarse los Maestros), entonces estos libros habrán cumplido su propósito. Si la enseñanza impartida encuentra eco en la mente iluminada del trabajador mundial y si despierta su intuición, entonces acéptense tales enseñanzas.

Si estas afirmaciones son comprobadas oportunamente y consideradas como verdaderas bajo la prueba de la Ley de Correspondencias, muy bien, pero si esto no es así, no se acepte lo expuesto.

DECLARACIÓN DEL EDITOR

[ix] En el libro "Discipulado en la Nueva Era", Tomos I y II se han dado a conocer algunas instrucciones impartidas por El Tibetano a un grupo de discípulos. Estas instrucciones, más cierta enseñanza esotérica, fueron publicadas por A. A. Bailey en 1944, con el consentimiento de dichos discípulos.

Los manuscritos inéditos constituían instrucciones y enseñanzas esotéricas adicionales y a medida que A. A. Bailey terminaba de redactarlos eran publicados. El texto ha sido escrito esporádicamente en el transcurso de nueve años, 1935-1944.

En las páginas de este libro, "Espejismo, Un Problema Mundial", se hace referencia a ese mismo grupo de discípulos, incluyendo ciertas fórmulas para la meditación grupal que tienen un valor informativo e ilustran el valor práctico de la enseñanza dada. Sin embargo el lector ha de reconocer que las meditaciones adecuadas para propósitos grupales especiales, no son por lo general tan eficaces si se practican individualmente.

El poder de un grupo integrado, compuesto por discípulos que tienen una visión común y un propósito grupal establecido es enorme y puede prestar un gran servicio a la humanidad. Las modernas técnicas acuarianas incluyen ese esfuerzo grupal. Los escritos de El Tibetano y de A. A. Bailey, ya publicados, proporcionan información para un trabajo de experimentación grupal inteligente y útil, el cual se ha de emprender como servicio espiritual mundial y no como medio de desarrollo espiritual del aspirante.

En la actualidad esta acción grupal es muy deseable cuando se ha emprendido voluntariamente, no está regida por directivas autocráticas y se lleva a cabo con debida humildad y precaución. Tal actividad debe ser reconocida como una aventura precursora de carácter experimental.

[ixi] En varias partes del mundo han aparecido grupos de este tipo, pudiendo contribuir eficazmente a que tenga éxito el trabajo del Nuevo Grupo de Servidores del Mundo. En "Tratado sobre Magia Blanca" y en "Tratado sobre los Siete Rayos" Torno II, se da información sobre este amplio grupo mundial de servidores.

FOSTER BAILEY
JULIO DE 1950

ALGUNAS ACLARACIONES PRELIMINARES

[i1] Todo grupo dedicado a trabajos esotéricos tiene su dharma o deber y un objetivo peculiar. A fin de que puedan visualizar con claridad lo que ustedes, como aspirantes al discipulado, han de realizar para poder colaborar inteligentemente, expondré en forma concisa el propósito:

Dharma significa deber u obligación; ustedes tienen la específica y definida obligación de desarrollar la intuición. El medio o método de desarrollo puede ser logrado por el estudio de los símbolos.

Quisiera que observen que son muy comunes las generalizaciones respecto a la intuición y las tentativas de definirla, pero raras veces se comprende verdaderamente.

Los científicos y los médicos dicen que existen miles de células aletargadas en el cerebro humano y, por lo tanto, el individuo común emplea una pequeña parte de su equipo. La zona del cerebro que se encuentra alrededor de la glándula pineal está conectada con la intuición; estas células deben ser puestas en actividad para que haya una verdadera percepción intuitiva, la cual, una vez lograda, pondrá de manifiesto el control que ejerce el alma, la iluminación espiritual, la verdadera comprensión psicológica hacia nuestros semejantes y el desarrollo del verdadero sentido esotérico, objetivo que ustedes tienen por delante, en la actualidad.

Quisiera clasificar lo que tengo que decirles, rogándoles estudiar minuciosamente mis palabras:

I. Definiré la intuición.
II. Trataré la forma de desarrollarla mediante el estudio de los símbolos. [i2]
III. Finalizaré con algunas instrucciones específicas sobre la manera de proceder en forma útil.

Por lo tanto, si resulta difícil comprender esta enseñanza y las reacciones son lentas, ello indica que son necesarios estos estudios y corrobora lo que estoy diciendo. Si quieren considerar seriamente conmigo lo que *no* es la intuición, creo que mis palabras hallarán en ustedes una respuesta interna.

I. DEFINICIÓN DE LA INTUICIÓN

La intuición no es un sentimiento de amor hacia las personas que signifique comprenderlas. Mucho de lo que se llama intuición solo es un reconocimiento de similitudes y la posesión de una aguda mente analítica. Las personas inteligentes que han vivido mucho tiempo, han tenido muchas experiencias haciendo contacto con un sin número de personas, pueden, siempre que estén interesadas en ello, darse cuenta fácilmente de los problemas y las modalidades de los demás. Esto no debe confundirse con intuición.

La intuición no está relacionada con el psiquismo superior o inferior. Tener una visión, oír la voz del silencio, reaccionar placenteramente a cualquier enseñanza, no significa que actúe la intuición. Tampoco es ver símbolos, pues esto es un tipo especial de percepción y también implica poseer la capacidad de sintonizar la Mente Universal en ese estrato de su actividad que produce las formas–cánones sobre las que se basan todos los cuerpos etéricos. Intuición no es psicología inteligente ni amoroso deseo de prestar ayuda, producida por la interacción entre la personalidad, regida por una fuerte orientación del alma, y el alma consciente del grupo.

Intuición es comprensión sintética, prerrogativa del alma, que solo es posible cuando el alma, en su propio nivel, va en dos direcciones: hacia [i3] la Mónada y hacia la integrada, y quizás coordinada y unificada personalidad (aunque solamente de forma temporal). Es el primer indicio de una profunda unificación subjetiva que llegará a su consumación en la tercera iniciación.

Intuición es captar comprensivamente el principio de universalidad; cuando existe, se pierde, por lo menos momentáneamente, todo sentido de separatividad. En su punto álgido se reconoce como ese Amor Universal que no tiene relación con el sentimiento ni con la reacción afectiva, sino que predominantemente se identifica con todos los seres. Entonces se conoce la verdadera compasión y no existe el espíritu de crítica. Solo entonces puede verse el germen divino latente en todas las formas.

Intuición es luz, y cuando actúa, el mundo se ve como luz y la luz existente en los cuerpos de todas las formas se hace gradualmente visible. Esto trae consigo la capacidad de hacer contacto con el centro de luz de cada forma, estableciéndose así también una relación esencial, quedando relegado a segundo término el sentido de superioridad y separatividad.

Por lo tanto, el desarrollo de la intuición trae aparejado tres cualidades:

Iluminación. Por iluminación no me refiero a la luz de la cabeza. Ella es incidental y fenoménica; muchas personas verdaderamente intuitivas desconocen por completo esta luz. La luz a que me refiero es la que ilumina el Camino, "la luz del intelecto" que significa realmente lo que ilumina la mente y puede reflejarse en el mecanismo mental cuando ella se mantiene "firme en la luz". Esta es la "Luz del Mundo", realidad que existe eternamente, pero que solo puede ser descubierta cuando la luz interna individual es reconocida como tal. Es la "Luz de las Edades" que brilla cada vez más hasta que el Día sea con nosotros. Intuición, por lo tanto, es reconocer [i4] internamente, por propia experiencia. y no en teoría, nuestra total identificación con la Mente Universal y que somos parte integrante de la gran Vida del mundo y que participamos de la Existencia que persiste eternamente.

Comprensión. Debe ser considerada en su sentido literal, significando la facultad de entender y penetrar las cosas y también el poder de receso o la capacidad de retirarse de la eterna identificación con la vida de la forma. Quisiera señalar que apartarse es relativamente fácil para los que poseen muchas de las cualidades de primer rayo. El problema consiste en retirarse en sentido esotérico, evitando al mismo tiempo el sentido de separatividad, aislamiento y superioridad. Es fácil para las personas que pertenecen al primer rayo resistir a la tendencia de identificarse con otros. Tener verdadera comprensión implica poseer una acrecentada capacidad de amar a todos los seres y no obstante, al mismo tiempo, mantener un desapego personal, que puede basarse fácilmente en la incapacidad de amar o en la preocupación egoísta por la propia comodidad física, mental o espiritual y sobre todo emocional. Las personas que pertenecen al primer rayo temen a la emoción y la desprecian, pero a veces tienen que entrar en un estado emotivo antes de poder emplear correctamente la sensibilidad emotiva.

Comprensión implica hacer contacto con la vida como personalidad integrada, más la reacción egoica a los propósitos y planes del grupo. Supone la unificación alma–personalidad, amplia experiencia y una acelerada actividad del principio crístico interno. La comprensión intuitiva es siempre espontánea. El razonamiento, para llegar a la comprensión, no constituye una actividad de la intuición.

Amor. Como ya se ha dicho, no es un sentimiento afectivo ni tampoco poseer una disposición amorosa; ambos aspectos son incidentales y correlativos. Cuando se desarrolla la intuición tanto el afecto como la exteriorización del espíritu [i5] amoroso se expresarán en su forma más pura, pero aquello que produce esto es algo mucho más profundo y extenso. Es esa captación sintética e incluyente de la vida y necesidades de todos los seres (he elegido estas dos palabras con toda intención), elevada prerrogativa de un divino Hijo de Dios. Rechaza todo lo que erige barreras, formula críticas y produce separación. No hace distinciones, aunque valora la *necesidad* y produce en aquél que ama como alma, una identificación inmediata con lo amado.

Estas tres palabras resumen las tres cualidades o aspectos de la intuición, y pueden ser resumidas por la palabra universalidad o sentido de unicidad universal.

¿No es esto lo que ansían alcanzar todos los aspirantes? y ¿no es algo que cada uno de ustedes, peculiarmente, necesita como individuo? Cuando existe, hay una inmediata descentralización del dramático «yo», esa capacidad para relacionarse siempre como centro de todos los acontecimientos, fenómenos y trabajo grupal.

No puedo extenderme más sobre el tema de la Intuición. Es una cuestión muy amplia y muy abstrusa. Lo único que puedo hacer es exponer sus tres aspectos y luego insistir sobre la necesidad de someterse a ese entrenamiento y a esa disciplina que producirán en la vida, amor, luz y comprensión. Cuando se capta la teoría y se realizan los ajustes correctos y el trabajo necesario, la personalidad se hace magnética y las células cerebrales que se hallan alrededor de la glándula pineal, que hasta entonces han estado aletargadas, se despiertan y vibran. El núcleo de cada célula del cuerpo es un punto de luz, y cuando la luz de la intuición es percibida, la luz celular responderá inmediatamente. La constante afluencia de la luz de la intuición hará surgir a la luz del día, **[i6]** hablando esotéricamente, toda célula cuya constitución le permita responder.

II. Modo de despertar la intuición

La intuición puede ser impulsada a la actividad de muy diversas maneras, y una de las más útiles y poderosas es el estudio y la interpretación de los símbolos.

Los símbolos constituyen la forma externa y visible de las realidades espirituales internas; cuando se ha obtenido la facilidad de descubrir la realidad que se halla en cualquier forma específica, significa el despertar de la intuición. A través de los que pertenecen al primer rayo, denominado el "Rayo destructor", fluye el poder del primer aspecto, el poder de dar fin. Tenderán a destruir a medida que construyen debido a la errónea orientación de la energía, al exceso de energía hacia una dirección determinada, o a la mala aplicación de la energía cuando trabajan en ellos mismos o con otros. Muchas personas de primer rayo se enorgullecen de esto y se escudan tras la excusa de que por pertenecer al primer rayo poseen inevitablemente la tendencia a destruir. Esto no es verdad.

Los constructores todas las personas que pertenecen al segundo rayo, deben aprender a destruir cuando son impulsados por el amor grupal y actúan bajo la influencia de la Voluntad o el aspecto de primer rayo. Los destructores deben aprender a construir, actuando siempre bajo el impulso del amor grupal y utilizando el poder afectivo en forma desapegada. Ambos grupos, constructores y destructores, deben constantemente trabajar desde el punto de vista de la realidad y del núcleo interno de la verdad y "permanecer siempre en el centro".

El estudio de los símbolos ayuda a lograrlo y, cuando se realiza con fe y constancia, efectúa tres cosas:

1. Desarrolla el poder de penetrar detrás de la forma y llegar a la realidad subjetiva.[i7]
2. Produce una estrecha integración entre alma–mente–cerebro; una vez lograda, se obtiene más rápidamente la intuición y, por lo tanto, la iluminación y la verdad.
3. Ejerce presión sobre ciertas zonas aletargadas del cerebro, activando las células cerebrales, siendo esta la primera etapa en la experiencia del aspirante. En la mayoría de los verdaderos aspirantes despierta el centro entre las cejas, mientras que el centro en la cima de la cabeza vibra muy suavemente pero no está en completo funcionamiento, debiendo despertarse plenamente antes de que los aspirantes estén a la altura de su máxima oportunidad.

Insistiré sobre la necesidad de que mantengan ante sí, como meta, el propósito de llegar al concepto subyacente en cualquier símbolo que estudien. Dicho concepto siempre debe ser sintético. No puede ser detallado ni fraccionado; quizás se llegue a él por el estudio de los detalles y el significado de algunas fracciones o partes del símbolo en consideración. Sin embargo, cuando han finalizado el análisis no deben sentirse satisfechos hasta haber resumido el significado del símbolo en una idea, concepto, significado o nombre sintéticos.

Los símbolos deben ser estudiados de tres maneras:

a. *Exotéricamente.* Implica el estudio de su forma, sus líneas, por lo tanto, su significado numérico y también sus formas seccionales –me refiero a sus modificaciones–, por ejemplo: cubos, triángulos, estrellas y su mutua interrelación.

b. *Conceptualmente.* Implica llegar a la idea subyacente, que puede estar expresada en su nombre, llegar [18] a su significado, que surge en la conciencia a través de la meditación, y a su significación total o parcial. Mientras realizan esto deben recordar que la idea implica la intención abstracta o superior; que el significado es esa intención expresada en términos de la mente concreta; que su significación es más bien la cualidad emotiva y puede decirse que constituye el tipo de deseos que despierta en ustedes.

c. *Esotéricamente.* Implica el efecto que produce la fuerza o energía y la calidad de vibración que podría despertar en alguno de los centros, quizás en el cuerpo astral o solo en la mente.

Si este estudio es emprendido correctamente, conducirá al desarrollo de la intuición y su consiguiente manifestación en el plano físico como iluminación, comprensión y amor.

En primer lugar el objetivo del estudio del simbolismo es capacitar al estudiante para sentir su cualidad y hacer contacto con ese algo vibrante que se halla detrás de ese conjunto de líneas, color y forma, de lo cual el símbolo está compuesto.

Para algunas personas este estudio resulta relativamente fácil, pero no para la mayoría, lo cual indica la falta de algo que debe ser llenado, empleando esas facultades que en la actualidad están dormidas. Siempre es desagradable despertar las facultades latentes y requiere un gran esfuerzo y determinación para no ser desviados por las reacciones de la personalidad. A muchos les resulta difícil comprender en qué forma el desentrañamiento del significado de un símbolo puede proporcionar el medio para poner en actividad funcionante las aletargadas facultades búdicas o intuitivas. La lectura de símbolos, "lectura espiritual" como nuestro antiguo maestro Patanjali la llama, [i9] es un arte refinado. El poder para interpretar símbolos siempre precede a la verdadera revelación. Captar la verdad representada por una línea o serie de líneas que componen una forma simbólica, no es todo lo que se ha de hacer. Una buena memoria puede recordar que una serie de líneas, formando un triángulo o una serie de triángulos, significa la trinidad o cualquier serie de triplicidades dentro de la manifestación macro o microcósmica. Pero esa actividad y exactitud de la memoria de nada servirá para despertar las células cerebrales aletargadas o para activar la intuición. Debe recordarse (y aquí se hace evidente el valor de cierto conocimiento de ocultismo académico o técnico) que el plano donde se manifiesta la intuición y se halla activa la conciencia intuitiva, es el plano búdico o intuitivo. Dicho plano es la analogía superior del astral o emocional, el plano de la percepción sensoria a través de una sentida identificación con el objeto de la atención o atracción. Es evidente por lo tanto que, si se quiere activar la facultad intuitiva por el estudio de símbolos, el estudiante debe sentir o estar en cierta manera identificado con la naturaleza cualitativa del símbolo y con la naturaleza de esa realidad que la forma simbólica oculta. Deben tratar de estudiar ese aspecto de la lectura de símbolos.

Los estudiantes deberán investigar, por consiguiente, después de haber estudiado debidamente el aspecto forma, qué produce el símbolo en ellos, qué sentimientos evoca, qué aspiraciones despierta y qué sueños, ilusiones y reacciones registran conscientemente. Esta es la etapa intermedia entre la lectura exotérica del símbolo y la comprensión conceptual. Luego hay otra etapa posterior, intermedia entre la comprensión conceptual y la captación y aplicación esotéricas, la cual se denomina "reconocimiento sintético". Habiendo estudiado la forma y percibido su significado emotivo, se pasa a la etapa en que es captada la idea básica **[i10]** del símbolo y, de allí, a la comprensión sintética de su propósito. Esto conduce al verdadero esoterismo, que es la aplicación práctica de su sintético poder viviente a los resortes de la vida y a la acción individual.

Les pediría que no solo interpreten el símbolo inteligentemente sino también que reconozcan la reacción más sutil de su sensibilidad sensoria hacia el símbolo. Estudien cuatro símbolos por año. Primero, encarando el símbolo desde su aspecto forma, tratando de familiarizarse con su aspecto externo, líneas, triángulos, cuadrados, círculos, cruces y las demás formas que lo componen; al hacerlo esfuércense por comprenderlo desde el punto de vista del intelecto, empleando la memoria y el conocimiento que poseen para interpretarlo exotéricamente.

En cuanto se familiaricen con el símbolo y sin esfuerzo puedan recordarlo, traten de percibir su cualidad, hacer contacto con su vibración y observar el efecto emocional que les produce. Esto puede variar cada día o permanecer invariable. Sean honestos al observar esta reacción astral hacia el símbolo y vean a dónde conducen esas reacciones, recordando que no provienen de la intuición sino que son reacciones del cuerpo sensorio o astral.

Finalmente, tomen nota de lo que constituye para ustedes la cualidad básica del símbolo; luego (igual que en la meditación) eleven el tema al reino de la mente, procuren concentrarse en él con mente atenta y enfocada. Esto los llevará al reino de los conceptos.

En consecuencia, al analizar un símbolo, tenemos las siguientes etapas:

1. Su consideración exotérica: línea, forma, color.
2. La captación de su cualidad por medio del cuerpo astral o emocional [i11] y la reacción y respuesta en forma sensitiva, al impacto de su naturaleza cualitativa.
3. La consideración conceptual de la idea subyacente, lo que trata de enseñar y el significado intelectual que intenta transmitir.
4. La etapa para captar sintéticamente el propósito del símbolo, el lugar que le corresponde en un plan ordenado de manifestación y su verdadera intención unificada.
5. La identificación con la cualidad y propósito del símbolo al ser iluminado por la mente y "mantenido firmemente en la luz". Esta etapa final pone en actividad al cerebro y también a la mente.

El estudio de los símbolos implica tres etapas:

Primero, la investigación del símbolo y el consiguiente progreso del que analiza, de una etapa de percepción a otra, hasta incluir gradualmente todo el campo que abarca el símbolo.

Segundo, la percepción intuitiva de los símbolos que se observan en todas partes en la divina manifestación.

Tercero, el uso de símbolos en el plano físico y su correcta adaptación al propósito visto y reconocido, conduce consiguientemente a magnetizar el símbolo con la cualidad necesaria, por medio de la cual la idea puede hacer sentir su presencia, a fin de que la idea intuida y cualificada encuentre una forma correcta en el plano físico.

Por lo tanto, ocúpense de los símbolos en forma general, amplia, exotérica, conceptual y esotérica, pero deben hacer también un análisis de su propia sensibilidad y respuesta a la cualidad del símbolo.

Permítanme recapitular por un momento. Primeramente, es de gran valor recordar que el estudio del símbolo requiere, *exotéricamente,* [i12] el uso del cerebro y la memoria. Esfuércense en estudiar línea y forma, número y aspectos generales externos, sabiendo que toda línea tiene significado, todo número tiene su interpretación y todas las formas son símbolos de una cualidad y vida internas.

El estudio *conceptual* del símbolo los conduce, internamente, del cerebro a la mente, en el reino de las ideas. Impele a la actividad, enfocada en el mecanismo mental. Así se darán cuenta del concepto o la idea que el símbolo o signo personifica. Captarán su significado y lo que representa. Comprenderán el propósito para el cual la forma ha sido manifestada. El estudio de los números y de las líneas les ha proporcionado una rica estructura de conocimientos en el plano objetivo riqueza que depende en este caso de la lectura individual, equipo mental y conocimiento. La capacidad para leer el "significado" que encierra un símbolo depende también de la riqueza del significado que adjudican a los acontecimientos de la vida diaria y a la capacidad para practicar la verdadera meditación.

Quisiera aclararles que no hay una interpretación establecida para cada símbolo, pues a cada ser humano le impartirá un significado especial. La falta de interés en los símbolos presupone generalmente falta de interés en la debida interpretación de las formas de la vida y su significado. Demostrar un interés muy académico por los símbolos, presupone una mente tortuosa y compleja que ama los dibujos, las líneas, las formas y las relaciones numéricas, escapándosele totalmente la significación del significado. Es vital para el crecimiento del discípulo y de los aspirantes el equilibrio mental entre forma y concepto, expresión y cualidad, signo y significado.

La gran necesidad que tienen la mayoría de los estudiantes es trabajar con ideas y conceptos para llegar al *significado,* el cual necesitará el uso de la mente para comprender, captar [i13]e interpretar. Requiere el desarrollo de esa sensibilidad mental que permitirá, a su poseedor, responder a las vibraciones provenientes de lo que llamamos Mente Universal, la Mente de Dios, el Instigador del Plan. Presupone determinada habilidad para interpretar y el poder de expresar la idea que subyace en el símbolo, a fin de que otros puedan compartirla. *Esta idea de servicio y acrecentada utilidad debe mantenerse con firmeza en la mente.*

¿No se dan cuenta cómo esta capacidad de estudiar, interpretar y penetrar hasta el *significado,* acrecienta el progreso espiritual? ¿Creen que empleando este método aprenderán a trabajar más inteligentemente con el Plan y prestar más ayuda a sus semejantes?

¿Qué existe en este mundo objetivo que no sea un símbolo adecuado de una idea divina? ¿Qué tenemos en nuestra manifestación externa que no sea el signo visible (en alguna etapa del propósito en evolución) del plan de la Deidad creadora? ¿Qué son ustedes sino la expresión externa de una idea divina? Debemos aprender a ver los símbolos a nuestro alrededor y luego penetrar detrás de él y llegar a la idea que este debe expresar.

Sin embargo existe una técnica de estudio que les será de utilidad cuando traten de llegar a una idea y hacer el estudio conceptual de los muchos símbolos que nos rodean. Constituye mayormente la técnica para la cual los ha preparado la práctica de la meditación. La diferencia entre esta técnica y el trabajo de meditación es simplemente de polarización y meta. Al hacer el estudio conceptual de los símbolos la conciencia está polarizada en el cuerpo mental; no se trata de hacer contacto definidamente o de implicar al alma o ego. He aquí la diferencia existente entre esta segunda etapa de interpretación de símbolos y la meditación común. Cuando ya han dominado el método de familiarizarse con el aspecto forma del símbolo y conocen muy bien su contorno **[i14]** externo y exteriorización, cuando saben que una serie peculiar de líneas (por ejemplo, las tres líneas que forman un triángulo) representa tal o cual idea, verdad o enseñanza, entonces es registrada por el cerebro, valiéndose de los recursos de la memoria. Registrar antiguas informaciones y conocimientos inherentes a la figura de un símbolo, sirve para llevar la conciencia al plano mental y de allí enfocarla en el mundo de ideas o conceptos. Los conceptos ya existen en los niveles concretos del plano mental. Constituyen la herencia mental y racial, siendo las antiguas formas mentales que ahora pueden emplear para llegar al significado y significación.

Plutarco expresa la antigua manifestación de un hecho en las conocidas palabras: "Una idea es un Ser incorpóreo que no tiene existencia propia sino que da figura y forma a la materia informe y se convierte en la causa de la manifestación". Figura y forma se registran en el cerebro y se memorizan; lo mismo se hace con su actividad en tiempo y espacio, conjuntamente con la capacidad innata para construir dicha forma y expresar, a través de ella, un concepto o idea. A medida que trabajan internamente, también se harán conscientes de la naturaleza de la idea motivadora, estudiando su forma y actividad demostrada, y descubrirán el campo de ideas análogo a aquél en que se encuentra la idea personificada en el símbolo. Tienen ahora abierto este campo de ideas interrelacionadas y auto–explicativas acrecentadamente podrán actuar libremente en este mundo de conceptos. El esfuerzo principal y el objetivo consiste en trabajar y vivir en el mundo de las ideas, entrenarse a fin de reconocer ideas y conceptos que se hallan detrás de cada forma, comenzar a pensar con claridad sobre ellas y ver hacia dónde conducen y encajan en el Plan eterno.[i15]

Si los aspirantes hacen las tres cosas siguientes:

a. Desarrollar el poder de visualizar,
b. Entrenar la mente para intuir la realidad,
c. Interpretar correctamente lo que es visto.

Podrán proporcionar un laboratorio de ensayo a los Observadores entrenados del mundo. Una de las cosas que puede hacer la intuición desarrollada es eliminar el espejismo y la ilusión que invade la vida. Una de las cosas que puede realizar un grupo de aspirantes, cuya interacción intuitiva se ha establecido, es ayudar en la tarea de disipar el espejismo mundial, pudiendo solo efectuarse cuando hayan despertado la intuición y sea firme y verdadera la interrelacionada comprensión. Entonces, la Jerarquía podrá emplear a los aspirantes del mundo dondequiera que se hallen, como instrumentos para disipar el espejismo grupal. Me refiero a esta posibilidad, para incitarlos a que progresen y realicen un esfuerzo rápido y firme.

Se ha dicho que es necesario que todo aspirante llegue a tener ese conocimiento intuitivo y esa comprensión inteligente del espejismo individual y planetario, que lo capacitará definitivamente para trabajar en la eliminación del espejismo. Lógicamente esa comprensión será solo relativa, pero en el curso de los próximos años el conocimiento sobre el tema y los métodos para disipar el espejismo aumentarán considerablemente. Esto sucederá si tratan de resolver conscientemente el problema en sus propias vidas y captan también la teoría subyacente.

Muy poco se ha escrito o enseñado hasta ahora sobre el espejismo; será de gran valor si comienzan a considerar este tema, sus causas y efectos y si se ocupan de la técnica **[i16]** para disolverlo y disiparlo. Evidentemente no puedo tratar el tema en una sola vez; pasarán dos o tres años antes de que podamos discutir y estudiar este tópico tan importante, que surge de la necesidad de los actuales momentos y de la creciente sensibilidad de la humanidad hacia las impresiones sutiles. No pude hacerlo hasta ahora porque el grupo era incompleto y la cohesión interna debía ser reforzada. Ahora sí, porque los miembros actúan con acrecentada relación interna y entre ustedes se ha difundido el "espíritu de amor" debido a que el grupo ha reaccionado a las necesidades de cada uno, en el reciente período de espejismo.

Por lo tanto intento cambiar en algo el método de trabajo, reteniendo las frases simbólicas como ejercicio para desarrollar la percepción intuitiva, pero descartando la consideración de los símbolos más evidentes y visibles. No han podido extraer de estas formas simbólicas lo que se esperaba, porque la mente concreta de la mayoría de los miembros del grupo ha acrecentado simplemente el aspecto forma y los demás no necesitaban este método de instrucción y desarrollo. Cambiaremos el foco de atención por un profundo estudio sobre el espejismo. Aquí es donde deberán prestar servicio, pues a medida que realmente piensan y utilizan la inteligencia iluminada (si es que lo pueden hacer) podrán ayudar, con el tiempo, a hacer dos cosas:

1. Clarificar la mente grupal sobre este tema. No me refiero a la de su grupo particular, sino a la conciencia mundial.
2. Ayudar a destruir la gran ilusión que ha mantenido, y aún mantiene, en la esclavitud a los hijos de los seres humanos.

Por lo tanto les pido en estas líneas, que sirvan y presten acrecentada atención en el momento que hacen contacto conmigo, en el plenilunio. Este grupo debería [i17] poseer una actitud especial para trabajar en la disipación del espejismo, durante el período de la Luna Llena. El contacto, en los diferentes planos, se hace de acuerdo al enfoque de los cuerpos sutiles de los miembros del grupo, y este grupo hace contacto conmigo en los niveles superiores del plano astral. De allí las reacciones tan marcadas y la riqueza de los detallados registros. También hallarán allí, eventualmente, su campo de servicio, pues más adelante podrán utilizar (pero falta mucho tiempo todavía) los días de contacto y el "momento de entrar" (como se denomina a veces), a fin de realizar determinado trabajo para disipar parte de la ilusión mundial. Sin embargo, primeramente cada uno de ustedes deberá ser capaz de disiparlo en su vida personal.

Otro grupo hace contacto conmigo en los niveles mentales y allí estará su campo de servicio. Algunos grupos se hallan aún en la etapa embrionaria. No poseen suficientes miembros y la integración grupal está solo en proceso de establecerse.

Por lo tanto, les pediría que intensifiquen el esfuerzo cada mes, en el período de la Luna Llena, tratando de fortalecer el vínculo conmigo y con los miembros del grupo. Les advertiré solo una cosa. El éxito logrado en esta línea les traerá recompensa y también dificultades. Deben vigilar atentamente de que no se estimule indebidamente la naturaleza astral o emocional, pues produciría el consiguiente y subsiguiente espejismo. Deben además ejercer una estrecha vigilancia cuando tratan de trabajar así en el plano astral, manteniendo simultáneamente la actitud del Observador en el plano superior del alma. En esa difícil esfera de actividad no es posible realizar un trabajo constructivo ni prestar ningún servicio de importancia vital si no existe la actitud de liberación y desapego. Deberán trabajar en una de las esferas más difíciles de actividad tal vez la más difícil para el discípulo de allí que se aconseja trabajar [i18] en forma grupal. Nunca podré recalcar suficientemente de que trabajen como grupo y no como individuos.

Tres grandes acontecimientos son inminentes hoy en la conciencia mundial:

1. El desarrollo y la comprensión del trabajo telepático.
2. La comprensión y la investigación científica de la ilusión y del espejismo mundiales.

3. El acrecentamiento de los métodos correctos de curación.

Si esto es así, verán en qué forma los grupos de discípulos pueden contribuir a la revelación emergente y cuán útil puede ser nuestro servicio dedicado. Digo "nuestro" premeditadamente, porque estoy trabajando definidamente para estos tres fines, como parte de mi autoimpuesto servicio. Les pido colaboración y ayuda. *El constante impacto del correcto pensar, hecho en la conciencia humana por los grupos entrenados de pensadores,* es el método que puede aplicarse con más éxito en la actualidad, siendo aquí donde dichos grupos pueden ayudar grandemente.

Una de las cosas que con toda seguridad surgirá durante las próximas tres o cuatro décadas, es el trabajo que los grupos pueden realizar en otros niveles que no sea el físico. El servicio grupal y el esfuerzo unido para lograr el bienestar grupal se han llevado a cabo en la Tierra durante dos siglos, en todos los campos del esfuerzo humano político, filantrópico y educativo. El servicio grupal en el plano astral también se inició en 1875, pero el esfuerzo unido para disipar el espejismo mundial solo está en proceso de organizarse ahora, y este grupo puede constituir parte del esfuerzo colectivo para lograr dicho fin y engrosar el número de los que están empeñados en ello. Por lo tanto, entrénense y aprendan cómo se ha de trabajar. La sensibilidad telepática constituye necesariamente el objetivo de todos los grupos de discípulos y el de mayor importancia para ese grupo que podríamos llamar Comunicadores Telepáticos, **[i19]** aquí podrán prestar un poderoso servicio. Los grupos de sensitivos de este tipo pueden constituir un grupo trabajador y mediador y transmitir el nuevo conocimiento y enseñanza para la raza, moldear la opinión pública y cambiar la corriente de los pensamientos humanos. Cualquier grupo pequeño, llega, natural e inevitablemente, a una relación telepática entre sus componentes y los miembros de grupos similares; esto es lo deseable, debiendo fomentarse y acrecentarse correcta y constantemente. Pero a medida que aumenta la sensibilidad telepática, procuren no desviarse del principal objetivo grupal que consiste en estudiar y comprender el significado del espejismo y las leyes para disiparlo. Registren y anoten toda actividad y fenómeno telepáticos y aprendan a trabajar de esta manera, pero considérenlo como una cuestión secundaria en estos momentos.

Una de las características sobresalientes del trabajo a realizar durante la Luna Llena, lo constituirá el conjunto de fenómenos que se observarán. Esto es de esperarse porque este tipo de servicio los obliga a trabajar en el plano astral y les proporcionará un campo para emplear inteligentemente la facultad de discriminar. Es demasiado pronto para que se dediquen al problema de separar lo real de lo irreal: al principio la tarea consistirá *en registrar*, haciéndolo en forma detallada. Mantengan la actitud científica de desapego y reconocimiento y escriban todo lo que sientan, vean o hagan contacto. Dichos registros servirán de base, si todo va bien, para el análisis, del cual podremos obtener cosas de gran valor.

Lo que tengo que decirles sobre el tema del Espejismo cae dentro de estas amplias generalizaciones, como:

I. La Naturaleza del Espejismo.
II. Las Causas del Espejismo.
III. La Disipación del Espejismo.

[i20] A medida que prosigamos, detallaremos más extensamente el tema, pero en esta instrucción solo procuro introducir en sus mentes algunos delineamientos

amplios, a fin de que el tema pueda ocupar en las mentes el lugar que le corresponde.

Espejismo, Ilusión, Maya y la expresión el Morador en el Umbral, son palabras que durante mucho tiempo han sido empleadas superficialmente por los seudo ocultistas y esoteristas. Tienen la misma acepción o son una diferenciación de ese concepto. Hablando en forma general, aunque son interpretaciones parciales y casi distorsiones de la verdad real, debido a las limitaciones de la conciencia humana, han sido interpretadas de la manera siguiente:

El *Espejismo* es considerado a menudo como la curiosa tentativa de las denominadas "fuerzas negras" para engañar y embaucar a los aspirantes bien intencionados. Muchas excelentes personas se sienten halagadas cuando se *enfrentan* con algún aspecto del espejismo, creyendo que su disciplina ha sido tan buena que las fuerzas negras están suficientemente interesadas en obstaculizar el magnífico trabajo que realizan, sumergiéndolos en nubes de espejismo. Nada podría estar más lejos de la verdad. Esa misma idea es parte del espejismo de la época actual y tiene sus raíces en el orgullo y la satisfacción humanos.

Maya es considerado frecuentemente, de la misma manera que el concepto promulgado por la Christian Sciencie (Ciencia Cristiana), de que no existe la materia. Se nos pide que consideremos todo el fenómeno mundial como maya, y que creamos que su existencia es simplemente un error de la mente mortal y una forma de autosugestión o autohipnotismo. Por medio de esta creencia inducida nos vemos obligados a adoptar un estado mental que reconoce lo tangible y objetivo solo como ficción de la mente imaginativa del ser humano. Esto a su vez es también tergiversación de la realidad.

[i21] *La Ilusión* es considerada también del mismo modo, solo que (cuando la definimos) ponemos el énfasis en lo finito de la mente humana. No se niega la existencia del mundo de fenómenos, pero consideramos que la mente lo interpreta mal y rehusa verlo como es en realidad; esta mala interpretación constituye la *Gran Ilusión*.

El Morador en el Umbral se cree que representa generalmente la prueba final para demostrar el valor del ser humano y que se trata de una gigantesca forma mental o un factor que debe ser destruido antes de recibir la iniciación. Muy pocas personas saben con exactitud qué es esta forma mental, pero su definición incluye la idea de una enorme forma elemental que cierra el camino hacia el sagrado portal, o también la idea de una forma construida algunas veces por el Maestro del discípulo para probar su sinceridad. Algunos lo ven como la suma total de las faltas del ser humano, su naturaleza perversa, que le impiden reconocer que está capacitado para hollar el Sendero de Santidad. Sin embargo, ninguna de estas definiciones da una verdadera idea de la realidad.

Hablando en forma general haré notar aquí que estas cuatro expresiones son cuatro aspectos de una condición universal resultante de la actividad en tiempo y espacio de la mente humana. ¡La actividad de las MENTES! Reflexionen sobre esta frase porque proporciona la clave de la verdad.

El Problema de la Ilusión reside en que es una actividad del alma y el resultado del aspecto mental de todas las almas en manifestación. El alma está sumergida en la ilusión y no puede ver con claridad hasta el momento en que aprende a verter su luz, haciéndola llegar a la mente y al cerebro.

El Problema del Espejismo se manifiesta cuando la ilusión mental es intensificada por el deseo. Lo que los teósofos llaman "kama–manas"" produce espejismo. Constituye la ilusión en el plano astral.

[i22] *El Problema de Maya* en realidad es similar al anterior, más la intensa actividad que produce el espejismo y la ilusión en los niveles etéricos. Es esa vital e irreflexiva CONFUSIÓN emotiva (tal es la palabra que deseo emplear) en que parecen vivir siempre la mayoría de los seres humanos.

El Morador en el Umbral es ilusión–espejismo–maya, tal como lo comprende el cerebro físico y reconoce como aquello que ha de ser superado. Es la forma mental que produce confusión; la enfrenta el discípulo cuando trata de penetrar a través del espejismo acumulado durante épocas, para hallar su verdadero hogar en la luz.

Lógicamente lo antedicho, solo constituyen generalizaciones y el resultado de la actividad de la mente analítica, pero sirve para expresar parte del problema en palabras e impartir a las mentes una forma mental definida de lo que más adelante será dilucidado detalladamente.

En cuanto a las causas que han producido esta condición mundial, ¿qué puedo decirles que tenga significado para sus mentes? La causa subyace desde muy atrás, en la conciencia de los "Dioses Imperfectos". ¿Significa realmente algo esta frase? Temo que muy poco. Debemos descender al terreno práctico y tratar el asunto solo en lo que concierne a la humanidad. Más adelante nos ocuparemos brevemente de la ilusión planetaria, pero el problema inmediato, frente al ser humano, y la contribución significativa del discípulo consiste en disipar gran parte del espejismo en el que la humanidad está sumergida y que, durante la futura era acuariana, desaparecerá mayormente en conexión con la vida astral de la raza. Quisiera llamarles la atención sobre el hecho de que los pensadores empezarán a liberar al mundo de la ilusión por la meditación y la técnica de controlar la mente. De aquí el acrecentado interés por la meditación, a medida que el peso del espejismo mundial se va percibiendo cada vez **[i23]** más, y de allí la vital necesidad de comprender correctamente la forma de controlar la mente.

Otro punto que debe señalarse es que, con la cristalización de esta era materialista, viene la gran oportunidad para asestar un golpe mortal al Morador en el Umbral planetario. La reacción actual, por la fuerza de las circunstancias, está trayendo una mayor comprensión espiritual y una reorganización de los valores humanos; esto es parte del proceso que disipará una parte vital del espejismo mundial si los hombres y mujeres de buena voluntad, que se hallan dentro del aura mundial, se dedican a realizar la tarea asignada.

Cuando el Buda estuvo en la Tierra y logró la iluminación, "hizo descender" un haz de luz sobre el problema mundial, mediante la enunciación de las Cuatro Nobles Verdades. Su grupo de discípulos y Sus novecientos arhats hicieron de esas cuatro grandes verdades, la estructura dogmática y doctrinaria que –por el poder del pensamiento colectivo– ha ayudado grandemente a atacar la ilusión mundial. Cristo está llevando a cabo hoy la misma gran tarea y, en el significado espiritual de Su inminente venida (en lenguaje simbólico), Él y Sus nueve mil arhats asestarán un segundo golpe al espejismo mundial. Para esto nos preparamos. Solo la intuición puede disipar la ilusión y, por ende, la necesidad de entrenar a intuitivos. De allí el servicio que pueden prestar a esta causa general, ofreciéndose para recibir este entrenamiento. Si pueden vencer el espejismo en sus propias vidas y, por lo tanto, comprender la naturaleza de la ilusión, podrán ayudar en:

a. La destrucción del morador en el umbral,
b. La desvitalización del maya general,
c. La eliminación del espejismo,
d. La disipación de la ilusión.

[i24] Esto deberán efectuarlo en sus propias vidas y en la relación grupal. Luego la contribución general ayudará a resolver los asuntos humanos. También, la agudeza del intelecto y la iluminación de la mente, más el amor y la intención, contribuirán muchísimo. Reitero mi llamado para este servicio.

Sugeriría que durante los próximos meses hagan tres cosas:

1. Definan con sus propias palabras, como resultado de la meditación, lo que comprenden de las cuatro expresiones que he tratado aquí. Quisiera que hagan un verdadero análisis y no que formulen solamente cuatro frases para definirlo. Antes de extenderme sobre el tema les pediría que organicen sus mentes sobre este tópico, empleando definiciones como guía para sus ideas, pero exponiendo el problema tal como lo ven, tratando de observar la diferencia que existe entre los cuatro aspectos del espejismo mundial.

2. Reciten todos los días, con cuidado y reflexión, esa oración tan familiar, el Padre Nuestro. Tiene muchos significados, pero el trillado y común significado cristiano no es para ustedes. Reflexionen sobre esta antigua fórmula de la

verdad e interprétenla totalmente como una
fórmula para disipar la ilusión. Escriban una
exégesis, basada desde este ángulo, tomando
frase por frase y considerándolas como que nos
proporcionan las siete llaves para desentrañar
el secreto de la eliminación del espejismo. La
fórmula (que no es esencialmente una oración)
puede ser dividida de la manera siguiente:

a. Invocación al Señor solar.
b. Siete frases que constituyen las siete llaves
   para disipar la ilusión.
c. Afirmación definitiva de la divinidad.

Utilicen la intuición y apliquen lo antedicho al tema
del espejismo, viendo qué conocimiento pueden
llegar a obtener. [i25] Luego formúlenlo por escrito, en forma de artículo o interpretación, y quizás
podrán llegar a algo de mucho valor.

3. Guarden una copia de lo que han registrado du-
    rante la Luna Llena y, después de seis meses,
    sométanlo a un cuidadoso análisis, observando
    lo que han adquirido. Dividan el análisis en los
    siguientes puntos, expresando lo que han ex-
    traído del fenómeno respecto a cualquier

a. Contacto real,
b. Contacto de color o fenómenos,
c. Otros fenómenos sentidos, vistos u oídos.

Que todos avancemos hacia una mayor luz y comprensión y que la luz brille sobre el *Camino vertical* del
discípulo, es mi oración y mi aspiración.

PRIMERA PARTE

LA NATURALEZA DEL ESPEJISMO

[i26] En las páginas precedentes consideramos algunas definiciones de las palabras Ilusión y Espejismo, aplicadas con frecuencia indistintamente, y hallamos que:

1. *Ilusión* es, principalmente, una cualidad mental que caracteriza la actitud mental de las personas que son más intelectuales que emotivas, las cuales han trascendido el espejismo, tal como se lo interpreta generalmente, siendo culpables de la incomprensión de las ideas, de las formas mentales y de las malas interpretaciones.

2. *Espejismo* es una cualidad de carácter astral y mucho más poderoso, en estos momentos, que la ilusión, debido a que una enorme mayoría actúa siempre en su naturaleza astral.

3. *Maya* es de carácter vital, siendo una cualidad de la fuerza. Es esencialmente la energía del ser humano cuando entra en actividad mediante la influencia subjetiva de la ilusión mental o del espejismo astral, o ambos combinados.

4. *El Morador en el Umbral* siempre está presente, sin embargo, solo entra en actividad en el Sendero del Discipulado cuando el aspirante, esotéricamente, es consciente de sí mismo y de las condiciones inducidas dentro de sí mismo,

como resultado de su ilusión interna, de su espejismo astral y de su maya, que envuelven su vida entera. Siendo ya una personalidad integrada (y nadie es discípulo si no lo es a la vez mental y emocionalmente, algo que el **[i27]** devoto frecuentemente olvida) estas tres condiciones (preponderando el efecto en uno u otro de los cuerpos) son vistas como un todo, al cual se le aplica el término de "el Morador en el Umbral". Constituye en realidad una forma mental vitalizada, personificando a las fuerzas mental y astral y a la energía vital.

Sin embargo, el problema que enfrentan todos los del grupo es, ante todo, aprender a:

1. Distinguir estos tres aspectos ilusorios internos.
2. Descubrir que condiciones del medio ambiente o de la constitución del individuo producen estas dificultades.
3. Investigar qué métodos son eficaces para que cesen las condiciones engañosas y confusas.

También se ha de recordar que estas condiciones, prevalecientes en todos, son el medio por el cual se sintonizan con el espejismo y la ilusión mundiales. La enseñanza esotérica hace hincapié sobre el entrenamiento y la liberación del aspirante individual. Lógicamente ello es necesario, pues el conjunto está compuesto de individuos, y de la constante liberación del control ejercido por las ilusiones internas vendrá la clarificación eventual de la humanidad. Sin embargo, todos los de este grupo deben trabajar necesariamente en sí mismos y en forma separada para aprender a obtener esa claridad y honestidad que eliminarán los antiguos ritmos y hábitos profundamente arraigados, purificando constantemente el aura. Esto debe hacerse ahora en *forma grupal,* siendo los primeros grupos exotéricos destinados a trabajar en la nueva era. Mediante la actividad de dichos grupos el espejismo mundial será disipado, [i28] pero, ante todo, el aspirante debe aprender a enfrentar el espejismo individual y grupal. La enseñanza será breve y técnica. Dispongo de muy poco tiempo y el grupo posee suficiente conocimiento técnico para saber de lo que hablo. Se han de recordar las tres cosas siguientes:

Primero, el aura de los miembros del grupo determina siempre la condición, actividad, utilidad, problemas y espejismos grupales. De ello surge la responsabilidad y la utilidad grupal del individuo. Cada uno obstaculiza o ayuda al grupo de acuerdo a la condición de su aura, la cual puede hallarse en un estado de espejismo o de ilusión, o relativamente libre de dichas condiciones.

Segundo, lo primero que se ha de realizar y determinar es su propio y peculiar problema. Al proporcionarles instrucciones individuales me ocuparé de la tendencia particular de cada uno, y si es al espejismo, a la ilusión o a maya, a lo que habitualmente sucumben. Los trataré con rigidez, pues he comprobado que son sinceros y creo que quisieran que se les diga la verdad. Cuando cada uno haya determinado la naturaleza específica del problema peculiar, entonces puede trabajar con premeditación para resolverlo he dicho premeditación, no apresuramiento—, es decir, con debido cuidado, cautela y correcta comprensión.

Tercero, deben recordar que cuando observo a un individuo que pertenece a cualquiera de estos grupos, al mismo tiempo puedo apreciar la cualidad de todo el grupo. Puedo ver la luz interna que brilla y se expresa a través de sus auras, indicándome la fuerza y eficacia y también la potencia de la influencia grupal que cada uno ejerce individualmente, porque las auras positivas subordinan a las negativas. Lo que se requiere es un conjunto de auras positivas, premeditadamente subordinadas al trabajo grupal. **[i29]** A medida que enfrentan la ilusión, liberan la mente de sus efectos y disipan el espejismo astral, en el cual todos están más o menos sumergidos, obtendrán una vida más libre y serán más útiles. Cuando las corrientes de energías distorsionadas de maya cesen de arrastrarlos a una actividad indeseable, la luz que todos poseen brillará con mayor claridad. Incidentalmente, el Morador en el Umbral se desintegrará en forma lenta y segura, despejando de obstáculos el camino que lleva al portal de la Iniciación.

Los que poseen un tipo de *mente* fuerte, están sujetos a la ilusión y, en realidad, esta constituye esa condición en la que el aspirante se halla definidamente controlado por:

1. Una forma mental, tan poderosa que:
    a. Controla la actividad de la vida y lo que esta produce.
    b. Sintoniza al aspirante con el conjunto de formas mentales, de igual naturaleza, construidas por aquellos que se hallan dominados por una ilusión similar.

En su peor aspecto esto produce locura mental o *idea fija,* y en su aspecto menos peligroso y más normal, lleva al fanatismo. El fanático, créase o no, por lo general es un individuo anonadado que posee cierta idea poderosa, resultándole imposible integrarla al panorama mundial; no puede tomar esas decisiones necesarias y a veces orientadas divinamente, que ayudan grandemente a la humanidad, ni encuentra tiempo ni lugar para expresar las realidades que se hallan a su alcance.

2. Cuando se trata de un ser humano muy evolucionado, la ilusión mental está construida alrededor de una intuición definida, concretizada por la mente, llegando a ser aparentemente tan real que el ser humano cree ver con toda claridad aquello que ha de realizar o dar al mundo, y dedica su tiempo y, se esfuerza [i30] en forma fanática para que otros también lo vean. Así su vida se desliza en aras de la ilusión y no obtiene ningún beneficio en esta encarnación. En raros casos esta combinación de intuición y actividad mental produce el genio, en cualquier campo; entonces no hay ilusión sino un claro pensar, más un equipo entrenado en ese campo o empresa particular.

3. Las personas de tipo mental común pero más débil, sucumben a la ilusión general y a la ilusión de la masa. En el plano mental se manifiesta un tipo de distorsión distinta al de los planos astral o etéricos. La facultad de discriminar, que se está desarrollando, ha producido líneas definidas de demarcación, y en lugar de las densas nieblas y brumas del plano astral o de las arremolinadas corrientes y mareas de energía del plano etérico, tenemos, en el plano mental, un conglomerado de nítidas formas mentales, de cualidad, nota y tono particulares, alrededor de las cuales se agrupan formas mentales menores creadas por aquellos que responden a esas formas y a su nota, cualidad y tono. Entonces

se ven las similitudes existentes, constituyendo canales o avenidas para ese poder atractivo magnético de las formas mentales más poderosas. Antiguas teologías, con vestiduras modernas, presentaciones de la verdad establecidas a medias, el desordenado pensar de los distintos grupos mundiales y muchas causas de emanaciones similares han producido, a través de las épocas, el mundo de ilusión y esos estados mentales que han aprisionado a la humanidad en pensamientos y conceptos erróneos. Son tantas las ilusiones que producen ideas, que su efecto ha dividido a la raza humana en distintas escuelas de pensamiento (filosofía, ciencia, religión, sociología, etc.), en muchos partidos y grupos. Todos ellos matizados por una idea análoga, en grupos de idealistas que luchan entre sí a favor de sus conceptos preferidos, y en cientos **[i31]** de miles que participan en una actividad mental grupal, los cuales son responsables de la innumerable literatura mundial que hoy matiza las tendencias mundiales, y por su intermedio reciben inspiración los líderes, siendo los responsables del sinnúmero de experimentos realizados en los campos gubernamental, educativo y religioso que, en estos momentos, traen tanta intranquilidad y, consecuentemente, tanta ilusión mundiales.

Actualmente se precisan pensadores que se entrenen en esa actitud mental y centralización, que no contenga el peligro de una receptividad negativa y responda, al mismo tiempo, a la inspiración superior intuitiva. *Lo que se necesita son mediadores que interpreten las ideas y no médiums.*

Por lo tanto las personas *emocionales* responden con facilidad al espejismo mundial, y a su propio espejismo heredado y autoinducido. La mayor parte de las personas son puramente emotivas y tienen ocasionales chispazos de verdadera comprensión mental, y por lo general ni eso. El espejismo ha sido comparado a una bruma o niebla en la que el aspirante divaga, distorsionando todo lo que ve y todo aquello con lo que hace contacto, evitándole ver clara y realmente la vida o las condiciones que lo circundan, tal como esencialmente son. El aspirante algo avanzado es consciente del espejismo y ocasionalmente ve, en un destello, en qué dirección se halla para él la verdad. Entonces, nuevamente lo embarga el espejismo, del cual no puede liberarse ni hacer nada constructivo. Su problema se complica debido a la consiguiente angustia y al profundo disgusto consigo mismo. Camina siempre entre brumas y no ve las cosas como son. Lo engañan las apariencias, olvidando lo que ocultan. Lo envuelven las emanantes reacciones astrales generadas por cada ser **[i32]** humano, y a través de esta bruma y niebla observa un mundo distorsionado. Estas reacciones y el aura circundante que ellas constituyen se fusionan y mezclan con el espejismo y niebla mundiales, formando parte de los miasmas y emanaciones insalubres producidas, durante millones de años, por las masas humanas.

Señalaré que en la época lemuriana, el espejismo y la ilusión eran relativamente desconocidos desde el punto de vista humano. No había reacciones mentales, sino una pequeña respuesta emotiva al medio ambiente. Los seres humanos eran mayormente animales instintivos. El espejismo comenzó en los días Atlantes; desde entonces se ha precipitado en forma constante y, actualmente, cuando la Jerarquía observa a la humanidad, parece que esta deambula en profundas y densas corrientes que cambian constantemente, ocultando y distorsionando, arremolinándose alrededor de los hijos de los seres humanos, evitándoles ver la LUZ tal como es. Esto se hará más evidente si recuerdan que los otros reinos de la naturaleza están relativamente libres del espejismo y la ilusión. En la raza Aria la ilusión mundial está adquiriendo densidad, siendo lentamente reconocida por la conciencia humana; constituye una verdadera adquisición, porque lo que se reconoce puede ser inteligentemente manejado si existe la voluntad de hacerlo. Hoy la ilusión es tan poderosa que existen pocas personas de mente desarrollada que no estén controladas por estas vastas formas mentales ilusorias, las cuales tienen sus raíces y extraen su vida de la vida inferior de la personalidad y de la naturaleza de deseos de las masas. Es interesante recordar, en conexión con nuestra raza Aria, que estas formas mentales extraen también su vitalidad *del reino de las ideas,* pero de las ideas erróneamente intuidas, captadas y obligadas a servir los propósitos egoístas de los seres humanos. Estas formas han sido puestas en actividad por el creciente poder creador de la humanidad y subordinadas a los deseos de los seres humanos **[i33]** por medio del lenguaje, con su poder de limitar y distorsionar. La ilusión se ha precipitado, más poderosamente de lo debido, por el esfuerzo que realizan muchos idealistas devotos para imponer estas formas mentales distorsionadas sobre los cuerpos mentales de las masas. Esto constituye uno de los mayores problemas que la Jerarquía enfrenta hoy y también uno de los primeros factores que un Maestro debe considerar respecto a cualquier aspirante o discípulo.

El espejismo, como ya hemos visto, es muy antiguo y ha surgido antes que la ilusión. Contiene en sí muy poca cualidad mental, siendo el principal factor que controla a la mayoría. El objetivo de todo el entrenamiento que se da en el Sendero del Discipulado y hasta la tercera Iniciación, es inducir a pensar con claridad, lo cual hará que el discípulo pueda liberarse de la ilusión, proporcionándole esa estabilidad y equilibrio emocionales que impedirá la entrada a cualquier espejismo. Esta liberación es posible cuando no existe en el aspirante espejismo personal ni responde en forma deliberada y autoinducida a los factores determinantes que han producido el espejismo en el transcurso de las épocas. Posteriormente nos ocuparemos de estos factores.

Maya es el resultado del espejismo y de la ilusión. Cuando está presente, significa una personalidad integrada y, por lo tanto, la capacidad de sintonizarse con la ilusión mental y el espejismo astral. Donde existe esta condición el problema del discípulo es uno de los mayores del mundo. La principal dificultad de cualquier discípulo la constituye el hecho de que el campo de batalla de su vida incluye todos los aspectos de su naturaleza, implicando al hombre íntegramente. La palabra MAYA debería solo emplearse técnicamente, en dos casos:

1. Cuando se refiere al espejismo–ilusión unidos, a los que responde el ser humano cuando es una personalidad integrada. **[i34]**
2. Cuando se refiere a las limitaciones del Logos planetario de nuestro planeta.

En las observaciones anteriores he dado mucho tema para reflexionar, no solamente en lo que se refiere a sus problemas personales (porque todos están sujetos a estas condiciones), sino que he indicado también cuál es la naturaleza del espejismo. En todos los libros y enseñanzas esotéricas la palabra MAYA se emplea para designar esas condiciones diferenciadas por las palabras maya, ilusión y espejismo. Más adelante impartiré alguna

enseñanza sobre las causas del espejismo y los métodos para disiparlo. Pero ya he dado bastante por ahora,
pues quisiera que reflexionen sobre estas ideas durante
los próximos meses y aprendan algo del significado de
estas palabras, que tan superficialmente emplean. Deben
vigilarse a sí mismos y vigilar la vida diaria, con discriminación; para aprender a distinguir entre espejismo, ilusión y maya. Traten de descubrir la forma que adopta
el Morador en el Umbral individual, cuando entran en
conflicto con él, y si hacen esto, respecto a los miembros del grupo y a la necesidad inmediata del mundo,
no perderán tiempo en el trabajo de clarificación astral y
liberación mental.

Les pediré que estudien estas instrucciones muy
cuidadosamente, porque dedico mi tiempo, a pesar de
estar tan ocupado, y me tomo la molestia de satisfacer
sus necesidades y proporcionarles toda la luz posible sin
infringir el libre albedrío, allanándoles el camino para que
presten servicio.

Sugeriré también que averigüen todo lo que puedan
respecto al incomprendido tema del aura; extraigan cuanto
se dice en mis libros y en escritos existentes en toda buena
biblioteca esotérica. No les pido copiar las frases, sino extraer de ellas el conocimiento para [i35] que respondan con
claridad las preguntas que puedan formularse al respecto.
Las preguntas que van a continuación son fundamentales:

1. ¿Qué es el aura y cómo viene a la existencia?
2. ¿Cómo puede convertirse el aura en un medio
   de luz e intensificarse la luz que debe brillar a
   través de ella?
3. ¿Se ha observado el efecto que produce la propia aura individual sobre el ambiente y cómo
   puede mejorarse ese efecto?

Esto les permitirá aplicar en forma práctica lo que trato de enseñarles. Recuerden que cuando miran al mundo y a su medio ambiente inmediato, lo hacen a través de su aura y por lo tanto deben enfrentar el espejismo y la ilusión.

Hay tres preguntas más que podrían formularse a sí mismos encarándolas a la luz de su propia alma:

1. ¿Qué me domina, el espejismo o la ilusión?
2. ¿Conozco qué cualidades o características de mi naturaleza permiten sintonizarme con los mundos del espejismo o de la ilusión?
3. ¿He llegado al punto en que puedo reconocer mi propio Morador en el Umbral y exponer la forma que adopta?

Que como individuos y también como grupo puedan aprender realmente el significado del verdadero autoconocimiento a fin de aprender a permanecer en el ser espiritual, liberándose cada vez más del espejismo y de la ilusión, es la plegaria de su amigo y hermano que se ha abierto camino hacia una mayor medida de luz... [i36]

Durante los últimos seis meses, cuatro miembros de este grupo han estado luchando con el espejismo en sus vidas individuales y han tenido éxito, en su mayor parte. Hago esta referencia, porque en un grupo experimental como este, es bueno anticipar tal situación; esas luchas ocurrirán, lógicamente, porque solo aquello que se conoce por propia experiencia llega a formar parte del verdadero contenido del equipo del discípulo. Anteriormente me he referido a la parte del plan de la Jerarquía, que abarca el establecimiento de pequeños grupos como este, los cuales como objetivo definido deberían proporcionar el medio activo por el cual pueda disiparse el espejismo mundial –hoy tan poderoso y denso.

No ha llegado todavía el momento de ocuparnos de la ilusión mundial en amplia escala, porque la raza no es adecuadamente mental, ni la ilusión (que es, como ya he dicho, preeminente el resultado de la mala interpretación de las ideas) no ha alcanzado su punto culminante, pero *ha llegado* el momento de dar los primeros pasos para disipar el espejismo, así el aferramiento que el espejismo ejerce sobre la raza disminuirá apreciablemente en el futuro. De allí el entrenamiento práctico que los miembros de este grupo reciben en sus propias vidas y también la enseñanza que se intentará dar más adelante al grupo – si están a la altura de la oportunidad– lo cual permitirá ayudar en el concertado y planeado ataque contra el espejismo mundial. Luchen contra los propios problemas personales en estas líneas; de esta manera adquirirán facilidad para discernir e iniciar una acción clara y precisa y fortalecerán la comprensión.

El modo más poderoso para disipar el proceso del espejismo consiste en comprender la necesidad de actuar estrictamente como canal para la energía del alma. Si el discípulo puede hacer un alineamiento correcto y el consiguiente contacto con su alma, los resultados se manifestarán como *mayor luz*. Esta luz desciende e ilumina no solo a la mente, sino también a la conciencia cerebral. [i37] Ve la situación con mayor claridad, comprende los hechos, comparándolos con sus "vanas imaginaciones", y la luz "ilumina su camino". Todavía no es capaz de ver los campos más amplios de conciencia; el espejismo grupal y también el espejismo mundial, siguen siendo todavía para él un enigma limitador y confuso, pero el camino inmediato comienza a limpiarse, quedando relativamente libre de las brumas de las antiguas y distorsionantes miasmas emocionales. Alineamiento, contacto con el alma y también constancia, son las notas clave para el éxito.

Por lo tanto, es evidente que, si se establecen estos pequeños grupos en diferentes países y ciudades y si sus miembros triunfan en sus actividades personales, pueden desempeñar una parte muy útil. El esfuerzo de tales grupos tendría dos aspectos: Luchar con el espejismo grupal que se infiltra inevitablemente en la vida grupal, a través de los miembros del grupo. El espejismo personal unido proporcionará la puerta abierta por donde podrá entrar el espejismo grupal. Un ejemplo de ello puede observarse en este grupo, cuando el espejismo penetró a través de L. T. S. K. y arrastró a I. B. S. dentro de su vórtice de fuerza. Afortunadamente, pudo ser vencido, dejándolos más enriquecidos y unidos debido a la intensa oposición amorosa adoptada por los demás miembros del grupo. Quiero recordarles a L. T. S. K. y a I. B. S. la profunda deuda de amor que tienen con sus hermanos. El amor grupal los protegió. I. B. S. ha adelantado mucho, liberándose de ciertos aspectos del espejismo. L. T. S. K. también se ha liberado en parte, pero tiene aún mucho que hacer. Resulta muy difícil, para la persona de tercer rayo, cultivar la intuición. La sabiduría, *aparentemente* profunda, de la dudosa y manipuladora ciencia que posee la inteligencia inherente a la materia, a menudo no permite que penetre la verdadera sabiduría de la mente iluminada. Hace seis meses creí que sería imposible para L. T. S. K. liberarse [i38] del espejismo que generalmente lo envolvía. Hoy brilla un poco más de luz sobre su camino, y podrá, si se libera más aún de sus autogeneradas formas mentales, cumplir su cometido.

Cuando el espejismo grupal haya sido de algún modo disipado y el grupo pueda recorrer libremente el "camino iluminado", entonces llegará el momento en que se pueda entrenar al grupo para establecer el *alineamiento, contacto y constancia grupales* y podrá iniciarse la tarea definida y científica de atacar el espejismo mundial. Es interesante recordarle al grupo, que esto constituye parte de la actividad que ahora están emprendiendo ciertos miembros del Nuevo Grupo de Servidores del Mundo. Por el énfasis puesto sobre ciertas ideas básicas, tales como buena voluntad e interdependencia mutua, se ha hecho mucho para disipar el espejismo que envuelve a los pueblos del mundo. La función de todo servidor no es formar parte del ataque masivo contra el espejismo mundial que se inicia ahora. Cada uno debe ocuparse del espejismo en su propia vida personal, pero las funciones y actividades difieren. El trabajo de ustedes consiste en ser observadores entrenados, y tal entrenamiento toma bastante tiempo. Muchos no reconocen el espejismo cuando lo enfrentan, y este los embarga. Únicamente por sus efectos llegarán oportunamente a conocerlo por lo que es. Llegará el momento en que el proceso de observación será tan agudo que se reconocerá la verdadera naturaleza del espejismo, antes de que los sumerja, los envuelva y produzca esas condiciones que más tarde les hará decir: "¿Por qué me dejé envolver por el espejismo?, ¿por qué me dejé engañar?"

Llegado a este punto quisiera hacer dos cosas: Primero, delinear un poco más cuidadosamente este análisis o breve tratado sobre el espejismo, con el objeto de que las ideas puedan formularse claramente y tengan un libro de texto para referencia futura, que **[i39]** servirá para guiar al grupo y a grupos análogos a fin de que emprendan la correcta actividad. Segundo, recapitular algunas de esas cosas que ya he explicado, para enriquecer su comprensión de las diversas fases del espejismo mundial, que la mente analítica deberá dividir en fases bien marcadas, denominándolas Ilusión, Espejismo y Maya y ésa sintética forma mental que se halla en el Sendero del Discipulado llamada, por algunas escuelas esotéricas, el Morador en el Umbral.

Como podrán ver, nos hemos propuesto encarar un tema muy amplio que debe ser manejado con mucho cuidado. Mi tarea resulta difícil porque escribo para quienes aún no están dominados por los diversos aspectos del espejismo y generalmente por el espejismo y maya secundarios. La ilusión todavía no desempeña plenamente su parte, y muy raras veces el Morador es comprendido en forma adecuada. Les recordaré un estupendo hecho esotérico y les pediré que traten de comprender lo que estoy diciendo. El Morador en el Umbral no emerge de las nieblas de la ilusión y del espejismo, hasta que el discípulo se acerca a los Portales de la Vida. Únicamente cuando puede percibir tenues vislumbres del Portal de la Iniciación y un ocasional destello de luz del Ángel de la Presencia, que permanece a la expectativa junto al portal, podrá enfrentar el principio de la *dualidad,* personificado por el Morador y el Ángel. ¿Comprenden a lo que me refiero? Mis palabras hasta ahora encierran simbólicamente una condición y un acontecimiento futuros. Sin embargo llegará el día en que permanecerán, en plena conciencia, entre estos símbolos de los pares de opuestos, teniendo a la derecha al Ángel y a la izquierda al Morador. Que reciban la fuerza necesaria para que puedan pasar directamente entre ambos opositores, los cuales durante largas épocas han librado la guerra en el campo de su vida, y de esta manera puedan **[i40]** llegar ante esta Presencia, donde ambos se ven como uno, y nada existe, sino vida y deidad.

Al resumir alguna información que he dado respecto a los cuatro aspectos del espejismo, quisiera que estudien cuidadosamente la siguiente clasificación:

1. Un sentido incipiente de *Maya* apareció en la época lemuriana, pero no existían el verdadero espejismo ni la ilusión.

2. El *Espejismo* apareció en los primeros días Atlantes.
3. La *Ilusión* apareció entre los seres humanos más avanzados, en posteriores días Atlantes, y será el factor que controlará a nuestra raza Aria.
4. El *Morador en el Umbral* llegará a su pleno poder al final de esta raza, la Aria, y en las vidas de todos los iniciados, antes de pasar la tercera iniciación.
5. Los reinos subhumanos de la naturaleza están libres de la ilusión y del espejismo, pero se hallan sumergidos en el maya mundial.
6. El Buda y Sus 900 arhats asestaron el primer golpe al espejismo mundial cuando Él promulgó las Cuatro Nobles Verdades. El Cristo asestó el segundo golpe al enseñar la naturaleza de la responsabilidad individual y la hermandad. El próximo golpe será asestado por el Nuevo Grupo de Servidores del Mundo, dirigido por el Cristo y Sus discípulos, simbólicamente descritos: "El Cristo y sus 9.000 iniciados".
7. Las cuatro notas clave para la solución del espejismo son:

Intuición   Iluminación   Inspiración
          El Ángel de la Presencia

ASPECTOS DEL ESPEJISMO [i41]

[i41]NOMBRE	PLANO	OPUESTO	OBJETIVO	CAMPO DE BATALLA	TÉCNICA
Ilusión	Mental	Intuición Percepción espiritual	Disipación	Sendero de Iniciación Mundo de las ideas	Contemplación por el alma
Espejismo	Astral	Iluminación Lucidez Visión	Disipación	Sendero del Discipulado	Meditación Mantener la mente firme en la luz
Maya	Etérico	Inspiración	Desvitalización	Sendero de Probación Purificación	Ocultismo Manipulación de la fuerza
Morador en el Umbral	Físico Conciencia cerebral	Ángel de la Presencia	Discriminación	Personalidad integrada	Unificación fin de la dualidad

[i42]Llamaré la atención sobre el hecho de que todo el problema concierne al uso o abuso de la fuerza o energía, y que muchos conceptos se aclararán en sus mentes si comprenden tres cosas:

1. Que el individuo común, en su vida diaria, y el aspirante en el Sendero de Probación o Purificación, trabajan con las fuerzas de la vida en los tres planos del esfuerzo humano, más el principio de vida mismo.
2. Que el discípulo comienza a discriminar entro fuerzas y energías. En el Sendero del Discipulado empieza a trabajar con la energía del alma, la cual oportunamente domina las fuerzas.
3. Que el iniciado trabaja en el Sendero de Iniciación aplicando la energía y aprende a distinguir entre la energía de la vida, las energías del alma y las fuerzas del mundo fenoménico.

Quisiera recalcar otro punto, y es que la naturaleza de esas fuerzas y energías y su empleo y control, deben ser comprendidos y desarrollados con toda paciencia, en el plano físico. La teoría se ha de convertir en una realidad, y la lucha que tiene lugar en los niveles sutiles de los planos astral y mental *debe* librarse en la conciencia cerebral. Es allí donde se aplica la teoría. A medida que estas realizaciones y actividades internas se convierten en parte práctica de la vida del discípulo y su conciencia incipiente percibe con toda claridad sus consecuencias, con el tiempo llegan a formar parte de su *equipo de cualidades*. En realidad, integra y sintetiza experiencias en los tres mundos y se convierte en un Maestro por medio de la maestría consciente. Capta el hecho de que todo lo que aparece y sucede se debe a la circulación y a la mutación constante de fuerza. Descubre cómo estas fuerzas interactúan en su propia experiencia **[i43]**y naturaleza, comprendiendo entonces el hecho fundamental de que solo esas fuerzas, que él mismo puede usar y dominar en su propia vida como individuo, pueden ser empleadas por él en la actividad grupal, y para disipar el espejismo mundial. Como ilustración podría decirse que:

1. Por el alineamiento y consiguiente contacto se evoca, despierta y emplea la intuición, siendo el gran agente disipador que desciende desde el plano de la intuición (el plano búdico), por medio del alma y del cerebro, al corazón del discípulo.
2. Por el alineamiento y el consiguiente contacto, se evoca, despierta y emplea la energía del alma, siendo el gran agente disipador que desciende desde los niveles del alma (los niveles superiores del plano mental), por medio de la mente, al cerebro del discípulo, iluminando el plano astral.
3. Estos dos tipos de energía espiritual actúan indistintamente sobre las fuerzas de la personalidad, y la conciencia cerebral del discípulo debe comprender sus propósitos y actividades, a medida que trabaja en el plano físico.
4. Solo entonces la luz de la intuición y la luz del alma pueden volver al plano astral mediante el esfuerzo consciente y la inteligente y dinámica voluntad del discípulo servidor.
5. Reflexionen sobre estos puntos porque trazan el camino a seguir y el servicio a prestar...

He organizado en cierta medida nuestras ideas y he delineado el plan, de acuerdo al cual encararemos este tema. Les he dado ciertos conceptos básicos y proporcionado el alineamiento esquemático de todo el tema. (véase el Indice). Ahora comenzaremos su verdadero estudio. Como saben, no es **[i44]** mi intención escribir una larga y voluminosa tesis sobre el tema. La recopilación de las instrucciones dadas a los grupos de discípulos, no constituirán tratados voluminosos como *Fuego Cósmico* y *Magia Blanca,* sino una serie de volúmenes relativamente breves y por lo tanto contendrán la máxima información sin guardar un estilo discursivo.

Ante todo, estas instrucciones deben tener un valor práctico definido y darle al estudiante la sensación de que comprende mejor el mundo sutil de las corrientes de fuerzas mentales en que habita y los medios que debe emplear además de la técnica a seguir, si es que va a allanar su camino desde la oscuridad y confusión para seguir adelante hacia la luz y la armonía. Nuestro estudio también ha de ser comparativo, debiendo el lector tener en cuenta que no se hallará capacitado para distinguir la verdad o aislar ese aspecto de la enseñanza que es para él de suprema importancia, hasta no *aplicar lo* que es útil y estar debidamente seguro de si es víctima de la ilusión o del espejismo. En último análisis, debe saber en qué punto se encuentra antes de dar el próximo y necesario paso adelante. El discípulo es la víctima, y esperemos que también sea el disipador del espejismo y de la ilusión, de allí la complejidad de su problema y la sutileza de sus dificultades. A la vez debe tener en cuenta (para su fortalecimiento y estímulo) que cada parte del espejismo disipado y cada ilusión reconocida y superada allana el camino a los que les siguen, simplificando así el camino a sus condiscípulos. Por excelencia, es el gran Servicio a prestar, y sobre este aspecto les llamo la atención. Por eso trato en estas instrucciones de esclarecer la cuestión.

Uno de los problemas que enfrenta el aspirante es reconocer el espejismo y ser consciente de los espejismos que acechan su camino y de las **[i45]**ilusiones que erigen un muro entre él y la luz. Ya es bastante poder reconocer que el espejismo y la ilusión existen. La mayoría no son conscientes de su existencia. Muchas personas buenas no los ven, divinizan sus espejismos y consideran sus ilusiones como posesiones muy apreciadas y arduamente conquistadas.

Sin embargo, el reconocimiento lleva en sí sus propios problemas, debido a la incapacidad del discípulo común para liberarse de la facultad de crear espejismos, desarrollada en el pasado, encontrando demasiado difícil mantener una adecuada proporción y un sentido exacto de los valores, respecto a las verdades del plano mental. El discípulo puede adquirir arduamente la verdad y captar un principio de la realidad y luego circundarlos con las fáciles ilusiones de la mente, la cual recién ha comenzado a descubrirse a sí misma. Los espejismos de naturaleza emocional pueden surgir y agruparse alrededor del ideal, puesto que todavía no está esclarecido y predispuesto a atraer hacia sí aquello que –emocional y sensiblemente– cree ser y poseer.

Ilustraré este punto desde dos ángulos, los cuales se hallan dentro del ámbito del discipulado o se enfrentan en el Sendero de Probación. Los denominaré la "ilusión del poder" y el "espejismo de la autoridad". Estas palabras demostrarán que uno será enfrentado en el plano astral y el otro en el mental.

El Espejismo de la Autoridad es colectivo en la mayoría de los casos. Tiene sus raíces en la psicología colectiva e indica que la humanidad todavía está en la etapa de la infancia, donde el ser humano es protegido de sí mismo por la imposición de algunas reglas, conjunto de leyes, edictos autoritarios emanados del control gubernamental, régimen oligárquico o la dictadura de un individuo. Esto obliga al género humano, hasta donde es posible juzgarlo, a obedecer fórmulas fijas y estandariza las actividades del ser humano regimentando su vida [i46] y trabajo. Se impone regulando y fomentando el complejo del temor, una de las fuentes más fructíferas del espejismo tan prevaleciente hoy en la humanidad. Quizás podría considerarse y con razón, que es la simiente de todo el espejismo predominante en nuestro planeta. El temor ha sido el incentivo de esas condiciones que han producido el espejismo del plano astral, pues las ilusiones corresponden a los niveles mentales de conciencia.

Cuando el espejismo de la autoridad se transfiere a la conciencia espiritual del ser humano, tenemos un estado de cosas como el período de la inquisición en sus peores aspectos, la autoridad eclesiástica con su énfasis puesto sobre la organización, gobierno y castigos o la indiscutible norma de algún maestro. Su forma más elevada la constituye el reconocimiento del derecho a regir del Ángel Solar, alma o ego. Entre estos dos extremos, que demuestran la infancia de la raza y la liberación que se logra cuando la humanidad alcanza su madurez y la libertad del alma, residen todos los tipos y clases de reacciones intermedias. ¿Qué hallamos, al ilustrar nuestro punto y acentuar así el aspecto del espejismo en lo que afecta al discípulo y al problema que enfrenta? Hallamos que el discípulo se libera en parte del control impuesto por la enseñanza ortodoxa y la férula de un maestro. Permanece (hasta donde puede percibirlo) libre de tal control. Sin embargo, conociendo su debilidad esencial y la seducción de la personalidad, se precave de sí mismo y de las antiguas reglas de control, aprendiendo gradualmente a sostenerse por sus propios esfuerzos, a hacer sus propias decisiones y a distinguir la verdad por sí solo. Aprende a elegir su camino. Pero, al igual que a toda persona que no ha recibido alguna de las iniciaciones superiores, puede, con el tiempo, llegar a enamorarse de su libertad y entonces automáticamente penetrar en el espejismo de su ideal de libertad –ideal que él ha creado–, llegando así a convertirse en prisionero de la libertad. Rechaza toda autoridad, excepto **[i47]** la que él llama "autoridad de su propia alma", olvidando que el contacto con su alma es todavía intermitente. Reclama el derecho de valerse por sí mismo. Goza de la nueva libertad que ha hallado. Olvida que habiendo desistido de la autoridad de una enseñanza y de un maestro, tiene que aprender a aceptar la autoridad del alma y del grupo de almas con el cual está afiliado por su karma, su tipo de rayo, su elección y por la inevitabilidad de los efectos de la unificación. Habiendo rechazado la guía de otra persona que se halla en el Sendero y teniendo sus ojos parcialmente abiertos, trata ahora de hollar ese Sendero hasta llegar a la meta, olvidando sin embargo que lo recorre al *unísono con otros*, y que existen ciertas "Reglas del Camino" a las que debe obedecer, haciéndolo al unísono con otros. Ha reemplazado la ley individual por la ley grupal, pero aún no conoce debidamente esa ley grupal. Camina lo mejor que puede, solo, glorificándose por la liberación de la autoridad que ha logrado realizar, prometiéndose a sí mismo no tolerar ninguna autoridad o guía.

Quienes nos ocupamos de él y lo observamos desde las claras cumbres de la realización, vemos cómo gradualmente es envuelto por las volutas de niebla y espejismo que paulatinamente surgen a su alrededor mientras se convierte en un "prisionero de la bruma de la libertad", regocijándose en lo que estima la realidad de su independencia. Cuando su visión se haya esclarecido y su aspecto mental esté más desarrollado y evolucionado, sabrá que la Ley que rige al grupo tiene que imponerse, y se impondrá sobre él, y que el control de la naturaleza inferior solo puede ser reemplazado por el control del alma, control grupal, que opera bajo la Ley que rige al grupo. Ha luchado para salir del conjunto de los que buscan el Camino, hasta llegar al Camino mismo. Por lo tanto ha avanzado más que las masas, pero no está solo, aunque así lo crea. Descubrirá que muchos recorren el mismo camino, **[i48]** y su número crecerá constantemente a medida que progrese. La regla de la interacción del viajero y el reconocimiento grupal del trabajo y el servicio, preponderarán sobre él, hasta que descubra que es un miembro del Nuevo Grupo de Servidores del Mundo trabajando bajo ciertas condiciones que constituyen las reglas que rigen la actividad del grupo. A medida que aprende a recorrer el Camino con sus componentes, penetrarán en su conciencia los incentivos y las técnicas que rigen su servicio elegido y empezará a obedecer automática y naturalmente al ritmo superior, adhiriéndose a las leyes que controlan la vida y la conciencia grupales. Finalmente, penetrará en los lugares silenciosos donde moran los Maestros de Sabiduría, y trabajará a la par de Ellos con ritmo grupal, obedeciendo así las leyes del reino espiritual, leyes subjetivas de Dios.

Repetidas veces, al recorrer el Camino, se rebelará contra el control y caerá nuevamente en el espejismo de su supuesta libertad. *Puede* liberarse del control de la personalidad y también del de las personalidades, pero nunca puede liberarse de la Ley de Servicio y de la constante interacción entre un ser humano y otro y un alma y otra. Ser libre significa permanecer en la clara y límpida luz del alma, que básica e intrínsecamente es conciencia grupal.

Por lo tanto, cuando se sienten embargados por la incertidumbre y la inquietud, deseando y exigiendo libertad para hollar el Sendero, sin la imposición de autoridad alguna, tengan cuidado que no sea el espejismo que produce el deseo de verse libres de los impactos grupales y asegúrense de que no están tratando –como almas sensibles– de hallar una vía de escape. Aplico esta frase en su sentido psicológico moderno. Formúlense las siguientes preguntas: ¿Son de tanta importancia para mí y para otros, la comodidad y la paz mental, que, por obtenerlas, me veo impulsado a sacrificar la integridad del grupo? [i49] ¿Constituye mi propia satisfacción interna, una excusa adecuada para postergar el propósito grupal planeado? Pues ciertamente, lo postergará. Cualquier cosa que decidan constituirá, a su vez, una decisión responsable, con consiguientes reacciones sobre el grupo.

¿Cuál es esa obediencia esotérica de que tanto oímos hablar? No es lo que muchos grupos esotéricos creen. Tampoco es el control ejercido por una organización externa, dedicada al llamado trabajo esotérico. No son las condiciones impuestas por un instructor de determinada categoría, ni consiste en cambiar el conjunto de ideas que nos aprisionan, por otro de mayor importancia o alcance. Una prisión, ya sea una pequeña celda o una isla solitaria de vasta extensión, de la cual es imposible escapar, constituyen siempre una prisión.

La autoridad a la cual respondemos los Instructores del aspecto interno, es de naturaleza dual, y ustedes (como unidades de un grupo) recién empiezan a responder. ¿A qué responden?

1. Al lento surgimiento de la comprensión de la "luz que está más allá", empleando esta frase como símbolo. Esta luz tiene diferente *atractivo* para cada individuo. Sin embargo es UNA LUZ. Pero su reconocimiento revela nuevas leyes y responsabilidades, nuevos deberes y

obligaciones y nuevas relaciones con otros, los cuales constituyen la autoridad a la que nadie puede escapar aunque pueden desobedecerla, en tiempo y espacio, durante un período temporal.

2. A la autoridad de las *Reglas del Camino* impuesta cuando se pasa del Sendero de Probación al Sendero del Discipulado. Sin embargo es UN CAMINO. En este "estrecho sendero del filo de la navaja", se aprende a caminar con disciplina, discreción y [i50]carencia de deseos, experimentados al unísono con los condiscípulos.

Breve y sucintamente, ¿cuáles son las Reglas del Camino? Permítanme proporcionarles las seis reglas más simples, pidiéndoles recordar que no son impuestas autoritariamente por una arbitraria Junta de Directores, como lo sería un instructor o los instructores de grupos (de los cuales, lógicamente, yo podría ser uno), sino que es el resultado de las condiciones que imperan en el Sendero; llevan en sí la garantía de la propia alma del ser humano y son el resultado de la experiencia de millones de viajeros que recorren ese sendero.

Les daré las seis reglas (tal como se las he dado a otros aspirantes[1]) en su forma antigua y simbólica y las traduciré, lo mejor que pueda, de los antiguos registros que existen en el Aula de la Sabiduría y están a disposición de los discípulos dedicados, como ustedes.

LAS SEIS REGLAS DEL SENDERO
(Reglas del Camino)

1. El Camino se recorre a la plena luz del día, la cual es proyectada sobre el Sendero por Aque-

---

1 Discipulado en la Nueva Era, pág. 583–4 edic. inglesa

llos que saben y guían. Nada puede ocultarse, y en cada vuelta de ese camino el ser humano debe enfrentarse a sí mismo.

2. En el Camino lo oculto es revelado. Cada uno ve y conoce la villanía del otro. (No encuentro otra palabra para traducir la antigua palabra que designa la estupidez y la vileza no reveladas, la burda ignorancia y el propio interés, características sobresalientes del aspirante común.) Sin embargo a pesar de esa gran revelación, no es posible volver atrás, despreciar a **[i51]** los demás ni vacilar en el Camino. El Camino va hacia el día.

3. Ese Camino no se recorre solo. No hay prisa ni apremio. No hay tiempo que perder. Cada peregrino, sabiéndolo, apresura sus pasos y se encuentra rodeado por sus semejantes. Algunos logran pasar adelante, él los sigue. Otros caminan detrás, él marca el paso. No camina solo.

4. Tres cosas debe evitar el peregrino. Llevar un capuchón o velo, que oculte su rostro a los demás, un cántaro que solo contenga suficiente agua para sus propias necesidades y un bastón sin horquilla.

5. Cada Peregrino en el Camino, debe llevar consigo lo necesario; un brasero para dar calor a sus semejantes; una lámpara para iluminar su corazón y mostrar a sus semejantes la naturaleza de su vida oculta; una talega con oro que no ha de esparcir por el Camino sino compartirlo con los demás; una vasija cerrada donde guarda todas sus aspiraciones para arrojarlas a los pies de Aquel que espera en el Portal para darle la bienvenida.

6. A medida que el Peregrino recorre el Camino debe tener el oído atento, la mano dadivosa, la

lengua silenciosa, el corazón casto, la voz áurea, el pie ligero y el ojo, que ve la luz, abierto. Él sabe que no camina solo.

La Ilusión del Poder es quizás una de las primeras y más serias pruebas que se le presenta al aspirante y también uno de los mejores ejemplos de este "gran error"; **[i52]** por lo tanto, les pido que lo consideren como algo contra lo cual deben precaverse cuidadosamente. Raras veces el discípulo escapa a los efectos de este error de la ilusión, pues se basa, en forma curiosa, en el éxito y el móvil correctos. De allí la naturaleza engañosa del problema, que podrá expresarse de la manera siguiente:

El aspirante logra hacer contacto con su alma o ego, mediante el correcto esfuerzo. Por la meditación, la buena intención y la correcta técnica, más el deseo de servir y amar, obtiene el alineamiento. Entonces llega a ser consciente de los resultados de su exitoso trabajo. Su mente se ilumina. Un sentido de poder fluye a través de sus vehículos. Es consciente del Plan, al menos temporariamente. La necesidad del mundo y la capacidad del alma para enfrentar esa necesidad invaden su conciencia. Su dedicación, consagración y propósito correctos acrecientan la afluencia de energía espiritual. Conoce. Ama. Trata de servir, realizando las tres cosas con mayor o menor éxito. El resultado de todo ello es que el sentido de poder y la parte que debe desempeñar para ayudar a toda la humanidad lo absorben más que la comprensión del debido y adecuado sentido de proporción y de los valores espirituales. Se sobreestima a sí mismo y también su experiencia. En vez de redoblar sus esfuerzos y establecer un contacto más estrecho con el reino de las almas y amar más profundamente a todos los seres, empieza a hacer alarde de sí mismo, de la misión que tiene que cumplir y de la confianza que el Maestro y hasta el Logos planetario han depositado evidentemente en él. Habla de sí mismo, gesticula y atrae la atención, reclamando reconocimiento. A medida que lo realiza malogra constantemente su alineamiento, su contacto se aminora, uniéndose a las filas de los que han sucumbido a la ilusión del poder experimentado. Esta forma de ilusión prevalece cada vez más entre los discípulos y aquellos que han pasado las dos primeras iniciaciones. Existen en el mundo muchas personas que han recibido la primera [i53]iniciación en una vida anterior. En algún período del actual ciclo de vida, que repite y recapitula los acontecimientos de su progreso anterior, llegan nuevamente a la etapa de realización que habían alcanzado anteriormente. Perciben el significado de su realización y el sentido de su responsabilidad y conocimiento. Nuevamente se sobrestiman, considerándose a sí mismos y a sus misiones como algo excepcional entre los hijos de los seres humanos, de modo que entra su demanda esotérica y subjetiva de reconocimiento y estropea lo que de otro modo podía haber sido un servicio fructífero. Cualquier énfasis puesto sobre la personalidad puede desfigurar fácilmente la luz pura del alma cuando trata de afluir hacia el yo inferior. Todo esfuerzo para llamar la atención hacia la misión o tarea que ha asumido la personalidad, desvirtúa esa misión y restringe al individuo en su tarea; ello conduce a diferir el cumplimiento hasta el momento en que el discípulo solo sea un canal por el cual pueda afluir el amor y brillar la luz. Esta afluencia y brillo deben ser acontecimientos espontáneos y carecer de toda alusión propia.

Los ejemplos dados sobre espejismo e ilusión demostrarán no solo la sutileza del problema sino la urgente necesidad de su reconocimiento. Muchas personas expresan hoy estas dos cualidades de la naturaleza inferior.

1. ESPEJISMO EN EL PLANO MENTAL..........ILUSIÓN

En esta parte del estudio no dedicaremos tanto tiempo a considerar la ilusión como lo haremos con el espejismo y con maya. La ilusión no se enfrenta ni se supera hasta que el ser humano no haya:

a. Trasladado al plano mental el foco de su conciencia.
b. Trabajado definidamente para prestar un servicio inteligente.[i54]
c. Hecho consciente y fácilmente el alineamiento con el alma.
d. Pasada la primera iniciación.

La palabra *ilusión* se utiliza frecuentemente con ligereza para referirse a la falta de conocimiento, opiniones variables, espejismos, incomprensión, confusión psíquica, predominio de los poderes psíquicos inferiores y muchas otras formas de ilusión mundana. Pero ha llegado el momento en que debe ser empleada con un desarrollado sentido de discriminación por el discípulo; él debe conocer y comprender con claridad la naturaleza de ese miasma fenoménico en la cual actúa la humanidad. A los efectos de la claridad y con el fin de distinguir más definida y efectivamente los tipos de ilusión en que se mueve el alma, y de los cuales tiene que liberarse, será necesario que dividamos la Gran Ilusión (con sus diversos aspectos) en sus partes componentes, en tiempo y espacio; esto intenté hacerlo parcialmente cuando definí las palabras Maya, Espejismo, Ilusión y el Morador en el Umbral. Les pido que mantengan con claridad en sus mentes estas diferencias, y que estudien con cuidado la clasificación dada con anterioridad.

Para nuestro propósito, la ilusión puede entenderse como la reacción de la mente indisciplinada al mundo de las ideas con el cual ha hecho recientemente contacto, que se efectúa desde el momento en que el ser humano ha logrado el alineamiento y ha puesto en contacto la naturaleza inferior con la superior. Las ideas nos llegan del plano de la intuición. El alma ilumina los planos de la mente y de la intuición para que se revelen uno al otro y se evidencie su mutua relación. La mente del ser humano (que está lentamente llegando a ser el centro de su conciencia y la mayor realidad de su existencia) se hace consciente de este nuevo e inexplorado mundo de ideas, se apodera de alguna idea o conjunto **[i55]** de ideas y trata de apropiarse de ellas. Al principio, en la mayoría de las personas y especialmente en el tipo místico común, la comprensión de las ideas es vaga y nebulosa y, frecuentemente, llega a ellas mediante la comprensión de otro. La iluminación, producida por el débil contacto con el alma, es considerada por el inexperto neófito como una maravilla suprema y de vital importancia. Las ideas con que ha hecho contacto le parecen portentosas, excepcionalmente insólitas y vitalmente necesarias para la humanidad.

Pero la mente está todavía autocentrada, el contacto es débil y el alineamiento inseguro. Por lo tanto, las ideas son captadas solo tenuemente. Lo *excepcional* de la experiencia, en el contenido realizado en la mente del discípulo, lo hace introducirse profundamente en el reino de la ilusión. La idea o las ideas con las cuales ha hecho contacto son, si pudiera comprenderlo, solo un fragmento de un Todo mucho mayor. Lo que aporta para su interpretación es inadecuado. La idea que ha surgido en su conciencia, por el parcial despertar de su intuición, será distorsionada de distintas maneras al descender a la conciencia cerebral. Su contribución, para materializar la idea y trasformarla en un programa práctico y activo, es todavía completamente inadecuada. El equipo aún es deficiente e inexacto. La manera en que se produce esta distorsión y el descenso de la idea puede describirse como: *El paso de una idea del plano de la intuición al cerebro.*

I. La idea es vista por la mente "mantenida firme en la luz del alma".

II. Desciende a los niveles superiores del plano mental y allí se reviste con sustancia de esos niveles. Todavía permanece como una abstracción, desde el ángulo de la mente inferior. Esto debe ser observado cuidadosamente por el posible intuitivo. **[i56]**

III. El alma lanza su luz hacia arriba y hacia afuera, y la idea, nebulosa y tenue, emerge en la conciencia del ser humano. Es revelada igual que un objeto cuando es iluminado por el brillante haz de un poderoso reflector. La mente se esfuerza por establecer constante y firme contacto consciente con el alma, al ver el mundo superior por medio del "ojo del alma ampliamente abierto"; registra la idea cada vez con más claridad.

IV. La idea revelada se convierte entonces en un ideal para la mente atenta, y oportunamente será algo deseable y materializado. Luego entra en actividad la facultad que posee la mente de crear formas mentales; la "sustancia mental" es activada por la energía de la idea y vitalizada por el reconocimiento del alma, entonces la idea da su primer paso hacia la verdadera encarnación. Un ideal es solo una idea encarnada. Esto constituye el primer paso para la materialización. La encarnación se hace posible. Así se produce la ilusión.

V. Después se produce la distorsión por varias causas que pueden ser enumeradas de esta manera:

1. El tipo de rayo del ego colora la interpretación que el ser humano da a la idea, matizando también la emergente forma mental. Simbólicamente hablando, la luz pura se trasforma en luz matizada. La idea entonces es "revestida de color, y debido a esto es cubierta por el primer velo".

2. El punto de evolución que ha alcanzado el ser humano tiene también su efecto, más la cualidad de la [i57] integración existente entre los tres aspectos de la personalidad y el alineamiento establecido entre alma—mente—cerebro. Por ser este necesariamente imperfecto, produce lo indefinido del contorno y, en consecuencia, lo indefinido de la forma final. Por lo tanto tenemos:

   a. La integración imperfecta de la personalidad.
   b. La vaguedad de la forma mental propuesta.
   c. El empleo del inadecuado material, atraído para construir la forma mental.
   d. El cambio del foco de atención, debido a la vaguedad del ideal visualizado.
   e. La relación de la mente con la idea presentida, es inestable.

3. La cualidad del desarrollo del cuerpo mental del discípulo produce, según se dice, el siguiente "ocultamiento" de la idea. La idea ha sido transformada por el color del rayo del alma, entonces efectúa una mayor distorsión debido al tipo de rayo del cuerpo mental que puede ser, y generalmente es, diferente al tipo de rayo del alma.

VI. La ilusión se presenta por lo general de siete maneras:

1. Por errónea percepción de una idea. El discípulo no puede distinguir entre una idea y un ideal, entre una idea y una forma mental o entre un concepto intuitivo y un concepto mental. Esta es una de las maneras más comunes de producirse la ilusión entre los aspirantes. La atmósfera mental en que vivimos es de ilusión, siendo **[i58]** también la zona de contacto consciente en donde se encuentran formas mentales de todo tipo. Algunas son puestas por la Jerarquía para que el ser humano las descubra; otras son formas mentales construidas por el ser humano alrededor de ciertas ideas; algunas son ideales muy antiguos que han sido descartados, pero aún persisten como formas mentales; otras son totalmente nuevas y por lo tanto no son aún poderosas, pero sí muy atrayentes. Todas han sido creadas por el ser humano en una u otra etapa de su desarrollo individual y racial. Gran parte son cascarones de conceptos largamente refutados; algunas están en embrión y otras estáticas y estables; muchas se hallan en proceso de descender de los niveles intuitivos; unas pocas están todavía iluminadas por la clara luz del alma y preparadas para ser encarnadas. Un número de formas mentales está en proceso de desintegración. Algunas de estas formas o ideas encarnadas son de naturaleza destructiva, debido al tipo de materia con que están construidas. Otras son constructivas. Todas están matizadas por alguna energía de rayo.

Un sinnúmero de ellas son necesariamente construidas por la actividad desarrollada en el mundo de la personalidad; otras están en proceso de construcción por medio del alma y también por la actividad conjunta de ambas manifestaciones. Por lo tanto, es esencial que toda mente posea una percepción que actúe correctamente. Los aspirantes deben aprender a distinguir entre:

a. Una idea y un ideal.

b. Lo encarnado, lo que está en proceso de encarnarse y lo que espera ser desintegrado.[i59]

c. Lo constructivo y lo destructivo.

d. Las formas e ideas viejas y nuevas.

e. Las ideas y formas de rayo a medida que coloran las presentaciones superiores.

f. Las ideas y formas mentales que han sido creadas a propósito por la Jerarquía y las creadas por la humanidad.

g. Las formas mentales raciales y las ideas grupales.

Podría enumerar muchas más, pero las anteriores bastarán para demostrar la necesidad de percibir correctamente y señalar las raíces de la predominante ilusión mundial, producida por la percepción errónea.

La *causa* se debe a una mente no entrenada ni iluminada.

La *solución* consiste en aprender la disciplina de Raja Yoga.

Esto da por resultado la capacidad de mantener la mente firme en la luz, la percepción correcta, el logro de una correcta perspectiva y de una actitud mental correcta. Estas son las correctas actitudes que tuvo en cuenta el Buda cuando describió el Noble óctuple Sendero. Significa llegar a una correcta altitud mental. Sí, he dicho altitud y no actitud.

2. *Por errónea interpretación,* la idea, entidad vital o germen de viviente potencia, es vista parcialmente distorsionada por lo inadecuado del equipo mental y, frecuentemente, queda inutilizada. Carece **[i60]** del mecanismo para la correcta comprensión y, aunque el ser humano se esfuerce al máximo y en cierta medida sea capaz de mantener su mente firme en la luz, lo que puede ofrecer a la idea es a lo sumo algo muy pobre. Esto conduce a la ilusión por mala interpretación.

La *causa* se debe a la sobrestimación de los propios poderes mentales. El pecado por excelencia de los individuos de tipo ·mental es el orgullo, y colora todas las actividades en las primeras etapas.

La *solución* consiste en el desarrollo de un espíritu cauteloso.

3. *Por incorrecta apropiación de las ideas.* La falsa apropiación de una idea está basada en la facultad de dramatizar y en la tendencia de la personalidad hacia la autoafirmación del pequeño yo. Esto hace que el ser humano se apropie de una idea, la formule y, por lo tanto, le dé indebida importancia porque la considera suya. Comienza a construir su vida alrededor de su idea y considera sus metas y objetivos como muy importantes, esperando que otros la reconozcan como de su propie-

dad. Olvida que las ideas no pertenecen a nadie, sino que viniendo del plano de la intuición son dádiva y posesiones universales y no propiedad de una sola mente. Su vida, como personalidad, también se subordina a la idea que él tiene de una idea y su ideal de una idea. La idea llega a ser el agente dramático de su autoimpuesto propósito de vida, que lo empuja de un extremo a otro. Esto conduce a la ilusión, por la indebida apropiación. **[i61]**

La *causa* se debe a la sobreestimación de la personalidad y a la incorrecta impresión de las reacciones de la personalidad sobre la idea presentida y sobre quienes tratan de hacer contacto con la misma idea.

La *solución* se funda en un firme intento para descentralizar la vida de la personalidad y centrarla en el alma.

Quisiera aclarar un punto aquí. Las ideas muy raras veces llegan a la conciencia mundial y a la mente humana, directamente desde niveles intuitivos. La etapa actual de desenvolvimiento humano no permite aún hacerlo. Solo pueden venir de los niveles intuitivos cuando existe un contacto con el alma, altamente desarrollado, un potente control de la mente, una inteligencia entrenada, un cuerpo emocional purificado y un buen equipo glandular, como consecuencia de los requisitos anteriores. Reflexionen sobre este concepto.

La mayoría de las ideas de orden muy elevado son atenuadas e introducidas en la conciencia de un discípulo, por un Maestro, que las imparte por telepatía mental y como resultado de su sensibilidad a las "ondas de la facultad psíquica", según las denomina la enseñanza tibetana.

Las ideas son también percibidas por la interacción que existe entre discípulos. Con frecuencia, cuando se reúnen los discípulos, estimulando mutuamente las mentes y centralizando la atención enfocada, pueden hacer un contacto unido con el mundo de las ideas, de otra manera, sería imposible traer a la existencia conceptos más nuevos. Ciertas grandes ideas con las cuales se puede hacer contacto, forzándolas a encarnarse por medio de la entrenada atención de los discípulos, prevalecen como corrientes de energía en el plano mental. Dichas corrientes de energía mental, matizadas por una idea básica, son puestas allí por la Jerarquía. Cuando se las descubre y se establece contacto con ellas el neófito se siente inclinado a considerar su logro como algo personal, [i62] atribuyendo esta idea a su propia sabiduría y poder. Observarán la gran necesidad que existe de comprender correctamente aquello con lo cual se hace contacto como así también su correcta interpretación.

> 4. *Por errónea orientación de las ideas.* Esto se debe a que todavía el discípulo no ve el panorama tal como es. Su horizonte es limitado y su visión miope. Una fracción o fragmento de alguna idea básica incide sobre su conciencia y la interpreta como correspondiendo a un campo de actividades que quizás no tiene ninguna relación dentro del mismo. Por lo tanto comienza a trabajar con la idea y a diseminarla en lugares donde es totalmente inútil; empieza a darle forma desde un ángulo completamente equivocado, encarnándola de tal manera que su utilidad es nula. Así, desde el primer momento de contacto, al discípulo lo envuelve la ilusión, y mientras

persista en ello se fortalece la ilusión general. Esta es una de las formas de ilusión más comunes y uno de los primeros métodos con el cual se puede destruir el orgullo mental del discípulo. Esta ilusión es producida por la mala aplicación inicial y conduce al empleo u orientación errónea de una idea.

La *causa* se debe a una pequeña y no incluyente mentalidad.

La *solución* consiste en entrenar la mente a fin de que sea incluyente, bien equipada y desarrollada desde el punto de vista de la inteligencia moderna.

5. *Por errónea integración de una idea.* Cada discípulo tiene un plan de vida y un campo de servicio elegido. Si este no existe, no es un discípulo. Puede ser el hogar, la escuela o un campo **[i63]** más amplio, pero es un lugar definido donde expresa aquello que está en él. En su vida de meditación y por medio del contacto con sus condiscípulos, hace contacto con una idea, quizás importante para el mundo. Inmediatamente la capta y trata de integrarla al propósito y plan de su vida. Tal vez para él no tenga aplicación definida y no sea la idea con la cual debería trabajar. La excesiva actividad de su mente es probablemente responsable de que haya captado así la idea. Las ideas percibidas, con las cuales se hace contacto, no son necesariamente ideas con las que debe trabajar todo discípulo, y el discípulo no siempre comprende esto. Capta la idea e intenta integrarla a sus planes, procurando

trabajar con energías para las que temperamentalmente no está preparado. Impone una corriente de energía sobre su cuerpo mental y no puede manejarla, produciéndose el consiguiente desastre. Muchos buenos discípulos manifiestan excesiva actividad y fertilidad mentales y no logran objetivos buenos y constructivos o actividad vital. Captan cualquier idea que se cruza en su camino, sin discriminación alguna. Esta es la ilusión producida por la adquisición.

La *causa* es la captación egoísta por parte del yo inferior, y, aunque el discípulo no se dé cuenta de ello, la idea de su propio desinterés le produce el espejismo.

La *solución* es un espíritu de humildad.

6. *Por errónea encarnación de las ideas.* Esto se refiere principalmente a las dificultades que encuentran esas almas desarrolladas que hacen contacto con el mundo de la intuición e intuyen las grandes ideas espirituales, **[i64]** cuya responsabilidad es encarnar en alguna forma, automática y espontáneamente, mediante una entrenada y rítmica actividad del alma y de la mente, trabajando siempre en la más estrecha colaboración. Se establece contacto con la idea, pero es erróneamente revestida de materia mental y, por consiguiente, incorrectamente lanzada a la materialización. Por ejemplo, se la integra en una forma mental grupal cuyo color, nota clave y sustancia son totalmente inadecuados para su correcta expresión. Esto ocurre mucho más a menudo de lo que se cree. Concierne

a las interpretaciones superiores del aforismo hindú: Mejor es el propio dharma que el dharma de otro.

Esta ilusión es producida por la errónea discriminación, en lo que se refiere a la sustancia.

La *causa* se debe a la falta de entrenamiento esotérico en la actividad creadora.

La *solución* consiste en aplicar los métodos de quinto rayo, los métodos aplicables al plano mental.

Este error raras veces lo comete el aspirante medio, y concierne a esa ilusión que se aplica como prueba a muchos iniciados de grado bastante avanzado. El discípulo común, como ustedes y otros de este grupo, escasas veces hace contacto con una idea pura, de allí que difícilmente necesiten encarnarla.

7. *Por errónea aplicación de las ideas.* ¡Cuántas veces esta forma de ilusión desciende sobre un discípulo! Hace contacto intuitiva e inteligentemente con una idea (observen la diferencia expresada aquí) y la aplica mal. Este es quizás un aspecto de la ilusión sintética o la ilusión en **[i65]** el plano mental, tal como el individuo moderno hace contacto con él. La ilusión varía en cada época, de acuerdo a lo que la Jerarquía intenta realizar o a la tendencia general de los pensamientos de los seres humanos. El discípulo puede, en consecuencia, ser arrastrado a una actividad y aplicación incorrectas de las ideas, debido a que la ilusión general (que surge de los seis tipos de ilusión a que me he referido anteriormente) predomina en su mente.

Podría continuar extendiéndome sobre los medios por los cuales la ilusión atrapa al incauto discípulo, pero esto bastará para despertar en ustedes ese análisis constructivo que conduce del conocimiento a la sabiduría. Hemos dejado claro que las siete formas principales en que actúa la ilusión son:

1. Percepción errónea
2. Interpretación errónea
3. Apropiación errónea
4. Orientación errónea
5. Integración errónea
6. Encarnación errónea
7. Aplicación errónea

Estas constituyen el tercer paso hacia la expresión. También es cualificada la forma de expresión. Así se producen las siete formas de ilusión.

He descrito aquí las causas y los diversos tipos de ilusión a que está propenso el discípulo. La ilusión debe ser enfrentada en su forma pura, y algún día ha de ser superada, teniendo que ser aislada y disipada por el mismo iniciado. El último esfuerzo exitoso para esto, condujo a Jesús, en la Cruz, a pronunciar palabras de aparente angustia. Disipó así la ilusión de la Deidad personal [i66] y objetiva. En ese momento tuvo plena conciencia de que era Dios Mismo y no otra cosa; que la teoría de la unidad descrita por Él en el Evangelio de San Juan, capítulo XVII, era en realidad un hecho establecido inalterablemente en Su propia conciencia. No obstante, en esta infinita y suprema comprensión, tuvo por un momento un sentido de pérdida y de rechazo, obligando a Su agonizante personalidad a pronunciar esa terrible exclamación que ha dejado perplejos y al mismo tiempo reconfortado a tantos. Significó la superación de la ilusión sintética final. Cuando ella ha sido disipada, la ilusión, tal como la comprende la humanidad, desaparece. El ser humano queda liberado, La ilusión del plano mental ya no lo engaña. Su mente es un instrumento puro para reflejar la luz y la verdad. Los espejismos del plano astral ya no lo dominan, y su cuerpo astral se desvanece.

Recordarán que en *Tratado sobre Magia Blanca* indiqué que el cuerpo astral era una ilusión, definición de la mente ilusoria en el plano mental, de aquello que llamamos la suma total de los deseos del ser humano en encarnación. Cuando han sido superados la ilusión y el espejismo, el cuerpo astral se desvanece de la conciencia humana. No queda ya ningún deseo para el yo separado. Kamamanas (deseo–mente) desaparece y se considera entonces que el hombre está constituido esencialmente de alma–mente–cerebro, dentro de la naturaleza del cuerpo. Este es un gran misterio y su significado solo puede ser comprendido cuando el hombre ha controlado su personalidad y eliminado todos los aspectos del espejismo y la ilusión. Esto lo realiza por la realización. Este dominio se logra dominando. La eliminación del deseo se alcanza eliminándolo conscientemente. Dedíquense por lo tanto al trabajo, y el problema se esclarecerá inevitablemente. **[i67]**

El polo opuesto de la ilusión, como ya saben, es la intuición. La intuición es el reconocimiento de la realidad, que se hace posible cuando desaparecen el espejismo y la ilusión. Una reacción intuitiva a la verdad tendrá lugar cuando en determinada línea de acercamiento a la verdad el discípulo haya logrado aquietar las tendencias de la mente a crear formas mentales, para que la luz pueda fluir, directamente y sin desviarse, desde los mundos espirituales superiores. La intuición puede comenzar a hacer sentir su presencia cuando el espejismo no domina al ser humano inferior, y los bajos o elevados deseos del ser humano, interpretados emocional o autocentradamente, no se interponen ya entre su conciencia cerebral y el alma. Los verdaderos aspirantes, durante su lucha por la vida, obtienen estos momentos fugaces de liberación superior. Tienen entonces un destello intuitivo de comprensión. El esquema futuro y la naturaleza de la verdad irrumpen, pasando momentáneamente a través de su conciencia, y la vida nunca vuelve a ser exactamente igual. Han tenido la garantía que toda lucha es justificada y que evocará su adecuada recompensa.

Como he puntualizado en la clasificación (véase pág. 55), lo que disipa la ilusión y la sustituye por una percepción espiritual verdadera e infalible es la contemplación, llevada a cabo lógicamente por el alma. Quizás pueda llegarse a captar algo de la secuencia del desarrollo, si se comprende que el proceso de la meditación (en sus tres principales partes) puede dividirse de la siguiente manera:

1.El Aspirante.....Sendero de Probación........Concentración.........Maya
2.El Discípulo......Sendero del Discipulado......Meditación.....Espejismo
3.El Iniciado........Sendero de Iniciación........Contemplación.......Ilusión

La clasificación precedente bastará para demostrar la conexión que existe entre el proceso de la meditación, tal como es descrito y enseñado en la Escuela Arcana, y el problema que deben enfrentar ustedes. **[i68]**

La técnica para disipar la ilusión, empleada por el iniciado, es la contemplación. Pero, ¿de qué sirve elucidar esto con ustedes si no son iniciados? Si describiera los procesos peculiares empleados por un alma en contemplación, para penetrar (por un acto de la voluntad entrenada y mediante algunas fórmulas de primer rayo) y disipar la ilusión, ¿les sería de beneficio para algo o solo satisfaría su curiosidad? Creo que no les serviría de nada.

Concluiré por lo tanto mis observaciones sobre este punto, relacionado con la ilusión, de acuerdo a la etapa evolutiva en que se encuentran. El espejismo es su problema y el problema del mundo en este momento. Algunos de ustedes, cuyos cuerpos mentales están en proceso de organizarse, pueden hallarse en cierta medida envueltos por la ilusión, pero su mayor problema como grupo e individuos es el del espejismo. Su campo vital de experiencia se halla en los niveles superiores del plano astral. Su trabajo es vencer el espejismo, cada uno en su vida individual, y, como grupo, emprender más tarde la ardua tarea de ayudar a disipar el espejismo mundial. Quizás más adelante podrán estar capacitados para hacerlo si se someten al entrenamiento y, como individuos, comprenden y dominan sus espejismos personales. En cuanto hayan comenzado a hacer esto, podré utilizarlos *como grupo*. Pero antes que puedan trabajar como grupo y ayudar a disipar el espejismo mundial, tienen que comprender mejor y dominar más definidamente los espejismos y las ilusiones de la personalidad. Ha llegado el momento de ayudarlos a encarar más drásticamente este problema del espejismo, teniendo en cuenta el predestinado servicio grupal a prestar y no su liberación personal....

Por lo tanto, les pido que trabajen con renovado valor, determinación y nueva comprensión, y continúen durante otro año. ¿Dedicarán sus esfuerzos a esta tarea? Pues verdaderamente es una tarea.

2. Espejismo en el Plano Astral: Espejismo [169]

He tratado el problema de la ilusión o el espejismo en el plano mental. Lo he hecho breve y sucintamente, señalando que no constituye principalmente el mayor problema de este grupo de aspirantes sino que ellos, conjuntamente con el aspirante mundial, la humanidad, se ocupan principalmente del espejismo. Esos aspirantes, que se destacan de la humanidad común, cuya tarea consiste en enfrentar el espejismo mundial y forjar un camino a través de él, tienen el trabajo de liberar la energía del alma y el poder de la mente. Ustedes deben secundar a estas almas precursoras, comprendiendo la magnitud de la oportunidad y la inminencia de la hora de la liberación.

Están al borde del discipulado aceptado. Ello significa que muy pronto, a la lucha contra el espejismo han de sumar la lucha contra la ilusión. ¿Son suficientemente fuertes para ello? No olviden que el discípulo que se ocupa de satisfacer la aspiración de su naturaleza y lucha también con los problemas resultantes de la polarización y la percepción mentales y de las energías que entran en actividad por medio del contacto con el alma, se está convirtiendo rápidamente en una personalidad integrada. Por lo tanto, la tarea no es fácil y reclama una actividad concentrada, de lo mejor de su ser. Con esta frase quiero significar la aspiración del alma y la de la personalidad.

En cierta medida ya están luchando con la ilusión de las ideas, que traté en mi última instrucción, comenzando así a desarrollar esa discriminación que los conducirá a la correcta elección de los móviles de la vida. En esta instrucción trato de arrojar alguna luz sobre el espejismo que enfrenta el discípulo, como individuo, y considerar también el aspecto del espejismo que ha de enfrentar como servidor mundial en entrenamiento.

Hablando simbólicamente, les diré que el cuerpo astral planetario (observado desde los niveles del alma) está perdido en las **[i70]** profundidades de la bruma que lo envuelve. Durante la noche, al observar un cielo despejado, se ven estrellas, soles y planetas brillando con un fulgor claro y frío y una luz centelleante que atraviesa muchos millones de millas (o años luz, como se los denomina), hasta que el ojo humano capta y registra la existencia de esas brillantes estrellas. Sin embargo, si observan el cuerpo astral del planeta, siempre que puedan hacerlo, no verán ese claro fulgor sino simplemente una lóbrega esfera con apariencia de vapor, niebla y bruma. Una bruma de tal densidad y espesor que indicaría ser no solo impenetrable sino de condiciones desfavorables para la vida. A pesar de ello, nosotros, los Instructores de lo interno, vamos y venimos y la atravesamos; en esa bruma –viendo todas las cosas deformadas y distorsionadas– trabajan los hijos de los seres humanos. Algunos están tan habituados a la bruma y a la densidad que no se enteran de su existencia, considerándolas correctas y buenas y un lugar irreemplazable para vivir. Otros han captado tenues vislumbres de un mundo más luminoso, en el que pueden verse formas y figuras más perfectas, donde la bruma no oculta una realidad tenuemente percibida aunque no sepan qué es esa realidad. Aún otros, como por ejemplo ustedes, ven ante sí un sendero abierto que conduce a la clara luz del día. Sin embargo ignoran todavía que a medida que recorren el sendero, y en el Sendero mismo, deben trabajar activa e inteligentemente con el circundante espejismo, siguiendo la huella marcada por aquéllos que se han liberado de las nieblas circundantes y han pasado a un mundo de horizontes más claros. Gran parte del tiempo empleado por los discípulos en el Sendero constituye un proceso de inmersión casi cíclica en el espejismo y la bruma, alternando con momentos de claridad y visión.

Cuatro cosas necesitan captar los que trabajan con el espejismo; cuatro reconocimientos básicos que, **[i71]** cuando se comprendan, servirán para aclarar e iluminar y, por lo tanto, enderezar su camino:

1. Cada ser humano se encuentra en un circundante mundo de espejismo, resultado de:

   a. Su propio pasado, con su erróneo pensar, sus deseos egoístas y la errónea interpretación del propósito de la vida. No hay ni ha habido comprensión del designado propósito de la vida, tal como lo ha visualizado el alma, y no podrá haberlo hasta que no exista cierta definida organización del cuerpo mental.

   b. La "vida de deseo", pasada y presente, de su familia, la cual se hace cada vez más poderosa a medida que transcurre la evolución; la vida de deseo del grupo familiar se acentúa y destaca, constituyendo entonces tendencias y características psicológicas heredadas y manifestadas.

   c. El espejismo nacional, suma total de la vida de deseo, más las ilusiones de cualquier nación. Estas características se denominan nacionales y son tan persistentes y marcadas que se las reconoce generalmente como encarnando rasgos psicológicos nacionales. Están basadas, por supuesto, en las tendencias de rayo, la historia y las interpretaciones mundiales, y constituyen en sí mismas un espejismo, del cual cada nación debe trabajar para salirse a medida que avanza hacia la comprensión de la realidad y su identificación con ella, del cual cada nación debe trabajar para salirse

d. Una ampliación de la idea anterior hasta abarcar lo que llamamos espejismo racial, empleando la palabra raza para denominar a la humana. Constituye un espejismo o serie de espejismos muy antiguos, deseos arraigados, poderosas aspiraciones de cualquier clase, y definidas formas de creación humana que fluídas, envolventes y palpitando con vida dinámica tratan **[i72]** de retener la conciencia de la humanidad en el plano astral. Este espejismo lo constituye el dinero y su valor material, deseo ilusorio que se extiende como densa bruma, obstruyendo la visión de la verdad y distorsionando la mayor parte de los valores humanos.

2. Se ha de comprender que esta bruma, espejismo que envuelve a la humanidad en esta época, es una cosa sustancial y definida y ha de tratársela como tal. El discípulo o aspirante que intente disipar el espejismo, ya sea en su propia vida o como servicio prestado al mundo, debe reconocer que está trabajando con sustancia, destruyendo las formas que ha asumido y desintegrando la sustancia material omniabarcante, que es materia en el mismo sentido en que las formas mentales son cosas sustanciales pero (y he aquí un punto muy importante) de naturaleza menos sustancial que las formas adoptadas por el espejismo en el plano astral. Siempre nos inclinamos a considerar que los pensamientos "son cosas" que tienen vida, forma y un propósito propios.

Sin embargo, poseen una existencia más singular y separada, con contornos claramente definidos y delineados. Las formas que adopta el espejismo en el plano astral son más sustanciales, pero menos definidas. Las formas mentales son dinámicas, penetrantes, bien definidas y delineadas. Los espejismos son sofocantes, difusos y envolventes. El individuo se sumerge en ellos como en un océano o "mar de niebla". Las formas mentales lo enfrentan, pero no lo sumergen. Podría decirse que el cuerpo astral de una persona viene a la existencia como parte del espejismo mundial general; le resulta difícil diferenciar entre su propio cuerpo astral y los espejismos que lo afectan, lo impelen y lo sumergen. Su problema, en el plano mental, es más claro y definido, aunque igualmente difícil. [i73]

3. El espejismo astral constituye una forma de energía de gran potencia debido a tres factores:

a. Constituye un ritmo tan antiguo, inherente a la sustancia astral misma, que le resulta difícil al ser humano percibirlo o comprenderlo, siendo el resultado de una larga actividad del deseo humano.

b. Es parte integrante de la propia energía del ser humano, que es para él la línea de menor resistencia y parte también de un gran proceso mundial y del proceso de la vida individual; en sí mismo no es erróneo, sino un aspecto de la realidad. La comprensión de esto complica lógicamente las ideas del ser humano al respecto.

c. Además es de naturaleza definidamente atlante, habiendo llegado a una etapa muy

elevada de desarrollo en esa raza, En consecuencia, solo puede ser disipado finalmente por la raza aria, utilizando la correcta técnica. El individuo que está aprendiendo a disipar el espejismo tiene que hacer dos cosas:
1. Permanecer en el ser espiritual.
2. Mantener la mente firme en la luz.

Por lo antedicho puede deducirse que la energía del plano astral, a medida que se expresa en la sensual vida de deseo de la raza, produce los principales espejismos de la humanidad, que solo pueden ser disipados, dispersados y disgregados mediante la introducción de la energía superior de la mente, impulsada por el alma.

4. Los espejismos que esclavizan a la humanidad son:
   a. El espejismo del materialismo.
   b. El espejismo del sentimiento.
   c. El espejismo de la devoción. **[i74]**
   d. El espejismo de los pares de opuestos.
   e. El espejismo del Sendero.

Permítanme ahora elucidar más detalladamente estos espejismos.

El espejismo del materialismo es la causa de la presente angustia mundial, pues lo que llamamos problema económico no es más que el resultado de este espejismo particular. En el transcurso de las épocas este espejismo ha despertado cada vez más el interés de la raza, hasta que hoy todo el mundo ha sido arrastrado al ritmo de los intereses monetarios. Siempre ha existido un ritmo que emana de los niveles del alma, establecido por Aquéllos que se han liberado del control de las necesidades materiales, de la esclavitud del dinero y del amor a las posesiones. Actualmente ese ritmo superior es proporcional al espejismo de ritmo inferior, y de allí que todo el mundo piensa cómo salir de la actual encrucijada materialista. Esas almas que permanecen en la luz, y se hallan en la cumbre de la montaña de la liberación, y las que están saliendo de las brumas del materialismo, son bastante como para realizar un trabajo definido en conexión con la disipación de este tipo de espejismo. La influencia de sus pensamientos, palabras y vidas puede efectuar, y efectuará, un reajuste de valores y logrará establecer un nuevo nivel de vida para la raza, basados en una clara visión, un correcto sentido de proporción y en la comprensión de la verdadera naturaleza de la relación que existe entre el alma y la forma, el espíritu y la materia. Aquello que llenará una necesidad vital y real, siempre existe dentro del plan divino. Lo que es innecesario para la correcta expresión de la divinidad y para una vida plena y rica puede ser obtenido y poseído, pero únicamente a costa de perder lo más real y de la negación de lo esencial.

Sin embargo, los estudiantes deben recordar que lo necesario varía de acuerdo a la etapa de evolución [i75] alcanzada por el individuo. Para algunas personas, por ejemplo, el poseer cosas materiales puede ser una experiencia espiritual tan grande y una enseñanza tan poderosa en la vida, como los anhelos más elevados y los requisitos menos materiales del místico o del ermitaño. Estamos clasificados de acuerdo a nuestras acciones, al punto de vista y al lugar que ocupamos en la escala evolutiva. Realmente se nos clasifica por nuestro punto de vista y no por lo que le exigimos a la vida. El ser humano espiritualmente orientado, que ha puesto sus pies en el Sendero de Probación y no trata de expresar sus convicciones, será juzgado tan duramente y pagará tan elevado precio como el más materialista aquél cuyos deseos están centrados en las cosas sustanciales. Tengan esto en cuenta y no se erijan en jueces ni desprecien a nadie.

El espejismo del materialismo comienza a disminuir perceptiblemente. Los pueblos del mundo están entrando en la experiencia del desierto; allí se darán cuenta de cuán poco se necesita para llevar una vida plena y adquirir experiencia y verdadera felicidad. El insaciable deseo de las posesiones no es considerado tan honorable como antes, y el deseo por las riquezas ya no genera codicia como en la primitiva historia racial. Las cosas y las posesiones se deslizan de las manos de quienes hasta ahora las sujetaban; solo cuando el ser humano permanezca con las manos vacías y adquiera una nueva norma de valores recuperará el derecho a la *propiedad* y a la posesión. Cuando el ser humano carezca de deseos y no busque nada para el yo separado, recuperará la responsabilidad por los bienes materiales; entonces su punto de vista estará libre de ese espejismo particular y las brumas del deseo astral serán aminoradas. Muchas otras formas de ilusión pueden aún dominar, pero el espejismo del materialismo habrá desaparecido, siendo el primero destinado a hacerlo. Convendría que los estudiantes recordaran qué clase de posesiones y objetos materiales ya sea el dinero, una casa, un cuadro, un automóvil, **[i76]** tienen una vida propia intrínseca, una emanación propia y una actividad que es esencialmente la de su innata estructura atómica (puesto que un átomo es una unidad de energía activa). Esto produce su contraparte en el mundo de la vida etérica y astral, aunque no en el mundo mental. Estas formas sutiles y emanaciones características aumentan la potencia del mundo de deseo, contribuyen al espejismo mundial y forman parte de ese grande y poderoso mundo brumoso que se halla en el arco involutivo, en el cual están sumergidos quienes se hallan en el arco ascendente. Los Guías de la Raza sienten la necesidad de estar alerta, mientras las fuerzas iniciadas por el ser humano mismo proceden a despojarlo y liberarlo para que pueda caminar en el desierto. Allí, en las así denominadas circunstancias propicias, puede reajustar su vida y cambiar su modo de vivir, descubriendo, de esta manera, que la liberación de las cosas materiales acarrea consigo su propia belleza y recompensa, su propia alegría y gloria. Así es liberado para vivir la vida de la mente.

El espejismo del sentimiento mantiene esclavizada a la gente buena del mundo en una densa bruma de reacciones emocionales. La raza ha llegado a una etapa donde los individuos de buenas intenciones, que poseen real comprensión, se han liberado en parte del amor al oro (forma simbólica de referirme al espejismo del materialismo), truecan dicho deseo por el deber, las responsabilidades, el efecto que producen sobre otros y la comprensión sentimental de la naturaleza del amor. El amor, para mucha gente, en realidad para la mayoría, no es realmente amor sino una mezcla de deseo de amar y deseo de ser amado, más un deseo de realizar cualquier cosa para demostrar y evocar este sentimiento y, en consecuencia, sentirse más cómodo en su propia vida interna. El egoísmo de la persona que desea ser altruista es grande. Hay algunos sentimientos tributarios que convergen alrededor del sentimiento o deseo de demostrar esas características amables y agradables, evocando la correspondiente reciprocidad hacia el pseudo amante [i77] o servidor, que aún está rodeado completamente por el espejismo del sentimiento.

Este pseudo amor, basado principalmente en la teoría del amor y el servicio, caracteriza a innumerables relaciones humanas, tales como las existentes entre marido y mujer o padres e hijos. Ilusionados por un sentimiento hacia ellos y conociendo muy poco el amor del alma, que es libre en sí mismo y deja libres también a otros, deambulan en una densa bruma, hundiendo a menudo con ellos a quienes desean servir, esperando recibir afecto recíproco. Reflexionen sobre la palabra "afecto" y obtendrán su verdadero significado. Afecto no es amor, sino ese deseo que expresamos mediante un esfuerzo del cuerpo astral, afectando esa actividad nuestros contactos; tampoco es el espontáneo altruismo del alma que no pide nada para el yo separado. Este espejismo del sentimiento aprisiona y confunde a toda la gente buena del mundo, imponiéndole obligaciones que no existen y produciendo un espejismo que debe ser disipado oportunamente mediante la difusión del amor verdadero y desinteresado.

Solo trato brevemente estos espejismos pues cada uno de ustedes puede elaborarlo por sí mismo y descubrir cuál es el lugar que ocupan en el mundo de la bruma y del espejismo. De esta manera, con conocimiento, pueden empezar a liberarse del espejismo del mundo.

El espejismo de la devoción hace que muchos discípulos probacionistas vaguen en círculos alrededor del mundo de deseos. Afecta principalmente a las personas de sexto rayo, y es particularmente potente en esta época debido a la larga actuación del sexto Rayo de Devoción, durante la Era de Piscis, que está rápidamente pasando. Constituye hoy uno de los espejismos más potentes para el aspirante verdaderamente dedicado a una causa, a un instructor, a un credo, a una persona, a un deber o a una responsabilidad. Mediten sobre ello.

Este inofensivo deseo, que los enfrenta en determinada línea de idealismo, se hace marcadamente **[i78]** ofensivo tanto para ellos como para otros, porque debido a este espejismo devocional son arrastrados al ritmo del espejismo mundial, que constituye esencialmente la bruma del deseo. El deseo poderoso, sobre determinada línea, cuando ofusca la visión amplia y encierra al ser humano dentro del pequeño círculo de su propio deseo, para satisfacer su sentimiento de devoción, es tan obstaculizador como cualquier otro espejismo, y muy peligroso debido al hermoso colorido que toma la bruma resultante. El ser humano se pierde en una arrobadora bruma de su propia creación, que emana de su cuerpo astral y está compuesta del sentimentalismo de su propia naturaleza respecto a su propio deseo y devoción hacia el objeto que atrae su atención.

Para todos los verdaderos aspirantes, debido a la acrecentada potencia de sus vibraciones, este sentimiento devocional, puede ser particularmente dificultoso y provocar un prolongado aprisionamiento. Un ejemplo de ello es el sentimiento devocional que los discípulos probacionistas expresan hacia los Maestros de la Sabiduría bajo el espejismo del éxtasis. Alrededor de los nombres de los Miembros de la Jerarquía y de Su Trabajo, del trabajo de los iniciados y discípulos disciplinados (observen esta frase), se ha creado un poderoso espejismo que Les impide siempre llegar al discípulo, o que el discípulo llegue a Ellos. No es posible penetrar el denso espejismo de la devoción que, vibrando con vida estática o dinámica, emana de la energía concentrada del discípulo que actúa aún a través del centro del plexo solar.

Para este espejismo existen ciertas reglas muy antiguas: Hacer contacto con el Yo más grande por medio del Yo superior, perdiendo de vista al pequeño yo y a sus reacciones, deseos e intenciones, o con el amor puro del alma, que no se personaliza ni intenta ser reconocido, puede entonces afluir al mundo del espejismo que rodea al [i79] devoto y desaparecerán las brumas de su devoción de las cuales se enorgullece.

En el Sendero de Probación sobreviene la oscilación conscientemente registrada, entre los pares de opuestos, hasta que es visto y emerge el camino del medio. Esta actividad produce *el espejismo de los pares de opuestos,* de naturaleza densa y brumosa, matizada unas veces por la alegría y el gozo, otras por la tristeza y la depresión, a medida que el discípulo oscila entre las dualidades. Este estado persiste mientras se da importancia al *sentimiento,* sentimiento que va desde la gran alegría que el ser humano siente cuando se identifica con el objeto de su devoción o aspiración, o sucumbe a la más negra desesperación y sensación de frustración cuando fracasa en hacerlo. Todo esto, sin embargo, es de naturaleza astral y de cualidad sensoria y no pertenece al alma. Este espejismo aprisiona a los aspirantes durante muchos años y a veces durante muchas vidas. Cuando el discípulo se libera del mundo del sentimiento y se polariza en el mundo de la mente iluminada, disipa este espejismo, que es parte de la gran herejía de la separatividad. En el momento en que el ser humano divide su vida en triplicidades (como inevitablemente lo hace cuando se ocupa de los pares de opuestos y se identifica con uno de ellos) sucumbe al espejismo de la separación. Quizás este punto de vista podrá ser una ayuda o continuar siendo un misterio, porque el secreto del espejismo mundial se halla oculto en el concepto de que esta triple diferenciación vela el secreto de la creación. Dios Mismo ha producido los pares de opuestos espíritu y materia y también el camino medio, el de la consciencia o aspecto alma. Recapaciten profundamente sobre este concepto.

La triplicidad de los pares de opuestos y el estrecho camino que los equilibra, el noble sendero medio, es el reflejo en el plano astral de las actividades del espíritu, el alma **[i80]** y el cuerpo; de la vida, la conciencia y la forma, los tres aspectos de la divinidad siendo todos divinos.

A medida que el aspirante aprende a liberarse de los espejismos con que ha hecho contacto, descubre otro mundo de bruma y niebla, a través del cual parece extenderse el Sendero y por el que debe penetrar para liberarse de los *espejismos del Sendero*. ¿Cuáles son estos espejismos? Estudien las tres tentaciones de Jesús, si quieren saberlo con exactitud. Analicen el efecto que producen, sobre el pensamiento del mundo, las escuelas de autoafirmación, las cuales recalcan la divinidad (aplicada en forma materialista); estudien el fracaso de los discípulos debido al orgullo, a los complejos de salvador y servidor del mundo y a las diversas distorsiones de la realidad, que el ser humano encuentra en el Sendero, lo cual dificulta su progreso y malogra el servicio que debe prestar a otros. Recalquen en sus mentes la espontaneidad de la vida del alma y no la malogren con el espejismo de una aspiración elevada, egoístamente interpretada, ni por la propia centralización, inmolación, agresividad y afirmación al realizar el trabajo espiritual, pues estos son algunos de los espejismos del Sendero.

Más adelante consideraremos el espejismo en el plano etérico y el tema respecto al Morador en el Umbral, completando así el breve delineamiento de nuestro problema, que la primera parte de esta enseñanza estaba destinada a impartir.

Antes de abordar detalladamente este tema, quisiera agregar algo más a lo ya considerado sobre el problema del espejismo. En la última instrucción dada elaboré el tema de los distintos tipos de espejismo y les transmití el concepto de la gran importancia que tienen en la vida individual. El campo de batalla, para el ser humano que se encuentra cerca del discipulado aceptado o que se halla en el sendero del discipulado, en sentido académico, es principalmente el del **[i81]** espejismo. Este es el mayor problema y su solución es inminente y urgente para todos los discípulos y aspirantes avanzados. Les resultará evidente por qué razón se ha puesto el énfasis sobre la necesidad de estudiar el Raja Yoga y someterse a su disciplina durante la época Aria. Solo por medio del Raja Yoga puede un ser humano mantenerse firme en la luz, y solo por medio de la iluminación y el logro de una clara visión pueden disiparse finalmente las brumas y los miasmas del espejismo. Solo cuando el discípulo aprende a mantener su mente "firme en la luz", cuando los rayos de la luz pura irradian desde el alma, el espejismo podrá ser descubierto, percibido y reconocido por lo que esencialmente es, haciéndolo desaparecer en la misma forma que las nieblas de la tierra se disuelven ante los rayos del sol naciente. Por lo tanto les aconsejo que presten más atención a la meditación, cultivando siempre la capacidad de reflejar y asumiendo la actitud de que son un reflejo, manteniendo esto firmemente durante todo el día.

Hallarán de verdadero valor recapacitar profundamente sobre los propósitos para los cuales deben cultivarse la intuición y desarrollarse la mente iluminada, preguntándose si esos propósitos tienen la misma finalidad y están sincronizados con el factor tiempo. Descubrirán entonces que sus objetivos difieren y los efectos de su pronunciado desarrollo sobre la vida de la personalidad son también distintos. El espejismo no es disipado por medio de la intuición ni la ilusión es superada por el empleo de la mente iluminada.

La intuición es un poder superior al de la mente y una facultad latente en la Tríada espiritual; es el poder de la razón pura, una expresión del principio búdico y se halla más allá del mundo del ego y de la forma. Solo cuando el ser humano llega a ser un iniciado, le es posible utilizar normalmente la verdadera intuición. Con esto quiero significar que la intuición puede actuar fácilmente, como principio o mente, en el caso de una persona que posee una inteligencia activa. Sin embargo se **[i82]**hará sentir mucho antes, en casos extremos o urgentes.

Iluminación es lo que deben buscar la mayoría de los aspirantes (como los de este grupo); han de cultivar el poder de emplear la mente como un reflector de la luz del alma, dirigiéndola a los niveles del espejismo y, por lo tanto, disipándolo. La dificultad reside en hacerlo en medio del sufrimiento y de las decepciones producidas por el espejismo. Requiere apartarse mentalmente, en pensamiento y deseo, del mundo en el cual la personalidad actúa habitualmente, centrando la conciencia en el mundo del alma, para aguardar allí silenciosa y pacientemente los acontecimientos, sabiendo que la luz brillará y la Iluminación vendrá oportunamente.

La profunda desconfianza respecto a las propias reacciones hacia la vida y circunstancias es de valorar cuando tales reacciones despiertan *crítica, separatividad u orgullo*. Las cualidades mencionadas, a menudo engendran el espejismo. Son esotéricamente "las características del espejismo". Mediten sobre esto. Si un ser humano puede liberarse de estas tres características, está bien encaminado para abandonar y disipar todo espejismo. Elijo mis palabras cuidadosamente a fin de llamarles la atención.

La ilusión es disipada, rechazada y eliminada mediante el uso consciente de la intuición. El iniciado se *protege* del mundo de la ilusión, de las formas y de los atractivos impulsos de la naturaleza de la personalidad, y con ello por medio del aislamiento hace contacto con la realidad, existente en todas las formas, oculta hasta ahora por el velo de la ilusión. Esta es una de las paradojas del Sendero. El aislamiento y la protección correcta conducen a las correctas relaciones y a los correctos contactos con lo real; producen una oportuna identificación con la realidad, mediante la propia protección contra lo irreal. Esta es la idea que se halla[i83] oculta en las enseñanzas contenidas en el último libro de los Aforismos de Patanjali, siendo a menudo mal interpretadas y su significado tergiversado y convertido en un argumento a favor de un tipo erróneo de aislamiento, por aquéllos que tienen tendencia separatista y fines egoístas.

El alma disipa la ilusión, empleando la facultad de la intuición. La mente iluminada disipa el espejismo.

Quiero señalar aquí que muchos aspirantes bien intencionados fracasan en este punto, debido a que cometen dos errores:

1. No discriminan entre ilusión y espejismo.
2. Se esfuerzan en disipar el espejismo empleando un método que consideran correcto invocando al Alma, cuando en realidad necesitan emplear la mente en forma correcta.

Sin embargo, cuando se está en medio de las brumas y espejismos, resulta mucho más fácil autosugestionarse creyendo que se está "invocando al alma", en vez de someter la naturaleza astral y emocional a los efectos que produce el pensamiento intenso y severo, usando la mente como el instrumento por el cual puede ser disipado el espejismo. Aunque parezca extraño, "invocar al alma", con el fin de disipar el espejismo, puede conducir (y frecuentemente conduce) a intensificar la dificultad. La mente es el medio por el cual puede llegar la luz a todos los problemas del espejismo, y los estudiantes deberán tener siempre presente este concepto en la conciencia. El proceso consiste en vincular la mente con el alma y luego enfocarse conscientemente y con precisión en la naturaleza mental o cuerpo mental, y no en el alma o la forma egoica. Entonces, mediante el análisis, la discriminación y el correcto pensar, se comienza a encarar el problema del espejismo. La dificultad reside frecuentemente en que los discípulos no reconocen [i84] el espejismo, resultando difícil dar una regla concisa e infalible por la cual pueda lograrse ese reconocimiento. Sin embargo, puede afirmarse que el espejismo siempre se halla donde existe:

1. Crítica, cuando con un cuidadoso análisis se demuestra que es injustificada.
2. Crítica, donde no hay responsabilidad personal. Con esto quiero decir donde no es el lugar ni el deber del ser humano criticar.
3. Orgullo, por lo realizado o por la satisfacción de ser un discípulo.
4. Cualquier sentido de superioridad o tendencia separatista.

Podrían darse muchas otras claves para reconocer correctamente el espejismo, pero si prestaran mucha atención a las cuatro sugerencias dadas, liberarían perceptiblemente sus vidas de la influencia del espejismo y, en consecuencia, serían de más utilidad a sus semejantes. Me he esforzado en darles una ayuda práctica en la enconada lucha entre los pares de opuestos, causa principal del espejismo.

3. ESPEJISMOS EN LOS NIVELES ETÉRICOS: MAYA

Vamos a entrar a considerar los modos y medios por los cuales el maya puede ser eliminado y el discípulo liberarse de la *fuerza del plano físico*. Esta afirmación encierra toda la historia del maya. También puede agregarse (quizás no sea totalmente correcto, pero sí suficientemente verídico, para justificar la afirmación) que, como efecto reconocido, maya solo es experimentado cuando uno se encuentra en el Sendero, comenzando por el Sendero de Probación o Purificación. Siempre nos hallamos en medio de fuerzas. Pero maya solo llega a ser un problema [i85] cuando se lo reconoce como tal, siendo imposible este reconocimiento en las primeras etapas de la evolución. En el Sendero, se empiezan a observar y a descubrir los efectos de las fuerzas; uno llega a ser conscientemente víctima de las corrientes de fuerzas, impulsado a determinada actividad por fuerzas incontroladas; el mundo de la fuerza llega entonces a ser una realidad conscientemente percibida por el esforzado aspirante. Por esta razón he afirmado que maya es predominantemente una dificultad del cuerpo etérico, porque, en lo que respecta a maya, tratamos con las fuerzas que afluyen a través de los siete centros del cuerpo (por todos o algunos), produciendo reacciones y efectos deseables o desastrosos.

Lógicamente es necesario comprender que toda manifestación, en cualquier nivel, es una expresión de fuerza, pero las fuerzas a las que me refiero con el término Maya, son esas energías incontroladas y esos impulsos no dirigidos que emanan del mundo de prana y de la fuerza latente en la materia misma, arrastrando al ser humano a una actividad incorrecta, rodeándolo de un torbellino de efectos y condiciones en las cuales se encuentra totalmente indefenso. Es víctima de la fuerza masiva, contenida en la naturaleza animal o en el mundo, y de las circunstancias ambientales en que se encuentra. Cuando el poder de maya se suma al espejismo y a las ilusiones del discípulo avanzado, se verá cuán necesario es establecer una diferenciación definida entre los tres tipos de decepción.

Hay que recordar que al emplear el término "decepción", lo hacemos desde el ángulo del alma. El aspirante debe aprender a mantenerse libre de ilusión, espejismo y maya, y para lograrlo debe comprender que los medios de liberación son: Intuición, Iluminación e Inspiración.

El problema de maya se complica debido a que en el plano físico (como también en el plano astral) tenemos la batalla de uno de los pares de [i86] opuestos, siendo, en ciertos aspectos, de naturaleza distinta a los del plano astral. En el plano físico (y con esto quiero significar los niveles etéricos del plano físico, donde se experimenta el poder engañoso de Maya) se produce el encuentro de las fuerzas del mundo subjetivo de la personalidad con las antiguas energías de la materia misma, traídas de un sistema anterior, como semillas latentes.

Quizás resultaría más claro si explicara la verdad acerca de maya, de la manera siguiente:

Los impulsos latentes en la vida de la personalidad, cuando están divorciados del alma y fuera de su control, se fusionan con los fluidos pránicos existentes en la periferia de la esfera de influencia de la personalidad, entonces se convierten en potentes corrientes dirigidas de fuerzas que tratan de emerger a la manifestación física por medio de los siete centros del cuerpo físico, Estas fuerzas o impulsos, más el prana disponible, constituyen el cuerpo etérico de los no evolucionados y frecuentemente del individuo medio. Se evidenciará, por lo tanto, en qué medida el individuo no evolucionado es víctima de la energía masiva de tipo inferior, pues su cuerpo etérico responde y extrae su energía de un tipo de prana general y circundante, hasta que llega el momento en que tiene una definida dirección y un control superior, ya sea mediante la aspiración orientada y la disciplina mental o, más adelante, empleando una frase psicológica, como resultado del acondicionamiento del alma.

Esta energía etérica, enfocada en un cuerpo etérico individual, pasa por dos etapas previas al período del discipulado:

1. En dónde asimila la segunda fuerza a que me he referido — la fuerza latente en la forma física densa, la energía de la sustancia atómica, lo cual produce una definida fusión y mezcla. Esto hace que la naturaleza animal se adapte totalmente a los impulsos internos **[i87]** que emanan del mundo de prana en lo que concierne integralmente al individuo no evolucionado, o del astral inferior en lo que concierne al individuo medio o más evolucionado.

2. Sin embargo, en el momento en que tiene lugar una orientación interna hacia el mundo de los valores. Superiores, la fuerza etérica o vital, entra en conflicto con el aspecto interior del individuo, el cuerpo físico denso, y comienza la batalla de los pares de opuestos inferiores.

Es interesante observar que en esta etapa se da importancia a las disciplinas físicas, aplicadas a ciertos factores controladores como la total abstinencia, el celibato y el vegetarianismo y a la higiene y ejercicios físicos. Por medio de estas disciplinas, o el control de la vida de la materia, puede neutralizarse la expresión inferior del tercer aspecto de la divinidad, y el ser humano liberarse para poder librar la verdadera batalla de los pares de opuestos. Esta segunda batalla es el verdadero *kurukshetra* y se libra en la naturaleza astral entre los pares de opuestos característicos de nuestro sistema solar, de la misma manera que los pares de opuestos físicos lo son del sistema solar anterior. Desde un interesante ángulo, puede observarse que la lucha entre los pares de opuestos en la espiral inferior, en lo que concierne al cuerpo físico en sus dos aspectos, tiene lugar en el reino animal. En este proceso, los seres humanos actúan como los agentes disciplinarios, y los animales domésticos que están obligados a someterse al control humano luchan (aunque inconscientemente desde nuestro punto de vista) con el problema de este par de opuestos inferior. La batalla es librada por medio del cuerpo físico denso y las fuerzas etéricas, llevando a la expresión, de esta manera, una aspiración superior. Esto produce en ellos la experiencia denominada "individualización", donde se siembra la semilla de la personalidad. En el campo de batalla humano, el *kurukshetra,* empieza a dominar el aspecto superior del **[i88]** alma, produciendo el proceso de la integración divina–humana que llamamos "iniciación". Recapaciten sobre esto.

Cuando un aspirante alcanza el punto de evolución en que el control de la naturaleza física es una necesidad urgente, recapitula en su propia vida esta batalla anterior con los pares de opuestos más inferiores, y comienza a disciplinar su naturaleza física densa.

Haciendo una amplia y comprensiva generalización podría decirse que, para la familia humana en conjunto, este conflicto físico etérico se libró en la Guerra Mundial, imponiendo una tremenda prueba y disciplina. Recuerden que las pruebas y disciplinas son auto– impuestas y surgen de nuestras limitaciones y oportunidades. Esto dio por resultado la entrada en el Sendero de Probación de un número muy grande de seres humanos, debido a la expiación y purificación a que fueron sometidos. Este proceso de purificación los preparó, en cierta medida, para el prolongado conflicto del plano astral que tienen por delante todos los aspirantes antes de alcanzar la iniciación, constituyendo la "experiencia de Arjuna". Este es un punto interesante para reflexionar y explica gran parte del misterio y la dificultad en la *secuencia* del desarrollo humano. El aspirante solo tiende a pensar en sí mismo, en sus pruebas y experiencias individuales, Debe aprender a pensar en los acontecimientos globales y su efecto preparatorio, en lo que a la humanidad se refiere. La Guerra Mundial fue el punto culminante en el proceso de "desvitalizar" el maya mundial. Se liberó y agotó mucha fuerza y se empleó gran cantidad de energía. En consecuencia, mucho fue esclarecido.

La mayoría de las personas se ocupan hoy de aplicar en sus vidas individuales el mismo proceso y conflicto. En pequeña escala, aquello que se efectuó en la Guerra Mundial se lleva a cabo en sus vidas. Están preocupados con el problema de maya [i89] y de allí el creciente énfasis puesto en la cultura física, disciplina y gimnasia, tal como se impone en el mundo, del deporte, en los ejercicios atléticos y en el entrenamiento militar. A pesar de los móviles erróneos y los efectos terribles y malignos (hablando también con amplia generalización), el entrenamiento del cuerpo y la organizada dirección física de la juventud del mundo actual en todos los países, particularmente los países militarizados de Europa, están preparando el camino para que millones de seres humanos entren en el Sendero de Purificación. ¿Es esta una verdad muy cruda? La humanidad está bien orientada, aunque durante breves intervalos interpreta mal el proceso y aplica móviles erróneos a las actividades correctas.

Todos estos puntos los trataremos más detalladamente cuando entremos a considerar la tercera parte y comencemos a estudiar los métodos para terminar con el espejismo, la ilusión y maya. Por el momento, trato solo de proporcionarles un cuadro general y una breve dilucidación de la clasificación que se halla en la página 39. Estúdienla con cuidado y memorícenla, si es posible, porque si se la comprende correctamente será de gran y verdadera utilidad.

Quisiera señalar, en relación con el problema de maya, que uno de los primeros pasos para manejarlo correctamente es la coordinación física; de allí el énfasis puesto en ella, en el entrenamiento de los niños, y también que se emplee un proceso similar denominado "alineamiento" cuando nos referimos al trabajo de meditación y al esfuerzo para lograr un acrecentado control por el alma. Los estudiantes deberán tener esto presente y reflexionar sobre las frases siguientes:

1. Coordinación física.
2. Orientación astral
3. Dirección mental.
4. Alineamiento de la personalidad.

Todas expresan la "correcta actividad [i90]en el Sendero de Retorno". Este retorno constituye el objetivo de la familia humana y la meta culminante para los cuatro reinos de la naturaleza. Podríamos ampliar el concepto expresando la verdad de la siguiente manera:

Proceso	Analogía	Obstáculo
1.Coordinación física	Reino mineral	Maya
2. Orientación astral	Reino vegetal	Espejismo
3. Dirección mental.	Reino animal	Ilusión
4. Alineamiento de la Personalidad	Reino humano	El Morador en el Umbral

Dichos procesos tienen, por lo tanto, su equivalencia en todos los reinos y conducen a:

1.Desarrollar la conciencia divina.
Esto comienza en el reino mineral.
2.Expresar el alma.
Esto se observa en la belleza del reino vegetal y su empleo.
3.Manifestar al Cristo.
Esta es la meta que el reino animal reconoce, el cual trabaja para alcanzar la individualización.
4.Revelar la gloria de Dios.
Este es el objetivo que tiene ante sí la humanidad.

4. *Espejismo en los Planos Mentales Superiores: El Morador en el Umbral*

Trataremos ahora brevemente el problema del *Morador en el Umbral*. Frecuentemente se lo considera como algo desastroso, un horror que debe ser evitado y el último y culminante mal. Les recuerdo, sin embargo, que el Morador es "aquél que está ante el Portal de Dios", que mora en la sombra del portal de la iniciación y enfrenta con los ojos abiertos al Ángel de la Presencia, como lo denomina la antigua escritura. El Morador puede ser definido como la suma total de las fuerzas de la naturaleza inferior que se expresan en **[i91]** la personalidad antes de la iluminación, inspiración e iniciación. La personalidad, en esta etapa, es excesivamente poderosa y el Morador personifica todas las fuerzas físicas y mentales que en el transcurso de las épocas han sido desarrolladas y nutridas cuidadosamente por el ser humano; también puede ser considerado como el poder que posee la triple forma material, antes de su consagración y dedicación a la vida del alma y al servicio de la Jerarquía, de Dios y de la humanidad.

El Morador en el Umbral, constituye todo lo que el ser humano es fuera de su ser espiritual superior; es el tercer aspecto de la divinidad, tal como se expresa en el mecanismo humano, y este tercer aspecto debe oportunamente quedar subordinado al segundo aspecto, el alma.

Las dos grandes Fuerzas contrarias, el ÁNGEL y el MORADOR, se enfrentan —cara a cara— y tiene lugar el conflicto final. Nuevamente observarán que es el encuentro y la lucha entre otro par de opuestos superiores. El aspirante, por lo tanto, tiene que enfrentar tres pares de opuestos a medida que avanza hacia la luz y la liberación.

> Los Pares de Opuestos
> 1.En el Plano Físico............. El denso y el etérico.
>   Los enfrenta en el Sendero de Purificación.
> 2.En el Plano Astral....Las ya conocidas dualidades.
>   Las enfrenta en el Sendero del Discipulado.
> 3.En el Plano Mental........ El Ángel y el Morador.
>   Los enfrenta en el Sendero de Iniciación.

Creo que les he dado bastante para reflexionar; sin embargo, quisiera terminar señalándoles la naturaleza empírica de lo que he comunicado, e instarlos a descubrir, en la experiencia práctica, **[i92]** la naturaleza de la batalla que cada uno tiene que librar. Para poder ayudarlos en esto lo haré en una forma muy definida.

Les será útil si indico a cada uno de ustedes los rayos que rigen su triple personalidad. Entonces podrán manejarse con mayor sabiduría, hallar más fácilmente la causa de la dificultad y estudiar más inteligentemente el efecto que pueden producir mutuamente y con quienes entran en contacto en la vida diaria. Elaboraré detalladamente el entrenamiento a que deben someter a cada uno de los tres cuerpos, tomando un vehículo por vez y explicando el problema que enfrenta cada uno de ustedes en relación con ese vehículo particular, asignándoles además una meditación que los capacitará (con mayor facilidad) para manejar la personalidad desde ese ángulo específico.

Verán por lo antedicho que mi intención es darles un entrenamiento mucho más cuidadoso e intensivo. ¿Obtendrán algún provecho de ello? Mientras tanto y a fin de que puedan captar la verdad de lo que expondré luego, ¿quisieran estudiarse a sí mismos cuidadosamente durante los próximos seis meses y comprobar si lo que diré más adelante es verdad? Utilicen la información dada en *Tratado sobre los Siete Rayos* como guía para este autoanálisis; les recordaré que los rayos rigen los tres cuerpos en el siguiente orden:

1. Rayos que rigen el cuerpo mental...Rayos 1. 4. 5.
2. Rayos que rigen el cuerpo astral.........Rayos2. 6.
3. Rayos que rigen el cuerpo físico.........Rayos3. 7.

De esta manera verán que todos los rayos desempeñan su parte en el mecanismo del ser humano, y hacen que todas las circunstancias proporcionen la oportunidad, las condiciones y el medio para el desarrollo. Esta afirmación, respecto a los rayos regentes, es una regla infalible,excepto en el caso de los discípulos aceptados.

A medida que lean y estudien, hallarán de valor reflexionar sobre las siguientes preguntas y luego responderlas: **[i93]**

1. ¿Qué relación tiene la *intuición* con el problema de la ilusión?

2. ¿Cómo puede la *iluminación* dispersar el espejismo, y cómo puede llevarse a cabo esto?
3. Definan a maya y describan lo que comprenden
por *inspiración* como *un* factor para disiparla.

No he dilucidado premeditadamente esta técnica
porque trataba de sondear sus propias ideas. Les pido
que sigan la meditación grupal con cuidado. Es de profunda importancia para el grupo, en bien de su integración y de la verdadera colaboración espiritual. La tarea de
la Luna Llena acrecentará así su importancia. En adelante
resultará más fácil reconocer y registrar la naturaleza del
espejismo que ha de ser disipado y la actitud a seguir para
ver el proceso de distribución de la luz.

SEGUNDA PARTE
LAS CAUSAS DEL ESPEJISMO

1. CRECIMIENTO DEL ESPEJISMO RACIAL E INDIVIDUAL
[194]

Emplearemos ahora la palabra "espejismo" para designar todos los aspectos de la decepción, ilusión, mala interpretación e incomprensión que enfrenta el aspirante en cada paso de su camino hasta que logra la unidad. Observen la palabra "unidad", porque contiene el secreto de la desilusión, tal como se ha denominado esotéricamente al proceso de liberarse del espejismo. Les resultará evidente (si han estudiado estas instrucciones con cuidado) que el origen del espejismo está fundado principalmente en el sentido de dualidad. Si ella no existiera no habría espejismo; la percepción de la naturaleza dual de toda manifestación se halla en la misma raíz de la dificultad o dificultades que enfrenta la humanidad, en tiempo y espacio. Esta percepción tiene distintas etapas, siendo el gran problema de la entidad consciente, que es en sí una dificultad en el reino de la conciencia misma y realmente no es inherente a la sustancia o materia. El morador del cuerpo percibe erróneamente e interpreta incorrectamente lo que percibe, luego se identifica con aquello que no es él mismo; traslada su conciencia hacia un reino fenoménico que lo engolfa, alucina y aprisiona, hasta que comienza a sentirse inquieto o infeliz, presintiendo que algo anda mal.

Finalmente llega a la conclusión de que él no es lo que parece ser y que el mundo fenoménico de apariencias no es idéntico a la realidad **[i95]** como lo suponía hasta entonces. Desde ese momento obtiene el sentido de dualidad, reconoce la "diversidad" y se da cuenta que su sentido de dualismo debe terminar, para emprender el proceso de unión, hasta lograr la unificación. Así, el ser humano en evolución comienza a observar y a enfrentar conscientemente sus dificultades teniendo por delante un largo período para "desprenderse del espejismo y penetrar en ese mundo donde solo se conoce" la unidad. Las etapas que, en adelante, ha de atravesar, son las siguientes:

Primero: La etapa donde el mundo material es reconocido y valorado. Momentáneamente se convierte en la meta de toda actividad, y al negarse el individuo a reconocer la diferencia existente entre él y el mundo natural y material, trata de identificarse con este y buscar satisfacción en los placeres y prácticas puramente físicas. Esta etapa se divide en dos partes.

1. Cuando trata de satisfacer, respondiendo casi automáticamente a los instintos físicos, al sexo, alimento y calor. Estos son muy importantes para la conciencia del ser humano. La naturaleza animal del individuo se convierte en el centro del esfuerzo para lograr cierto sentido de unidad. Debido a que los impactos del ser humano sutil interno (como se lo denomina esotéricamente) son aún débiles, tiene lugar una unificación física momentánea que sirve para ahondar el espejismo y demorar el progreso hacia la liberación.

2. Cuando busca, en el ámbito de las posiciones materiales, la satisfacción y el sentido de unidad

y también establecer, en el plano físico, un centro de belleza y bienestar. Allí el ser humano puede sentirse como en su casa y no darse cuenta del creciente sentido de dualidad que va fortaleciéndose diariamente. Esta etapa solo tiene lugar **[i96]** en épocas posteriores, cuando el aspirante está a punto de reorientarse hacia la verdad y dar los primeros pasos en el Sendero de Probación. Al finalizar el Sendero de Evolución se produce una analogía con la etapa recién mencionada, pero quien la experimenta es una persona muy diferente a aquélla que busca la síntesis, en la materialización de la belleza, en el plano externo. El ser humano sutil es el que ahora está comenzando a dominar.

Segundo: La etapa en que el ser humano llega a ser, antes que nada, consciente de la dualidad, expresada en las palabras "el ser humano y las fuerzas". Llega a darse cuenta que él y toda la humanidad son víctimas de fuerzas y energías sobre las cuales no tiene control y llevan al individuo de un lado a otro. Llega también a ser consciente de fuerzas y energías que existen dentro de él, sobre las que tampoco tiene control y lo obligan a actuar de diferentes maneras, convirtiéndolo frecuentemente en la víctima de su propia rebeldía, de sus propios actos y energías dirigidas egoístamente. Aquí el ser humano descubre (primero inconsciente y luego conscientemente) la dualidad inicial el cuerpo físico y el cuerpo etérico o vital. Uno es el mecanismo de contacto en el plano físico, el otro, el mecanismo de contacto con las fuerzas, las energías internas y los mundos del ser. Este cuerpo vital controla y galvaniza al cuerpo físico en una actividad casi automática. Ya me he referido a esta dualidad en una instrucción anterior. Esta etapa es de gran dificultad para el ser humano como individuo y para la humanidad como un todo. Los seres humanos son aún tan ignorantes de "la realidad que brilla bajo la envoltura que la cubre" como lo expresa el *Antiguo Comentario* que resulta difícil, y al principio prácticamente imposible, obtener la verdadera percepción. Ciega e ignorantemente, los seres humanos tienen que contender con este primer par de opuestos, y es lo que sucede en el mundo, en esta época. Las masas comienzan a comprender que son víctimas y **[i97]** exponentes de fuerzas que no controlan ni comprenden. Quisieran controlarlas y están determinadas a hacerlo, siempre que sea posible. Esto constituye el problema más serio en los campos económico y gubernamental y en la vida diaria.

La tensión mundial de hoy consiste en que la fuerza física y la energía etérica están en pugna. No olviden lo que dije anteriormente, que la fuerza etérica está íntimamente relacionada con la Mónada, el aspecto espiritual más elevado. Es la vida misma que está a punto de exteriorizarse. De allí el énfasis puesto sobre el espíritu de la humanidad, sobre el espíritu de una nación y el espíritu de un grupo, Todo esto es el resultado de la lucha que se está librando entre este par de opuestos, en el campo de los asuntos humanos y de la vida humana individual común. Sin embargo, tal conflicto llevado al punto de síntesis y de unificación– trae la reorientación de la raza y del individuo hacia los verdaderos valores y hacia el mundo de la realidad. Si logra triunfar, conducirá al ser humano, como individuo, y a la masa, como un todo, hacia el Sendero de Purificación. Cuando estas energías están unificadas en el plano físico, tenemos una actividad centralizada y la determinación de seguir una dirección específica. Después de esto se produce la resolución (observen esta palabra y su empleo) de la dualidad en una unidad.

Esta resolución se convierte, en las primeras etapas (en lo que se refiere al tipo común de aspirante), en una momentánea unidad astral, apareciendo entonces el devoto centralizado, que se lo encuentra en todos los campos religioso, científico, político o en cualquier otro sector le la vida. Su unidad etérica, al producir reorientación, que da por resultado clara visión, captación de la verdad y visión del camino inmediato a seguir, sirve temporariamente para producir en el ser humano el espejismo por medio de la sensación de realización, seguridad, poder y destino. Prosigue **[i98]** ciega, furiosa y despiadadamente hasta que se enfrenta bruscamente con condiciones cambiantes, percibiendo otra situación mucho más difícil. Los pares de opuestos del plano astral lo encaran, convirtiéndose en Arjuna en el campo de batalla. Toda su sensación de unidad, dirección, seguridad y a veces de complaciente satisfacción desaparecen, perdiéndose en las brumas y los espejismos del plano astral. Tal es el dilema que tienen en la actualidad muchos discípulos bien intencionados, y a él me referiré momentáneamente, debido a que la tarea destinada a este grupo, cuando pueda actuar como tal, consiste en disipar parte del espejismo mundial. Algún día (y esperemos que sea pronto) este y otros grupos similares deben, como grupo y bajo la dirección de su Maestro, perforar el espejismo del mundo a fin de que pueda entrar alguna luz e iluminación, para que los seres humanos, de allí en adelante, puedan hollar sin peligro el *Camino*.

Por lo tanto, para participar en esta tarea he elegido a varios aspirantes cuya tendencia es sucumbir al espejismo, aunque dos de ellos son menos propensos que los demás, y una de las razones por la que los he elegido se debe a que están relativamente liberados del espejismo; ellos son D. L. R. y D. P. R. Ambos deben mantenerse libres de cualquier tendencia hacia el espejismo, si desean servir correctamente a sus semejantes como yo quisiera. En las instrucciones personales daré indicaciones acerca de la tendencia que los lleva a ello. Los demás miembros del grupo son muy fácilmente propensos al espejismo, lo cual los angustia. Sin embargo, esto puede convertirse rápidamente en un haber. ¿Quién puede disipar el espejismo del mundo, sino aquéllos que lo reconocen por lo que es y lo han combatido en su vida diaria? ¿Cómo puede haber éxito en extirpar el espejismo del mundo mediante la iluminación, si esta iluminación no es producida por quienes han aprendido a dirigir el faro del alma en los lugares oscuros y a hacer desaparecer, **[i99]** como individuos, el espejismo que los circunda? No se desanimen por esta "debilidad ilusoria", consideren el esfuerzo que realizan por comprender el problema y su capacidad de llegar a resoluciones en sus propias vidas, para contribuir a solucionar este estupendo problema mundial. Disipen su espejismo morando en la luz y manteniendo la mente firme en esa luz y aprendan a arrojarla sobre las brumas del espejismo del plano astral. No intenten resolverlo, como hacen con frecuencia algunos aspirantes diciendo: "Ahora comprendo", mientras que lo único que hacen (y también muchos de ustedes) es reaccionar a una auto evidente verdad esotérica.

Tercero: A la etapa del espejismo se la denomina a menudo la experiencia de Arjuna. Actualmente el Arjuna mundial está enfrentando los pares de opuestos, así como lo hace el discípulo individual que está preparado –cuando estos pares de opuestos se han resuelto en una unidad para hollar el Sendero del Discipulado. Se puede decir que:

1. En todos los países, las masas luchan con el primer par de opuestos, en el plano físico. Cuando haya tenido lugar la "resolución" dichas masas

entrarán en el Sendero de Purificación. Esto ya se está efectuando rápidamente. Podría agregarse que es un proceso largo y lento porque, en esta etapa, la conciencia no es la percepción inteligente del individuo reflexivo sino la ciega conciencia del individuo físico, más las fuerzas mismas de la naturaleza.

2. El ciudadano común educado, de todos los países, está enfrentando actualmente la experiencia de Arjuna y los pares de opuestos del plano astral. De allí el intenso sentimentalismo que prevalece en el mundo y también la búsqueda por obtener iluminación mediante la educación, la religión y los numerosos métodos de instrucción mental y el consiguiente **[i100]** desarrollo del conocimiento, la sabiduría y las correctas relaciones. Estas personas, por lo general, pueden ser clasificadas en dos clases:

a. Las que son conscientes de la necesidad de decidir y discriminar, cuando piensan y eligen, pero que todavía no se dan cuenta plenamente de las implicaciones e indicaciones. Se la denomina la "etapa de la incertidumbre de Arjuna" y a los espejismos racial, nacional e individual existentes, han agregado el espejismo espiritual que densifica la bruma.

b. Los que han salido de estas condiciones y están llegando a ser conscientes de su problema. Ven los pares de opuestos y están entrando en la "etapa de reconocimiento, en la liberación de Arjuna". Vislumbran la Forma de Dios y la Realidad que mora dentro de esa Forma, y están por decidir que el Guerrero continúe la lucha. Entonces, cuando hayan decidido y elegido correctamente,"se levantarán y lucharán" y no estarán ya en el Sendero de Purificación sino en el Sendero del Discipulado.

Ustedes ya están familiarizados con esta etapa; los aspirantes de este grupo de estudiantes no necesitan de mis instrucciones para hollar ese sendero que los sacará del espejismo y los llevará a la luz. Las reglas son bien conocidas: los espejismos a los cuales son susceptibles les son también familiares; los espejismos hacia los cuales tiende la humanidad son también muy conocidos por ustedes. Solo les resta seguir el antiguo camino de la Raja Yoga y emplear la mente como medio de dispersión, aprendiendo así a permanecer en la "luz" entre los pares de opuestos y a través de esa "luz", alcanzar la liberación, hollando el noble sendero medio. A veces pienso que saben mucho teóricamente, pero que han realizado **[i101]**muy poco. Entonces me pregunto, si no asumo una responsabilidad indebida dándoles más instrucciones; pero les recuerdo que no solo escribo para ustedes sino también para otros, teniendo poco tiempo para realizar este servicio particular.

La resolución de estas dualidades tiene lugar cuando el alma, el verdadero ser humano espiritual, no se identifica ya con ninguno de los opuestos, sino que se mantiene libre en este camino medio; el discípulo ve ante sí "el *Camino* iluminado", aprendiendo a recorrerlo sin ser atraído por los mundos del espejismo que se extienden a ambos lados. Va directamente hacia su meta.

3. La etapa en que el ser humano reflexivo e inteligente, ya sea discípulo, aspirante bien intencionado o iniciado de primero o segundo grados, debe aprender a distinguir entre la verdad y las verdades, el conocimiento y la sabiduría, la realidad y la ilusión. Cuando esta etapa ha sido superada lo conduce a la tercera iniciación, donde la personalidad (propensa al maya, espejismo e ilusión) permanece libre. Experimenta de nuevo una sensación de unificación. Esto se debe al desarrollo del sentido de la intuición, que pone en manos del discípulo un instrumento infalible para discriminar y discernir. Su percepción se agudiza y se halla relativamente libre del engaño y de las erróneas identificaciones e interpretaciones.

Habrán observado en qué forma la carrera de la vida del ser humano ha progresado, de una crisis de dualidad, a una de relativa unidad, solo para hallar que ese sentido de unificación ha sido perturbado por un renovado reconocimiento de que existe una dualidad superior y más profunda. Esta dualidad produce momentáneamente otra brecha en la vida del ser humano, y así se reinicia el torturante proceso de establecer un puente o de "salvar esotéricamente" **[i102]** esa brecha que existe en la continuidad de la conciencia espiritual. Les recordaré aquí que esa sensación de paz o percepción de la separación es en sí una ilusión, de la misma naturaleza del espejismo, y se funda en el sentido ilusorio de identificarse con aquello que no es el yo o alma. El problema puede ser resuelto totalmente si la conciencia deja de identificarse con

las experiencias inferiores y se identifica con el
ser humano real y verdadero.

4.Etapa tras etapa, el ser humano ha progresado de
un estado de ilusión o de espejismo a otro, de
un punto de oportunidad discriminativa a otro,
hasta que ha desarrollado en sí mismo tres capacidades fundamentales:

a. La capacidad de manejar fuerza.

b. La capacidad de hollar el camino medio entre
los pares de opuestos.

c. La capacidad de utilizar la intuición.

Ha desarrollado dichas capacidades resolviendo
los pares de opuestos en los planos físico, astral
y mental inferior. Ahora enfrenta la resolución
culminante, equipado con estos poderes. Se
hace consciente de esas dos grandes entidades
aparentemente antagónicas (con las que se encuentra conscientemente identificado), el Ángel
de la Presencia y el Morador en el Umbral. Detrás del Ángel presiente tenuemente, no a otra
dualidad sino a una gran Identidad, una viviente
Unidad que –a falta de mejor término– denominamos PRESENCIA.

Descubre entonces que el camino de salida, en
este caso, no lo constituyen el método de manejar
fuerza, el desentenderse de los pares de opuestos
ni el correcto reconocimiento a través de la intuición, sino que ambos, el Morador y el Ángel,
deben encontrarse; la entidad inferior debe ser
"oscurecida" en la "luz" u "obligada a desaparecer dentro de la [i103] radiación". Dicha tarea
debe llevarla a cabo la más evolucionada de las
dos entidades, aquélla con la cual el discípulo o
el iniciado se identifican consciente y deliberada-

mente. Este proceso lo trataremos más adelante. Tal es el problema que enfrenta el iniciado antes de recibir las tres iniciaciones finales.

Debe recordarse que ninguna de estas tres etapas, en realidad, está separada entre sí por definidas líneas de demarcación, ni se suceden correlativamente. Se superponen y frecuentemente se suceden con simultaneidad parcial. Solo cuando el discípulo enfrenta ciertas iniciaciones, despierta a la realidad de estas diferencias. Por lo tanto se puede afirmar que:

1. En la primera iniciación, el discípulo demuestra haber resuelto las dualidades en el plano físico y que puede imponer correctamente la energía etérica (la más elevada de las dos) sobre la energía física.
2. En la segunda iniciación, el iniciado demuestra que puede elegir entre los pares de opuestos y proseguir decididamente en el "camino medio".
3. En la tercera iniciación, el iniciado puede emplear la intuición para percibir correctamente la verdad; en esta iniciación percibe la primera y real vislumbre del Morador en el Umbral y del Ángel de la Presencia.
4. En la cuarta iniciación el iniciado demuestra su capacidad para lograr una total unificación entre el aspecto superior e inferior del alma en manifestación, y ve cómo el Morador en el Umbral se convierte en el Ángel de la Presencia.
5. En la quinta iniciación y aquí fracasan las palabras para expresar la verdad ve al Morador en el Umbral, **[i104]** al Ángel y a la Presencia, convertidos en una síntesis divina.

Por lo tanto surge el interrogante, ¿qué es lo que produce este espejismo y esta ilusión? El tema es tan vasto (abarcando todo el campo de la historia planetaria) que solo puedo indicar algunas de las causas. Hasta ahora muy pocas han sido susceptibles de ser corregidas, excepto en los casos individuales. Esto significa que cuando alcanzan el punto de evolución en que pueden identificarse con su aspecto superior, el alma, e introducir la energía del alma para neutralizar, subyugar y dominar las fuerzas inferiores de la personalidad, entonces inevitablemente pueden corregirlas. Cuando llegue el momento en que un sinnúmero de personas se dé cuenta del espejismo mundial (al descubrirlo y experimentarlo en sus propias vidas), encararemos el problema en forma grupal. Entonces atacaremos definitivamente el espejismo mundial y, cuando ello suceda, hablando esotéricamente, "se producirá una abertura que permitirá entrar la luz del orbe solar. Las brumas desaparecerán lentamente, subyugadas por la radiación solar, y los peregrinos hallarán entonces el CAMINO iluminado que conduce, desde el centro de la bruma, directamente hacia el portal de la luz".

Con la intención de descubrir hasta dónde los aspirantes y discípulos del mundo han comprendido y manejado este problema, se ha permitido emprender un experimento, tal como el que se lleva a cabo en estos grupos.

2. CAUSAS QUE PRODUCEN EL ESPEJISMO MUNDIAL

Las causas que producen el espejismo mundial pueden dividirse en tres grupos: **[i105]**

1. Causas planetarias.
2. Causas iniciadas por la misma humanidad.

3. Causas inducidas por cualquier individuo, no obstante basadas en los dos grupos de factores condicionantes citados anteriormente.

a. Las Causas Planetarias son dos y están más allá de la comprensión finita de ustedes. Solo las menciono y les pido que las acepten como conjeturas razonables y posibles hipótesis exactas:

1. Causas inherentes a la sustancia misma. Los átomos, con los cuales están construidas todas las formas, han sido heredados de un universo o sistema solar anterior y, por lo tanto, están matizados con los resultados de esa gran manifestación creadora. Los efectos producidos en esa expresión de la existencia divina constituyen los factores predisponentes o las causas iniciales en el actual sistema solar y en la vida planetaria. Estos factores condicionantes y heredados no pueden ser evitados. Determinan la naturaleza del impulso de la vida, la orientación del desarrollo evolutivo y las tendencias innatas que poseen todas las formas, así como la capacidad para crecer y desarrollarse, orientar el tipo correspondiente, expresar en tiempo y espacio el arquetipo o canon y delinear y determinar la estructura de los reinos en que la ciencia divide al mundo natural. Sin embargo, solo son algunas de las innatas características inherentes en la sustancia misma, heredadas y condicionadas en nuestra presente manifestación de la vida divina.

2. La vida o manifestación del Logos planetario, "Aquel en Quien vivimos, nos movemos y tenemos nuestro ser", está determinada por Su

propia naturaleza. Para nosotros, esa gran Vida personifica la perfección, y sus cualidades características son aquéllas hacia las cuales dirigimos nuestra más elevada **[i106]** aspiración. Pero, desde el punto de vista de las Vidas más avanzadas que Él en el sendero cósmico (hablo simbólicamente y en términos de la experiencia humana), Él está entre los "Dioses imperfectos". Tales imperfecciones obstruyen el desarrollo o la perfecta expresión de la energía divina cuando entra en conjunción con las cualidades y predisposiciones, heredadas de la sustancia a través de la cual debe expresar Su vida, Su propósito y Sus intenciones, produciendo las "semillas de la muerte y la descomposición", que caracteriza a nuestra evolución planetaria en los cuatro reinos de la naturaleza. Crean los obstáculos, obstrucciones y dificultades contra las cuales debe luchar el alma en todas las formas creadas, adquiriendo con ello fortaleza y comprensión y oportunamente la liberación.

Estas son las dos causas planetarias principales. No pueden evitar que el alma se emancipe, pero pueden obstaculizar y postergar su emancipación. Es inútil que el ser humano especule sobre tales hipótesis con su actual equipo y tipo de cerebro inadecuados. Nada conseguiría, ni tampoco llegaría a ser más sabio.

b. Causas iniciadas por la humanidad misma. Lentamente, paso a paso, la humanidad ha creado e intensificado la condición ilusoria de la conciencia, que llamamos el plano astral. Todo espejismo es producido por la conjunción de una o más corrientes de energía que producen un momentáneo torbellino de energía y, desde el ángulo del ser humano el observador y participante, produce la oscuridad, un estado de confusión que torna difícil la clara elección y la correcta discriminación, imposible en las primeras etapas. Crea un aura de naturaleza tan general y omniabarcante, que hoy todos, hablando simbólicamente, se encuentran sumergidos en ella. En la infancia de la raza, dicha aura **[i107]** solo rodeaba a las personas más avanzadas. Para comprender lo que quiero significar con esto, les llamaré la atención sobre el hecho de que las personas muy ignorantes, las que se hallan entre los tipos humanos más inferiores y aquéllas que son algo más que animales activos, regidos principalmente por los instintos, encaran con toda sencillez y directamente las realidades de la existencia que los enfrentan, pues para ellos es de máxima o única importancia —como pueden ser el hambre, el nacimiento y la muerte, la autoprotección y la perpetuación. Casi no hay ilusión en sus reacciones hacia la vida y el vivir, y su simplicidad, como la del niño, los salva y protege de muchos de los males más sutiles. Sus emociones no son sutiles y sus mentes aún no están despiertas. Pero a medida que la humanidad ha evolucionado, los niveles superiores de la conciencia racial se hicieron más sutiles y el factor mente se hizo lentamente más activo, entonces el espejismo y la ilusión se desarrollaron con más rapidez.

Los primeros indicios del espejismo aparecieron cuando los discípulos y aspirantes del mundo lemuriano (cuyo problema era la correcta comprensión y el correcto funcionamiento y control del cuerpo físico) comenzaron a diferenciarse entre sí como seres autoconscientes y fuerzas físicas vitales. Eso inició inmediatamente una enorme actividad en el centro laríngeo, el aspecto superior del centro sacro (el centro del sexo), y condujo así al espejismo inicial y al primer reconocimiento y consideración definida del impulso sexual, de la atracción sexual y –para el iniciado de ese período– de la necesaria transmutación sexual. Esto se llevó a cabo paralelamente con el Yoga más primitivo, o sea el culto al cuerpo físico, para que fuera controlado por el alma, además de la consiguiente fusión de la consciencia y la subconsciencia.

Alrededor de los aspirantes de esa época podía observarse cómo se agrupaban las primeras nubes y brumas del espejismo, a pesar de que la ilusión **[i108]** no existía todavía. El primer reconocimiento del plano de las emociones, el plano astral, fue evocado en la conciencia de los grupos en preparación para la primera iniciación, la iniciación superior de esa época. La razón de que emergiera tan lentamente la conciencia astral, en el aspirante físicamente polarizado de esa época, se debió a que uno de los secretos de la iniciación consiste en comprender y utilizar correctamente la conciencia de que se es consciente y capaz de actuar en un plano superior a aquél en que vive toda la humanidad, en un momento dado. De allí que en la época lemuriana, el ser humano que estaba centrado físicamente y próximo a ser admitido en el Sendero, tenía conciencia de:

1. La dualidad física, donde su conciencia estaba acostumbrada a funcionar normalmente y del conflicto entre el cuerpo físico y el cuerpo etérico o vital.
2. La consciencia superior vagamente percibida, que se caracterizaba por la cualidad y sensibilidad, siendo en esa época, lo único con lo cual podía hacer contacto en el plano astral, que hoy nos es tan familiar.

3. La creciente sensación de autoidentificación con aquello que era el alma o yo, en proceso de despertar el Maestro, que iba a conducirlo fuera de la conciencia puramente física para llevarlo a la siguiente etapa divina, la conciencia astral. No olviden, debido a la familiaridad y al cansancio que produce el conflicto, que cada paso evolutivo es divino.

Será evidente, siempre que la afirmación anterior sea verídica, que el espejismo surgió por el reconocimiento de estos factores en la conciencia, y como resultado de las reacciones del ser humano a la complejidad de su propia constitución y a la energía de su propia alma.

[i109]A medida que transcurría el tiempo, toda la familia humana llegaba a ser consciente del nuevo dualismo emergente que existía entre la constitución física y el plano astral, además de la actividad desplegada dentro de sí mismo, por el centro que en esa etapa hizo su aparición como conciencia o comprensión innata –que entonces era irreflexiva–, como el anhelo hacia una vida superior o la tendencia hacia una actividad inferior. Esta conciencia nebulosa se convirtió oportunamente en lo que llamamos la Voz de la Consciencia. Cuando esto ocurrió, la complejidad y la dificultad de la vida aumentaron enormemente y el espejismo apareció definitivamente en la Tierra, lo cual envolvió y dio demasiada importancia a lo inferior, a expensas de lo superior, y sirvió para distraer la atención que el aspirante ponía en la realidad. ¿Debo afirmar nuevamente que, en esta etapa primitiva, el espejismo era solo evocado y reconocido por las personas muy evolucionadas de esa época?

Luego la raza Lemuria se perdió lentamente y vino a la existencia la raza Atlante. Durante los millones de años que esta raza proliferó en la tierra, un gran número de personas poseía al mismo tiempo conciencia lemuriana, así como hoy, en la moderna raza aria, varios millones de personas expresan conciencia atlante y están polarizados en su cuerpo astral, siendo víctimas de la emoción y del consiguiente espejismo.

En la raza Atlante quedó resuelta la dualidad física, y el cuerpo físico y etérico constituyeron una unidad que, en las personas sanas, todavía lo constituye.

La sensación de dualidad los llevó a un creciente reconocimiento del conflicto en el reino de la dualidad, y al campo de lo que hoy llamamos los "pares de opuestos" –bien y mal, dolor y placer, verdadero y falso, razón y sin razón y la multiplicidad de opuestos que enfrentan hoy al aspirante.

[i110] En las primeras etapas de cada historia racial, se ve el establecimiento de un temporario sentido de unidad cuando la brecha anterior ha sido eliminada y la dualidad inicial se ha resuelto en unidad. Luego se obtiene el creciente reconocimiento de la existencia de un nuevo campo de elección, basado en el surgimiento de valores superiores y, finalmente, llega un período de conflicto en la conciencia del individuo y de la humanidad como un todo, cuando se trata de resolver la dualidad superior que enfrenta al ser humano o a la raza.

Esta solución se produce, cuando un aspecto superior de la conciencia es visualizado vagamente y los seres humanos llegan a tener conciencia de sí mismos como seres mentales. Entonces se produce una creciente demanda, a fin de desarrollar la naturaleza mental que, al entrar en actividad, resuelve el problema de esta categoría de opuestos en el plano astral.

Al mismo tiempo el sentido de autoidentificación o la conciencia de "Yo soy" aumentan gradualmente y el iniciado enfrenta el esfuerzo de liberarse de la esclavitud de los sentidos en el plano astral, del denso espejismo a que esta percepción sensoria lo ha arrojado, logrando su liberación mediante el completo control del cuerpo astral. Esto lo realiza cuando desarrolla oportunamente el poder de pasar entre los pares de opuestos sin que ellos lo afecten, trascendiéndolos de esta manera. Lo logra empleando la mente como distribuidor de la luz que revela el "camino medio" y que disipa el espejismo con su brillo y radiación.

Dicho espejismo se ha ido agrandando e intensificando constantemente, a medida que un mayor número de personas ha logrado eliminar la brecha física inicial y se ha centrado en la conciencia astral. Actualmente este espejismo ha adquirido tal magnitud y tan grande ha sido el éxito del proceso evolutivo, que la humanidad como un todo, deambula entre las brumas y miasmas del mundo de la conciencia sensoria. Cuando **[i111]** uso la palabra "sensoria" no me refiero al mecanismo sensorio del sistema nervioso físico, sino a la percepción sensoria del Yo, tan sumergida hoy en el espejismo, que los seres humanos se identifican totalmente con el mundo del sentimiento, de la cualidad, de la interacción sensoria y de las reacciones emotivas, con sus simpatías y antipatías, su propia conmiseración, uno de los principales espejismos del individuo evolucionado y sensible. Dichas personas evolucionadas son las que más contribuyen a mantener el espejismo mundial. El gran espejismo del aspirante es su reacción a la verdad y a la realidad, cuando por primera vez llega a darse cuenta de aquello que está más allá del plano astral. Interpreta todo lo que allí percibe y ve, en términos de espejismo, de comprensión emotiva o fanatismo sensorio. Se olvida que la verdad está más allá del mundo del sentimiento, el cual no le afecta, y solo puede ser percibida en toda su pureza cuando el sentimiento ha sido trascendido y transmutado. El segundo gran espejismo es la propia conmiseración.

El mundo de hoy está dividido en tres grupos, sujetos a ciertos aspectos del espejismo:

1. Aquéllos que poseen conciencia atlante y, por lo tanto, los seduce completamente el espejismo:
   a. De lo material y lo deseable.
   b. De lo que *sienten* en toda clase de relaciones.
   c. De lo que creen que es ideal, verdadero o justo, basándose en las reacciones que en ellos despiertan los pensadores del momento, pero que no comprenden mentalmente.
   d. De lo que exigen como belleza y bienestar emocional.
   e. De lo que les produce gozo espiritual en el campo de la religión y del deseo religioso. Observen esta frase.

2. **[i112]**Los que poseen una consciencia más definidamente aria. Significa que el factor mente está despertando, constituyendo una dificultad, y las ilusiones del plano mental se suman ahora a los espejismos del plano astral. Tales ilusiones son de naturaleza teórica e intelectual.

3. Un grupo que está surgiendo de ese grupo sometido al espejismo y a la ilusión, atento a la Voz del Silencio y a las demandas del alma.

La complejidad del moderno problema psicológico reside en el hecho de que nuestra raza y período vislumbra la síntesis de todos los espejismos y el surgimiento de las ilusiones emanantes del plano mental. Actualmente tenemos aspirantes en todas las etapas de desarrollo, y las masas recapitulan las distintas etapas del camino evolutivo, siendo el estrato más inferior de la raza humana,

definidamente de conciencia lemuriana, aunque, relativamente hablando, sean muy pocos.

La ilusión aumenta rápidamente a medida que el poder mental de la raza se desarrolla, pues significa el sometimiento a las poderosas formas mentales creadas por los
pensadores de esta época y de la inmediata anterior, que
en el momento de su creación constituían la esperanza de
la raza. Entonces personificaron las nuevas y emergentes
ideas mediante las cuales la raza debía progresar. Cuando
estas formas se cristalizan y caducan se convierten en una
amenaza y un obstáculo para la expansión de la vida. En
los siglos venideros se comprenderá el problema de la
ilusión, pues cuando la raza haya superado el espejismo,
entonces habrá en el planeta pocas mentes de naturaleza
atlante y ninguna de conciencia lemuriana. Sin embargo,
a medida que prosigue la evolución, las cosas se aceleran
grandemente y, como se supone, no está distante la época
en que la humanidad estará predominantemente caracterizada por la conciencia aria. **[i114]** No hablo en términos
de raza aria, como se comprende generalmente, ni de sus
implicaciones nórdicas.

DIAGRAMA CAUSAS DEL ESPEJISMO [i113]

i113] RAZA	DUALIDAD	PROBLEMA	MÉTODO	META
Lemuria	Fuerza Física Contra Energía Vital	Maya	Control astral Hatha Yoga: Aspirantes Laya Yoga: Discípulos	1ra– Iniciación *Inspiración*
Atlante	Pares de Opuestos Cualidad Sensibilidad	Espejismo	Control mental Bhakti Yoga: Aspirantes Raja Yoga: Discípulos	2da. Iniciación *Iluminación*
Aria	Morador en el Umbral Ángel de la Presencia	Ilusión	Control por el Alma Raja Yoga: Aspirantes Agni Yoga: Discípulos	3ra. Iniciación *Intuición*

c. Causas iniciadas por el individuo. Si han estudiado lo antedicho será evidente que el individuo viene a la encarnación obstaculizado por el espejismo existente, el cual es de origen muy antiguo y está más allá de su control en esta etapa. Posee un enorme poder. Utilizo la palabra "obstaculizado" deliberadamente a falta de un mejor término. Sin embargo, quisiera señalar que el verdadero significado de la situación existe en el hecho de que estas condiciones ofrecen al ser humano la oportunidad de evocar la comprensión y punto de vista del alma, porque proporcionan los medios por los cuales se obtiene experiencia. Esta experiencia conducirá oportunamente a que el alma asuma el control de su mecanismo, la personalidad, dando así a aquélla un definido campo de servicio. Los vehículos a través de los cuales el alma busca experiencia y expresión están, normal y naturalmente sujetos a los espejismos mundiales y al espejismo y a la ilusión de la humanidad. El hecho de que el alma, en las primeras etapas de la experiencia, sea atrapada por maya, por el espejismo y oportunamente por la ilusión, se debe a que el alma se identifica con esas formas y, por lo tanto, con el espejismo circundante, no logrando identificarse consigo misma. A medida que la evolución prosigue, se hace evidente, para el alma en encarnación, la naturaleza del problema, iniciándose entonces un proceso por el cual se libera de las consecuencias de la identificación errónea. Cada alma encarnada, que logra liberar su conciencia del mundo de la ilusión y del espejismo, sirve definidamente a la raza y ayuda a liberar a la humanidad de esta antigua y potente esclavitud.

[i115]Pero debe tenerse en cuenta que cuando el ser humano se acerca a la etapa de conciencia en que los cuerpos astral y mental están activos y funcionantes, se convierte en un creador de espejismo. Lucha contra las

fuerzas que se hallan dentro de sí mismo y del mundo en que vive, y el creciente poder de la afluyente energía del alma (que entra en conflicto con las fuerzas de la personalidad) produce gradualmente, a su alrededor, un campo de espejismo y un ámbito de ilusión, que activa plenamente este espejismo de tercera categoría.

Tales espejismos dependen de la forma en que se expresan las diferentes fuerzas que constituyen la naturaleza inferior del individuo, de las cuales es cada vez más consciente, atraviesan las etapas en que son reconocidas, se expresan poderosamente, llegando a ser violentas cuando están en conflicto, hasta que el alma luchadora se detiene como lo hizo Arjuna en medio de las dos fuerzas antagónicas (las fuerzas de la personalidad y la energía del alma) preguntándose:

a. ¿Qué es lo correcto, esto o aquello?
b. ¿Cómo puedo saber cuál es mi deber o mi responsabilidad?
c. ¿Cómo puedo salir de esta confusa situación?
d. ¿Qué puedo hacer para que domine el Guerrero, y los dos grupos de fuerzas que estimo puedan convertirse en una unidad?
e. ¿Cómo puedo salir de este «impasse»?
f. ¿Por qué debo herir a lo que estimo, a través de lo cual me he expresado durante épocas?
g. ¿Cómo puedo llegar a ser consciente de esa iluminación mental que revelará el «camino medio" entre los pares de opuestos?
h. ¿Cómo puedo ver a Dios, o por lo menos, la Forma de Dios?

[i116] Muchas de estas preguntas surgen en la mente del aspirante. Indican dilema, perplejidad, conciencia

del espejismo circundante, un estado de ilusión y una condición de impotencia. Todas las fuerzas de su naturaleza como también las de toda la humanidad y las planetarias, luchan contra el discípulo. Se siente inerme e inerte, débil, desamparado y desesperado. Ni siquiera puede ver el camino de salida. Solo queda una clara realidad, la realidad del Alma, la Identidad inmortal, el Guerrero detrás de la escena, el Auriga, Krishna, el Cristo interno.

El Baghavad Gita puede ser leído desde el punto de vista de la lucha que libra el discípulo contra el espejismo, y los estudiantes deberían estudiarlo de esta manera.

Los espejismos individuales, de los cuales el discípulo llega a ser consciente, se caracterizan por cinco tipos de fuerzas. Cuando entran en actividad simultáneamente, producen esos espejismos que inicia y crea exclusivamente el individuo mismo, los cuales son:

1. Las fuerzas de su naturaleza física y del cuerpo vital, que al actuar a través de la naturaleza física, producen maya o energía incontrolada.
2. Las fuerzas de la naturaleza astral, basadas en el deseo y en las sensaciones que, en esta etapa, constituyen dos grupos denominados pares de opuestos. Su potencia se está acentuando en este período de la historia individual porque el discípulo, en la mayoría de los casos, está polarizado en su cuerpo astral y sujeto, por lo tanto, a los espejismos producidos por la interacción de los opuestos además de la condición de maya, mencionada anteriormente.
3. Las fuerzas de la naturaleza mental inferior, chitta o sustancia mental, que compone el cuerpo mental, estando **[i117]** matizada por actividades pasadas, como lo está la sustancia de que están

compuestos todos los vehículos. Esto agrega maya y espejismo a la ilusión.

4. Luego surge el rayo de la personalidad e intensifica los tres aspectos en que se expresa la fuerza, produciendo oportunamente su trabajo sintético. Después tenemos esa condición llamada "triple espejismo", reducida a un solo espejismo.

5. El rayo o energía del alma, durante todo este tiempo incrementa constantemente su potencia rítmica, tratando de imponer su propósito y voluntad sobre la personalidad. Esta relación unida y su interacción es lo que impulsa al ser humano cuando se ha logrado un punto de equilibrio hacia el Sendero de Probación o el Sendero del Discipulado, hasta el portal de la iniciación. Allí, ante el Portal, reconoce la última dualidad que aguarda la resolución, el Morador en el Umbral y el Ángel de la PRESENCIA.

La naturaleza de estos espejismos difiere con las personas, porque la cualidad de rayo determina el tipo de espejismo o ilusión ante el cual sucumbe más fácilmente el ser humano y ese tipo de espejismo que con mayor facilidad creará. Los discípulos tienen que aprender a diferenciar entre:

1. El espejismo o espejismos, existentes en su ámbito, los cuales lo atraerán o él atraerá fácilmente, por constituir la línea de menor resistencia.

2. El espejismo que él crea, cuando enfrenta la vida por medio de un equipo particular, matizado por las experiencias de encarnaciones pasadas y por la cualidad de rayo bajo el cual vino a la existencia.

[i118] Este tema es tan complejo que no servirá de nada entrar en detalles; solo expondré los espejismos principales (y en ello incluyo las diversas ilusiones y mayas) a los cuales está predispuesto el ser humano debido al rayo a que pertenece. Si los aplican a los tres vehículos de manifestación y también a la personalidad y al alma, comprenderán lo complicado del problema. Sin embargo, recuerden lo siguiente:

La finalidad es segura y ha sido determinada, porque en este sistema solar, el triunfo del alma y su dominio y control final está decidido, no interesando la magnitud del espejismo ni la violencia de la lucha. De allí que uno de los primeros pasos para comprender la naturaleza de su problema y el método de liberación es la comprobación exacta (por el aspirante) de cuál es el rayo que lo influye. La psicología futura se dedicará a descubrir el rayo que rige al alma y el que rige a la personalidad. Habiéndolo realizado, mediante un estudio de los diferentes tipos físicos, de las reacciones emocionales y de las tendencias mentales, se dedicará a descubrir los rayos que rigen los vehículos especializados. Cuando los cinco rayos (de la personalidad, físico, astral, mental y egoico) han sido aproximadamente comprobados, se requiere entonces la consideración de los siguientes factores:

1. La naturaleza, cualidad y estabilidad del sistema glandular.
2. El punto alcanzado en la evolución. Esto se hará mediante una cuidadosa consideración de los centros y las glándulas y su relación entre sí.
3. El reconocimiento de los puntos donde se producen las separaciones o la doble personalidad que puede existir:

a. Entre los cuerpos etérico y físico, que trae la falta de vitalidad, debilidad física, obsesión y otras muchas dificultades.[i119]

b. En el emotivo cuerpo astral, que conduce a un vasto número de problemas y dificultades psicológicas basadas en una sensibilidad indebida, en la reacción al espejismo circundante, en las tendencias innatas hacia el espejismo que existe en el equipo, o como resultado de la sensibilidad al espejismo de otras personas.

c. En el cuerpo mental, imponiendo ilusiones mentales de muchos tipos, tales como el control ejercido por las formas mentales autocreadas, sensibilidad hacia el mundo existente, formas mentales nacionales o circundantes de cualquier escuela de pensamiento, ideas fijas, el sentido de lo dramático o de lo importante, o una fanática adhesión al conjunto de ideas heredadas o a las reacciones mentales de naturaleza puramente personal.

d. Entre cualquiera de los grupos de fuerzas que denominamos cuerpos:
Los cuerpos etérico y astral.
Los cuerpos astral y mental.

Existe, por ejemplo, una definida analogía entre esa condición de negatividad hacia la vida en el plano físico, resultado de la falta de integración entre los cuerpos físico y etérico, y esa falta de interés e ineptitud para manejar la vida en ese plano, que el pensador evidencia tan frecuentemente en los niveles abstractos y científicos. Ambos grupos no llegan a una manifestación definida y decisiva en el plano físico, ni encaran el problema de la vida en dicho plano, en forma clara y satisfactoria; tampoco son físicamente positivos, pero las causas que producen estas condiciones, relativamente similares, son totalmente diferentes aunque similares en sus efectos.

4. La comprensión de cuál es el Sendero de la Vida para un individuo, al estudiar sus aspectos astrológicos. Respecto a esto debe considerarse el signo del sol **[i120]**bajo el cual ha nacido la persona, como que indica sus tendencias personales y personifica las características heredadas del pasado, pero se ha de considerar el signo ascendente como que contiene en sí indicaciones del camino que el alma del ser humano le impele a seguir.

Muchos otros factores requerirán cuidadosa atención. El problema del individuo se complica por ciertas tendencias heredadas de la familia, de la nación y de la raza, que afectan poderosamente al cuerpo físico en sus dos aspectos, produciendo muchos tipos de espejismo. También lo afectan ciertas ideas heredadas, constituyendo las formas mentales que personifican el método por el cual la familia, la nación y la raza, se acercan a la verdad, produciendo poderosas ilusiones ante las cuales sucumbe fácilmente el individuo. Existen además las afluyentes fuerzas del signo por el que transita el sol, tales como las actuales condiciones mundiales, debido a que nuestro sol está entrando en un nuevo signo del zodíaco. Por lo tanto, nuevas y poderosas energías están actuando sobre la humanidad, produciendo efectos en los tres cuerpos, evocando espejismos en la naturaleza emocional e ilusiones en la naturaleza mental. Los que son propensos al espejismo hoy llegan a ser conscientes de una acentuada dualidad. Como podrán comprobar, el tema es vasto, y esta ciencia de las influencias psicológicas y los resultados de su impacto sobre el mecanismo humano se hallan todavía en la infancia. Sin embargo, he indicado lo suficiente como para despertar interés e iniciar la investigación en este nuevo campo de la actividad psicológica.

Volveremos a considerar los innumerables tipos de espejismo producidos por ciertos tipos de rayos y relacionados con ellos.

1er. RAYO

El espejismo de la fuerza física.
El espejismo del magnetismo personal. [i121]
El espejismo de la autocentralización y la potencia personal. El espejismo del "uno en el centro".
El espejismo de la ambición personal egoísta.
El espejismo del líder, del dictador y del ilimitado control.
El espejismo del complejo mesiánico en el campo de la política.
El espejismo del destino egoísta, el derecho divino que los reyes exigen en forma personal.
El espejismo de la destrucción.
El espejismo del aislamiento, de la soledad y del retraimiento.
El espejismo de la voluntad impuesta en otros y en grupos.

2do. RAYO

El espejismo del amor de ser amado.
El espejismo de la popularidad.
El espejismo de la sabiduría personal.
El espejismo de la responsabilidad egoísta.
El espejismo de una comprensión muy completa, que impide actuar correctamente.

El espejismo de la propia conmiseración, espejismo básico de este rayo.

El espejismo de la necesidad mundial, y del complejo mesiánico en el mundo religioso.

El espejismo del temor, basado en una indebida sensibilidad.

El espejismo del auto–sacrificio.

El espejismo del altruismo egoísta.

El espejismo de la propia satisfacción.

El espejismo del servicio egoísta.

3er. RAYO

El espejismo de estar ocupado.

El espejismo de la colaboración con el Plan, en forma individual [i122]y no grupal.

El espejismo del planeamiento activo.

El espejismo del trabajo creador, sin motivo verdadero.

El espejismo de las buenas intenciones, las básicamente egoístas.

El espejismo de "la araña en el centro".

El espejismo de "Dios en la máquina".

El espejismo de la constante e incierta manipulación.

El espejismo de la propia importancia, desde el punto de vista del conocimiento y eficiencia.

4to. RAYO

El espejismo de la armonía, persiguiendo la comodidad y la satisfacción personales.

El espejismo de la guerra.

El espejismo del conflicto, con el objetivo de imponer la rectitud y la paz.

El espejismo de una vaga percepción artística.

El espejismo de la percepción ppsíquica en vez de la intuición.

El espejismo de la percepción musical.

El espejismo de los pares de opuestos, en su sentido superior.

5to. RAYO

El espejismo del materialismo, de la sobreestimación de la forma.

El espejismo del intelecto.

El espejismo del conocimiento y de la definición.

El espejismo de estar totalmente seguro, basado en un estrecho punto de vista.

El espejismo de la forma que oculta la realidad.

El espejismo de la organización.

El espejismo de lo externo, que oculta lo interno.

[i123]

6to. RAYO

El espejismo de la devoción.

El espejismo de la adhesión a las formas y a las personas.

El espejismo del idealismo.

El espejismo de la lealtad y del credo.

El espejismo de la respuesta emocional.

El espejismo del sentimentalismo.

El espejismo de la interferencia.

El espejismo de los pares de opuestos inferiores.

El espejismo de los Salvadores e Instructores del Mundo.

El espejismo de la visión limitada.

El espejismo del fanatismo.

7mo. RAYO

El espejismo del trabajo mágico.
El espejismo de la relación de los opuestos.
El espejismo de los poderes subterrenales.
El espejismo de aquello que une.
El espejismo del cuerpo físico.
El espejismo de lo misterioso y secreto.
El espejismo de la magia sexual.
El espejismo del surgimiento de las fuerzas manifestadas.

He enumerado aquí muchos espejismos. Aunque forman legión, no he abarcado de ninguna manera las posibilidades en el campo del espejismo.

Uno de los grupos con que he trabajado poseía ciertas características y dificultades, siendo de valor mencionarlas aquí.

Dicho grupo tenía una curiosa historia relacionada a otros grupos, porque sus miembros fueron renovados varias veces. En cada oportunidad los que abandonaban el grupo habían estado en él por derecho kármico y por una antigua relación conmigo o con los **[i124]** miembros del grupo y, por lo tanto, tenían la oportunidad de participar en esta actividad, pero cada vez fracasaban por razones personales. Les faltaba comprensión grupal, ocupándose únicamente de ellos mismos. No poseían la nueva y amplia visión. Así fueron eliminados de esta actividad inicial de la nueva era. Explico esto pues es de valor que los discípulos capten el hecho de que la relación kármica no puede ser ignorada, debiendo ofrecerse la oportunidad grupal aunque demore su actuación al prestar servicio grupal.

Varios miembros del grupo aún luchaban contra el espejismo, y al enfrentarlo necesitaban más tiempo para adaptarse al mismo. La principal tarea de este grupo consistía en disipar parte del espejismo universal mediante una meditación unida que yo había indicado. Algunos de los miembros estaban haciendo o habían hecho ciertos reajustes en sus vidas y no precisó mucho tiempo para establecerse el necesario ritmo subjetivo. Pero todos trabajaron con comprensión, perseverancia y entusiasmo, y en breve tiempo pudo iniciarse el trabajo grupal.

Sería útil que consideraran las siguientes preguntas:

1. ¿Cuál es el método para desarrollar las ideas desde el instante en que es impresionada la mente de alguien intuitivo?

Hablando en forma general, aquellas pasan por las siguientes etapas, como a menudo se ha explicado:

    a. La idea.....basada en la percepción intuitiva.
    b. El ideal....basado en la formulación mental y en la distribución.
    c. El ídolo....basado en la tendencia concretizadora de la manifestación física.

2. ¿Cuáles creen que son los espejismos predominantes hoy en el mundo y por qué? **[i125]**

3. He hablado muchas veces de la tarea que este y otros grupos están tratando de realizar para disipar el espejismo mundial. ¿Tienen alguna idea de cómo debe hacerse o qué se les exigirá?

3. CONTRASTE ENTRE LOS ESPEJISMOS SUPERIOR E INFERIOR

Hemos considerado cuidadosamente (breve y muy superficialmente) algunas de las causas del denso espejismo que envuelve a la humanidad. Vimos, que indudablemente, es muy antiguo, está poderosamente organizado y constituye la característica dominante del plano astral, y consideramos las tres principales causas subsidiarias que predisponen a:

1. Los espejismos inducidos por la vida planetaria, inherentes a la sustancia misma.
2. Los espejismos iniciados por toda la humanidad, e intensificados en el transcurso de un pasado legendario.
3. El espejismo engendrado por el individuo mismo, ya sea en el pasado, por haber participado del espejismo mundial, o el que ha originado en esta vida.

Cada ser humano es propenso a ellos, y durante muchas vidas constituye la víctima inerme de aquello que luego descubre como erróneo, falso y engañoso. Aprende que no debe ser dominado indolentemente por el pasado astral, emocional e ilusorio sino que está, si lo supiera, adecuadamente equipado para superarlo, y que existen métodos y técnicas por medio de los cuales puede conquistar la ilusión, disipar el espejismo y erigirse en el amo de maya. Esta es la revelación inicial, y solo cuando haya comprendido lo que implica y se haya **[i126]** propuesto dominar las condiciones indeseables, llegará más tarde a reconocer la dualidad esencial, la cual, momentáneamente, en ningún caso es ilusión. Descubre la relación que existe entre el verdadero Morador en el Umbral y el Ángel de la PRESENCIA, que custodia el portal de la iniciación. Esto marca un momento crítico en la vida del discípulo, porque indica el instante en que puede comenzar a hollar el Sendero de Iniciación, si es que lo desea y posee la fortaleza necesaria.

En último análisis, vencer parcialmente el espejismo y evadir la total esclavitud, impuesta por la ilusión, indican a la atenta Jerarquía que un ser humano está preparado para los procesos de la Iniciación. Mientras no se deje engañar totalmente y hasta tanto logre pensar casi libremente, no podrá enfrentar al Ángel que aguarda, y atravesar el portal. Daré aquí una indicación: después de atravesar el portal de la Iniciación el discípulo retomará nuevamente sus tareas en los tres mundos de actividad; allí repite los procesos anteriores brevemente y con comprensión después de lo cual comienza a dominar lo esencial de la siguiente lección iniciática. Estoy dando aquí una copiosa información en forma concisa, pues esto es todo lo que puede hacerse en esta época.

Durante largo tiempo, una sensación de dualismo compenetra el ser del discípulo y hace que su vida aparente ser un incesante conflicto entre los pares de opuestos. La lucha entre los opuestos se libra conscientemente en la vida del discípulo. Alterna entre las experiencias pasadas y el recuerdo de las experiencias de la iniciación recibida, poniendo el énfasis, sobre todo, en las primeras experiencias y luego en la última gran experiencia, que colora tan intensamente su vida interna. Durante prolongados momentos es el discípulo confuso que lucha contra el espejismo, y durante breves momentos es el iniciado triunfante. **[i127]**Descubre en sí mismo las fuentes del espejismo, de la ilusión y de atracción de maya, hasta que llega el momento en que se sitúa ante el portal y enfrenta las principales dualidades de su propio y particular pequeño cosmos el Morador y el Ángel. Al principio teme al Ángel, atemorizándolo la luz que fluye del rostro del Ángel, porque pone vívidamente de relieve la realidad de la naturaleza del Morador, él mismo. Siente, como nunca lo había sentido, la formidable tarea que tiene ante sí y el verdadero significado de la empresa a la cual se ha comprometido. Poco a poco dos cosas surgen con alarmante claridad en su mente:

1. El significado de su propia naturaleza con su dualismo esencial.
2. El reconocimiento de la relación entre los pares de opuestos, con los cuales él, como discípulo, debe trabajar.

Una vez que capta la relación existente en la dualidad inferior (la personalidad y el alma) está entonces preparado para pasar a la realidad superior, la del Yo integrado (personalidad y alma) y su relación con la PRESENCIA. En esta afirmación, he expresado en pocas y concisas palabras el resultado de las primeras tres iniciaciones y las dos últimas. Mediten sobre ello.

Creo que les será de valor si relaciono los diversos contrastes que caracterizan al individuo inteligente y al discípulo, abarcando con la palabra "discípulo" todos los grados de desarrollo, desde el discípulo aceptado hasta el Maestro. Solo existe la Jerarquía, término que significa progreso continuo de un estado inferior de ser y de conciencia, a uno superior. En cada caso constituye el estado de conciencia de algún Ser, limitado, confinado y controlado por la sustancia. Observarán que **[i128]** digo "sustancia" y no "forma" porque en realidad es la sustancia la que controla al espíritu durante un extenso, muy extenso, ciclo de expresión; la materia no controla por la simple razón de que la materia burda está siempre controlada por las fuerzas que son consideradas esotéricamente de naturaleza etérica y, por lo tanto, como sustancia, no como forma. Recuerden esto en todo momento porque contiene la clave de la comprensión de la naturaleza inferior.

Ahora estudiaremos los contrastes básicos esenciales que el discípulo debe percibir intuitivamente y con los cuales ha de familiarizarse. Dividiré lo que tengo que decir en cuatro partes, tratando cada una de ellas brevemente, y espero les será de utilidad:

a. El contraste entre la Ilusión y su opuesto...........Intuición
b. El contraste entre el Espejismo y su opuesto....Iluminación
c. El contraste entre Maya y su opuesto..............Inspiración
d. El contraste entre el Morador en el Umbral y su
opuesto.......................................El Ángel de la PRESENCIA

Esto, como comprenderán, es un tema muy vasto y, trata del problema principal del discípulo. Aquí les pediría que revisen nuevamente lo que ya he dicho sobre estos cuatro aspectos del espejismo y también las clasificaciones y diagramas que les he dado periódicamente.

A. CONTRASTE ENTRE ILUSIÓN E INTUICIÓN.

Lo he elegido como el primer contraste a considerar pues debería (aunque quizás no) constituir el principal espejismo de los miembros de este grupo. Lamentablemente aun predomina el espejismo emocional y, para la mayoría de ustedes, el segundo contraste, que existe entre el espejismo y la iluminación, podrá ser el más útil y constructivo.

Ilusión es el poder que posee alguna forma mental, ya sea un ideal o un concepto percibido, captado e interpretado **[i129]** mentalmente para dominar los procesos mentales del individuo o la raza, produciendo, en consecuencia, la limitación individual o grupal. Tales ideas y conceptos pueden ser de tres clases y creo que ya lo saben:

1. Pueden ser las ideas *heredadas,* en el caso de aquéllos que hallan difícil ajustarse a la nueva visión de la vida mundana y del orden social, tal como lo expresan las nuevas ideologías. Se hallan poderosamente condicionados por su casta, tradición y raigambre.

2. Pueden ser *las ideas más modernas* que, en último análisis, constituyen la reacción del pensamiento moderno hacia la condición y situación mundiales, y muchos aspirantes son propensos a ella en forma natural, especialmente si viven en el vórtice de fuerza que llamamos Europa moderna. Esas ideas modernas convergen hoy, en corrientes mundiales e ideológicas predominantes, y, toda persona inteligente debe reaccionar inevitablemente a ellas, aunque olvide que esa reacción está basada en la tradición, o en una predisposición nacional o internacional.

3. Pueden ser *las ideas más nuevas percibidas vagamente,* que tienen en sí el poder de condicionar el futuro y conducir a la moderna generación, de la oscuridad a la luz. Ninguno de ustedes ha sentido realmente todavía estas nuevas ideas, aunque en momentos de elevada meditación y realización espiritual puedan reaccionar vaga y brevemente. Dicha reacción puede ser verdadera en la medida que definidamente condiciona el servicio que prestan al semejante.

Pueden reaccionar correcta y acrecentadamente si mantienen la integridad del alma y no son vencidos por la lucha y por lo febril del medio ambiente, en el campo elegido para servir.

[i130] Una ilusión mental podría ser descrita como una idea personificada en una forma ideal, lo cual no da entrada ni cabida a ningún otro ideal. Por lo tanto, presupone la capacidad de hacer contacto con las ideas. El ser humano está atado al mundo de ideales e idealismos. No puede separarse de él. Esta ilusión mental ata, limita y aprisiona al ser humano. Una buena idea puede convertirse fácilmente en una ilusión y llegar a ser un desastroso factor condicionante en la vida del ser humano que la registra.

Quizás se interroguen si la Jerarquía misma no está condicionada por una idea y si no es víctima de una difundida ilusión general. Aparte de que a los Dirigentes de la Jerarquía y a los Custodios del Plan no se les permite llegar a ese grado hasta no estar libres del incentivo de la ilusión, les recuerdo que todas las ideas entran en la conciencia planetaria a través del canal de los siete rayos. De esta manera, la Jerarquía está ampliamente abierta, en todos los casos, a los siete principales grupos de ideas que constituyen la IDEA de Dios en cualquier época específica, expresada también de siete maneras principales, todas igualmente correctas, sirviendo a la séptuple necesidad de la humanidad. Cada una de estas siete formulaciones de la Idea de Dios tiene una contribución específica que hacer; cada una constituye una idea que debe desempeñar su parte en el servicio humano o planetario; cada una está tan interrelacionada con las otras seis expresiones de la misma Idea divina, desarrollándose como ideales en el plano mental, que no pueden ser reducidas a una sola idea y sus ramificaciones, como sucede entre los seres humanos. Por lo menos existe sensibilidad hacia los siete grupos de ideas y sus ideales resultantes y, aunque fuera solo por eso, dentro de esa medida, la Jerarquía posee fluidez y adaptabilidad. Pero es mucho más que esto, pues para los miembros de la Jerarquía, las ideas y sus efectos no solo son interpretados en términos de formas mentales humanas e idealismo humano, sino que también deben hacer contacto con ellas y estudiarlas en su relación con la **[i131]** Mente de Dios y con los reinos planetarios. Dichas ideas provienen y emanan del plano búdico, que raras veces está abierto para la conciencia del discípulo común y ciertamente no lo está para el idealista medio. Les recordaré aquí que son muy pocos los idealistas que se hallan personalmente en contacto con la idea que ha dado nacimiento al idealismo; solo están en contacto con la interpretación humana de la idea, tal como ha sido formulada por algún discípulo o intuitivo —cosa muy diferente.

Por lo tanto, una ilusión puede definirse como la consecuencia de una idea —traducida en ideal—, siendo considerada como la total presentación, como la historia o solución y como separada y visualizada independientemente de las otras ideas, tanto las de naturaleza religiosa como las aparentemente desligadas de la religión. Esta afirmación contiene la historia de la separatividad y la incapacidad del ser humano para relacionar entre sí las distintas implicaciones de una idea divina. Cuando se las visualiza y capta en forma estrecha y separatista, existe lógicamente una distorsión de la verdad, y el discípulo o aspirante se adhiere inevitablemente a un aspecto parcial de la realidad o del Plan y no a la verdad, en la medida en que puede ser revelada, o al Plan, tal como los miembros de la Jerarquía lo conocen. Esta ilusión evoca en el discípulo o en el idealista una reacción emotiva que inmediatamente nutre el deseo y, en consecuencia, lo traslada desde el plano mental al astral; de esta manera se evoca un deseo por un ideal parcial e inadecuado y la idea no puede llegar a su plena expresión debido a que su exponente solo ve este ideal parcial como la verdad total, no pudiendo por lo tanto captar sus implicaciones sociales, planetarias y cósmicas.

Donde existe verdadera percepción de la idea (algo verdaderamente raro) no puede haber ilusión. La idea sobrepasa en magnitud al idealista, pues únicamente su humanidad lo salva de su estrechez. Donde existen la ilusión (cosa general y común) [i132] y una vaga reacción interpretativa a una idea, tenemos los fanáticos, idealistas superficiales, promulgadores sádicos de la idea captada, hombres y mujeres egocéntricos e intolerantes, que tratan de imponer su interpretación de la idea de Dios, y visionarios restringidos y limitados. Tal ilusoria representación de la realidad y visionaria presentación de la idea, ha sido a la vez el orgullo y la maldición del mundo. Este es uno de los factores que ha conducido a nuestro mundo moderno a la penosa situación en que se encuentra y, debido al abuso de esta facultad divina de hacer contacto con la idea y trasformarla en un ideal, el mundo actualmente está sufriendo, quizás inevitablemente. La imposición de estas ideas, interpretadas humana y mentalmente en forma de ideologías limitadas, ha tenido un lamentable efecto en los individuos, quienes deben aprender a penetrar y llegar hasta la verdadera idea que se halla detrás de su ideal e interpretarla con exactitud a la luz de su alma, empleando además esos métodos que han sido garantizados y sancionados por el AMOR. Por ejemplo, y es necesario remarcarlo, no es una ilusión la idea expresada en la afirmación de que "todos los seres humanos son iguales", habiendo sido adoptada por las personas de inclinación democrática. En realidad constituye una afirmación real, pero cuando no se tienen en cuenta las ideas igualmente importantes de la evolución, atributos raciales y características nacionales y religiosas, entonces la idea básica se aplica en forma limitada. De allí los sistemas ideológicos impuestos en nuestra época moderna y contemporánea y el rápido desarrollo de las ilusiones ideológicas que están, no obstante, basadas en una idea verdadera todas y cada una sin excepción. Tampoco es una ilusión que el desarrollo de la conciencia crística constituye la meta de la familia humana, pero cuando ello es interpretado en términos de religión autoritaria, por quienes aún no han desarrollado la conciencia crística, se convierte sencillamente en un hermoso concepto y con frecuencia en un incentivo sádico, penetrando inmediatamente en el reino de la ilusión.

[i133] Cito estas dos ilustraciones entre muchas otras posibles, para que puedan comprender cómo se producen y desarrollan las ilusiones, debiendo disiparse oportunamente; de esta manera pueden obtener cierta norma comparativa por la cual captar el valor relativo de lo verdadero y lo falso, de lo inmediatamente temporario y de la básica eternidad de lo real.

En consecuencia, será evidente que los niveles inferiores o concretos del plano mental hayan adquirido o acumulado a través de las edades un vasto número de ideas, formuladas como ideales, revestidas de materia mental, nutridas por la vitalidad de aquéllos que han reconocido la parte de verdad contenida en la idea que son capaces de expresar y que han puesto sobre estos ideales el énfasis de su facultad de crear formas mentales y su atención dirigida, lo cual implica necesariamente energizar el limitado ideal formulado, pues como ya saben la energía sigue al pensamiento.

Estas formas mentales se convierten en objetivos hacia los cuales tiende la realidad subjetiva, el ser humano, y con los cuales se identifica durante prolongados períodos de tiempo; en ellos se proyecta a sí mismo, vitalizándolos de esta manera y otorgándoles vida y persistencia. Llegan a ser parte de él; condicionan sus reacciones y actividades; nutren su naturaleza de deseos y asumen, en consecuencia, indebida importancia, creando una barrera (de densidad variable, de acuerdo al grado de identificación) entre el ser humano en encarnación y la realidad que es su verdadero Ser.

No es necesario especificar aquí cualquiera de estas predominantes formas mentales y aspectos de la ilusión intelectual y mental. No quisiera que en ningún momento crean que la idea encarnada, que llamamos ideal, es en sí una ilusión. Solo llega a serlo cuando se la considera como un fin en si misma en vez de ser lo que esencialmente es, un medio para un fin. Un ideal, correctamente comprendido y utilizado, provee una ayuda [i134] momentánea para la consecución de una realidad inmediata e inminente, la meta del ser humano o de la raza en determinada época. La idea que tiene ante sí la raza es el restablecimiento (en una vuelta más alta de la espiral) de esa relación espiritual que caracterizó a la raza en su estado infantil, en su primitiva condición. Entonces, bajo la sabia guía y la actitud paternal de la Jerarquía y de los sacerdotes iniciados de la época, los seres humanos conocieron que pertenecían a una familia –una familia de hermanos– y esto lo supieron por medio del sentimiento y de la percepción sensoria desarrollada. Hoy día, bajo el nombre de *Hermandad* la misma idea está buscando su forma *mental* y el establecimiento de una renovada relación espiritual (la idea), mediante el entrenamiento de correctas relaciones humanas (el ideal). Tal es la meta inmediata de la humanidad.

Este resultado se producirá inevitablemente a través del ciclo de necesidad que estamos pasando, y la idea vagamente percibida, impondrá como consecuencia de una extrema necesidad su ritmo sobre la raza, acelerando así la comprensión del verdadero Ser en todos los seres humanos. Si se realiza un estudio detallado del fundamento básico de todas las ideologías sin excepción, se descubrirá que la idea de relación integral (a menudo distorsionada en su presentación y oculta a través de métodos erróneos), de objetivos espirituales y de definida y positiva actividad fraterna, subyace detrás de toda forma externa. He presentado esta situación común como una ilustración de la *idea* al tomar forma *de ideal* y lamentablemente se convierte, con frecuencia, en *el ídolo* y en la meta sobreestimada y fanáticamente mal interpretada de las masas, guiadas por algún destacado idealista. Un ideal es la expresión *temporaria* de una idea básica; no está destinada a perdurar, sino a servir una necesidad e indicar el camino para salir del pasado y entrar en un futuro más adecuado. Los ideales actuales, expresándose a través de las actuales ideologías, servirán su **[i135]** propósito y oportunamente desaparecerán, de la misma manera que todo ha desaparecido en la historia de la raza, cediendo su lugar oportunamente *a una relación espiritual reconocida, a una mancomunada subjetividad, Como también a una definida y expresada hermandad,* las cuales producirán, una vez bien desarrolladas y comprendidas, una especie de control y guía y una forma de gobierno que los pensadores avanzados de esta época ni siquiera pueden concebir.

Cuando los ideales, los conceptos y las formas mentales formuladas dominan la mente de un individuo, una raza o a la humanidad en general, excluyendo toda perspectiva o visión y ocluyendo lo real, entonces constituyen una ilusión, mientras controlan la mente y el método de vida. Impiden el libre juego de la intuición, con su poder para revelar el futuro inmediato; frecuentemente excluyen en su expresión el principio básico del sistema solar, el Amor, debido al control que ejerce algún principio temporario y secundario; de esta manera pueden constituir una "oscura y amenazante nube" que sirve para ocultar la "nube de cosas cognoscibles" (a la cual se refiere Patanjali en su último libro), esa nube de sabiduría que se cierne sobre el plano mental inferior y los estudiantes y aspirantes pueden penetrar y utilizar mediante el libre juego de la intuición.

Consideremos ahora la *intuición,* el opuesto de la ilusión, recordando que la ilusión aprisiona al ser humano en el plano mental y lo envuelve totalmente con formas mentales de creación humana, impidiéndole llegar a reinos superiores de conciencia o prestar ese servicio amoroso que debe ser rendido en los mundos inferiores donde se realiza y manifiesta el esfuerzo consciente.

El punto principal que quiero tratar aquí es el de la intuición, la fuente o el dispensador de la revelación. Mediante la intuición se revela en el mundo la progresiva comprensión de los métodos de Dios, en bien de la humanidad; **[i136]** se capta correlativamente la trascendencia y la inmanencia de Dios, y el ser humano puede así penetrar en ese conocimiento puro y razonamiento inspirado que le permitirá comprender no solo los procesos de la naturaleza en su quíntuple expresión divina, sino también las causas que subyacen en los mismos, comprobándose que son efectos y no acontecimientos iniciáticos; mediante la intuición el ser humano llega a experimentar el Reino de Dios y a descubrir la naturaleza, los tipos de vida, los fenómenos y las características de los Hijos de Dios, cuando vienen a la manifestación. La intuición le hace conocer algunos de los planes y propósitos que se desarrollan a través de los mundos creados y manifestados y le muestra de qué manera él y el resto de la humanidad pueden colaborar y apresurar el propósito divino, haciéndole también conocer progresivamente las leyes de la vida espiritual, leyes que rigen a Dios Mismo, condicionan a Shamballa, y guían a la Jerarquía, a medida que es capaz de valorarlas y trabajar con ellas.

Cuatro son los tipos de personas propensas a la revelación mediante el despertar de la intuición:

1.*Los que pertenecen a la línea de los salvadores mundiales.* Hacen contacto con el plan divino y lo perciben, y están comprometidos a servir y a trabajar para la salvación de la humanidad. Poseen distintos y variados grados de comprensión, que van desde el ser humano que trata de revelar la divinidad de su propia vida a su pequeño círculo inmediato (por los cambios y efectos producidos en su vida personal), hasta esos grandes Intuitivos y Salvadores mundiales, tales como Cristo. Probablemente el primer caso es motivado por una crisis intuitiva que ha reconstruido al ser humano totalmente, proporcionándole un nuevo sentido de valores: el último puede, a voluntad, ascender hasta el mundo de la percepción y de los valores [i137] intuitivos y comprobar allí la voluntad de Dios y la amplia visión del Plan. Estos grandes Representantes de la Deidad disponen de la libertad que otorgan la Ciudad Sagrada (Shamballa) y la Nueva Jerusalén (la Jerarquía). De allí que sean excepcionales debido a sus contactos, y que hasta ahora hayan existido relativamente muy pocos.

2.*Los que pertenecen a la línea de los profetas.* Establecen contacto con el Plan en elevados momentos intuitivos y saben lo que contiene el futuro inmediato. No me refiero aquí a los profetas hebreos, tan familiares para Occidente, sino a todos aquellos que perciben con claridad lo que debe hacerse para llevar a la humanidad de la oscuridad a la luz, teniendo por base, la situación tal como existe y mirando hacia un futuro de divina consumación. Poseen una clara imagen mental de lo que es posible realizar, y el poder para señalarlo a los pueblos de su época. Necesariamente incluye a quienes tienen una visión relativamente clara del cuadro y objetivos cósmicos y a quienes simplemente ven el próximo paso que ha de dar la raza o la nación. Isaías y Ezequiel fueron los únicos profetas hebreos que tuvieron una profética y verdadera visión cósmica. Los otros eran pequeños seres humanos inteligentes que, por el análisis y la deducción, determinaron el futuro inmediato e indicaron las posibilidades inmediatas, pero no tuvieron una intuición reveladora directa. En el *Nuevo Testamento,* Juan, el discípulo amado, tuvo el privilegio de percibir un cuadro cósmico y una verdadera visión profética, que personificó en el Apocalipsis, siendo el único que logró esto, y lo hizo debido a su amor profundo, sabio e incluyente. Su intuición fue enfocada a través de la profundidad e intensidad de su amor como sucedió con su Maestro, el Cristo.

3.*Los verdaderos sacerdotes.* Son sacerdotes por vocación espiritual y no por elección. La errónea interpretación de las atribuciones y deberes de un sacerdote ha conducido a la Iglesia (en Oriente y en Occidente) a su desastrosa **[i138]** posición autoritaria. La mayor parte del clero de las religiones de todo el mundo carece de ese amor a Dios y del verdadero incentivo espiritual que reconoce a Dios inmanente en toda la naturaleza y expresa singularmente dicha divinidad en el ser humano. No los guía el amor, ni los orienta ni les sirve de intérprete. De aquí el dogmatismo de los teólogos, su ridícula y profunda convicción de que su interpretación es correcta, su frecuente crueldad, embozada en su enunciación de correctos principios y buenas intenciones, aunque también existe el verdadero sacerdote en todas las religiones. Es amigo y hermano de todos; debido a su profundo amor posee sabiduría; despierta su intuición (si es de tipo mental y posee entrenamiento mental), siendo la revelación su recompensa. Reflexionen sobre esto. Los verdaderos sacerdotes no abundan ni se encuentran solo en las denominadas "órdenes sagradas".

4.*Los místicos u ocultistas prácticos.* Estos, en virtud de una vida disciplinada, una ardiente aspiración y un intelecto entrenado, han podido evocar la intuición y, por lo tanto, están personalmente en contacto con la verdadera fuente de la divina sabiduría. Su función consiste en interpretarla y formularla en sistemas transitorios de conocimiento. Existen muchos de ellos, trabajan pacientemente hoy en el mundo y no son conocidos ni buscados por los irreflexivos. Deben «congregarse» en esta hora de necesidad mundial y hacer que su voz sea escuchada con claridad. Dichas personas están convirtiendo el sentido de dualidad en una unidad conocida; su preocupación por la realidad y su hondo amor hacia la humanidad les ha despertado la intuición. Cuando tiene lugar este despertar, desaparecen las barreras, y el verdadero conocimiento, como resultado de la sabiduría revelada, constituye la ofrenda de tales personas a su raza y a su época.

Estos cuatro grupos se ocupan de reemplazar la ilusión por la intuición, lo cual constituye la resolución inicial de los pares de opuestos, porque no existe tal resolución sin la ayuda del intelecto, pues el intelecto por medio del análisis, la discriminación **[i139]** y el correcto razonamiento–indica lo que debe hacerse.

B. Contraste entre Espejismo e Iluminación.

Uno de los símbolos más apropiados, mediante el cual podemos vislumbrar la naturaleza del espejismo, es imaginarnos el plano astral en tres de sus niveles (segundo, tercero y cuarto, contando de arriba abajo), como un país cubierto por una densa bruma de diversas densidades. La luz del individuo común, similar a la de los faros de un automóvil, que poseen su propio reflector, sirve solo para intensificar el problema y no penetra las nieblas ni las brumas. Simplemente las pone de relieve, de manera que su densidad y sus efectos desalentadores llegan a ser más evidentes. Revela la condición de la bruma y nada más. Lo mismo ocurre en el plano astral en relación con el espejismo; la luz autoinducida y autogenerada que está en el individuo, no puede penetrar ni disipar las brumosas penumbras ni las condiciones miasmáticas. La única luz que puede disipar las brumas del espejismo y evitar sus malos efectos en la vida, es la del alma, que como haz de luz pura y disipadora, posee la curiosa y singular cualidad de revelar, disipar e inmediatamente iluminar. La revelación concedida, diferente a la de la intuición, revela aquello que el espejismo vela y oculta, siendo una revelación peculiar del plano astral condicionada por sus leyes. Esta particular utilización de la luz del alma adopta la forma de una concentración de luz (emanando del a1ma, vía la mente) enfocada sobre el espejismo particular o específico, general y mundial; así se revela la naturaleza del espejismo, se descubre su cualidad y fundamento y se pone fin a su poder mediante un constante y prolongado período de concentración, dedicado a disipar dicha condición.

[i140] En la tercera parte de este libro consideraremos detalladamente la técnica para emplear la luz científicamente; por lo tanto, no elaboraré el tema ahora. Úni-

camente me ocuparé de aquello que les permitirá, como grupo, iniciar su tan esperada tarea para resolver el problema de disipar el actual espejismo mundial al menos en algunos de sus aspectos. No definiré aquí el espejismo ni daré ejemplos de su actividad, como lo hice con la ilusión y su opuesta analogía, la intuición, puesto que ya he abarcado el tema con bastante amplitud en la primera parte, la cual solo tienen que leer y consultar respecto a lo que voy a impartirles ahora.

Sin embargo, definiré brevemente lo que significa *iluminación*, pidiéndoles que tengan en cuenta que aquí no estamos tratando con la iluminación que revela la realidad o la naturaleza del alma, o que esclarece la visión que tienen ustedes del reino del alma, sino la iluminación que arroja el alma al mundo del plano astral. Esto implica el uso consciente de la luz y su empleo, primero, como faro que escudriña el horizonte astral, localizando el espejismo, causa de las dificultades, y segundo, como enfocada distribución de luz, dirigida intencionalmente a esa zona del plano astral en que se ha determinado realizar un esfuerzo para disipar la bruma y niebla concentradas allí.

En consecuencia existen ciertas premisas básicas que podrían exponerse de la manera siguiente:

1. La cualidad y la principal característica del alma es luz. Por lo tanto, si el discípulo y el trabajador han de emplear esa luz y expresar esa cualidad, ante todo deben establecer y reconocer el contacto con el alma, a través de la meditación.

2. La cualidad del plano astral su principal característica [i141] es el espejismo. Es el campo donde debe librarse la gran batalla de los pares de opuestos, siendo la expresión de antiguos deseos ilusorios, engañosos y falsos por un lado, y

por otro un elevado anhelo espiritual por aquello que es real y verdadero. Debe recordarse que el deseo astral, la emotividad errónea y egoísta, la reacción astral a las realidades de la vida diaria, no son naturales del alma y constituyen oportunamente una condición que sirve para velar totalmente la verdadera naturaleza del ser humano espiritual.

3. Debe entonces establecerse una relación entre el alma y el plano astral, vía el cuerpo astral del discípulo. Este debe considerar al cuerpo astral como el mecanismo que responde al mundo de las emociones y como el único instrumento por el cual su alma puede hacer contacto con ese nivel de expresión temporario o breve, según el caso. El discípulo tiene, por lo tanto, que establecer contacto con el alma y hacerlo conscientemente y con el necesario énfasis, para poder llevar la luz del alma a su propio cuerpo astral y allí aprender a enfocarla en el centro llamado plexo solar y, desde ese punto de realización, trabajar en el plano astral en la ardua tarea de disipar el espejismo.

4. Cuando se ha establecido esta línea de contacto, y el alma, el cuerpo astral y el plano astral están íntimamente relacionados, el discípulo debe llevar la luz enfocada en el plexo solar (donde ha sido localizada momentáneamente) al centro cardíaco, debiendo mantenerla constantemente allí y trabajar consistente y perseverantemente desde ese centro superior. Podría aquí repetir una antigua instrucción para discípulos, extraída de los Archivos de la Jerarquía, que se refiere a este proceso específico. Les daré una breve e

inadecuada paráfrasis de esta antigua expresión simbólica: **[i142]**

"El discípulo permanece, y de espaldas a la bruma ilusoria mira hacia el Oriente, desde donde debe fluir la luz. Dentro de su corazón acopia toda la luz disponible y, desde ese punto de poder entre los omóplatos, la luz brilla".

5. El discípulo debe evitar toda sensación de tensión o tirantez y aprender a trabajar con fe pura y amor. Cuanto menos sienta y se preocupe por sus propios sentimientos o sensación de realización o no realización, habrá mayor probabilidad de que el trabajo prosiga con eficacia y el espejismo sea lentamente disipado. En esta tarea no hay prisa. Lo muy antiguo no puede ser disipado inmediatamente, no importa cuán buena sea la intención y la exactitud con que se capte la técnica necesaria.

Como habrán podido observar, existen elementos peligrosos en este trabajo; a no ser que los miembros del grupo estén alerta y cultiven el hábito de vigilar cuidadosamente, pueden sufrir el sobre estímulo del plexo solar, hasta haber dominado el proceso de transferir rápidamente la luz del alma y la innata luz del cuerpo astral, enfocadas ambas en el plexo solar, al centro cardíaco, entre los omóplatos. Por lo tanto, les advertiré a cada uno y a todos, que vayan con mucho cuidado y si sufren algún trastorno en el plexo solar o se produce una acrecentada inestabilidad emocional, no deben preocuparse indebidamente. Les pido que consideren el fenómeno de perturbación, simplemente como una dificultad momentánea, incidental al servicio que están tratando de prestar. Si solo le prestan esta inteligente atención, sin afectarse o perturbarse, no tendrán malos resultados.

[i143]Referente al trabajo grupal mencionado en estas líneas, continuarán con la meditación grupal como indiqué en *(Discipulado en la Nueva Era, Vol. I. pág.* 61 edición inglesa) y luego, – cuando hayan llegado a la Tercera Etapa de la meditación grupal– trabajarán juntos de la manera siguiente:

1. Habiéndose vinculado con los hermanos del grupo, luego se han de llevar a cabo las indicaciones dadas simbólicamente en el antiguo escrito que he parafraseado anteriormente.
    Vincularse conscientemente con el alma y comprender que dicha vinculación es una Realidad.
    Llevar la luz del alma, mediante el poder de la imaginación creadora, directamente al cuerpo astral y desde allí al centro denominado plexo solar –la línea de menor resistencia.
    Transferir la luz del alma y la innata luz del cuerpo astral desde el centro del plexo solar al centro cardíaco, por un acto definido de la voluntad.
2. Luego, imaginativamente, volver la espalda al mundo del espejismo, enfocando en el alma el ojo de la mente, cuya naturaleza es AMOR.
3. Entonces se ha de dejar que transcurran algunos minutos a fin de estabilizarse para realizar el trabajo, y en forma definida y consciente enfocar en el centro cardíaco la luz disponible, proveniente de todas las fuentes. Imaginar a ese centro, entre los omóplatos, como un sol radiante. Podría señalar aquí que ese centro, en el individuo, es la analogía microcósmica del "Corazón del Sol" que está siempre dirigido

por el "Sol central espiritual", localizado en la cabeza. Deben imaginarlo con toda claridad en la conciencia, pues implica la actividad dual, aunque sintética, de la cabeza y el corazón.

4. **[i144]** Después se ha de visualizar un haz amplio y brillante, de luz blanca y pura, que fluye del centro cardíaco, entre los omóplatos, y va hacia al espejismo ya localizado, que el grupo está tratando de disipar. Dónde está ubicada esta zona lo mencionaré, a continuación:

5. Cuando inspirados por el deseo y la fuerza hayan definido esto con toda claridad en sus mentes y visualizado claramente el cuadro simbólico, entonces visualizarán el haz de luz individual fusionado con los haces que proyectan sus hermanos de grupo. De esta manera una gran afluencia de luz dirigida, proveniente de varios aspirantes entrenados (¿están ustedes entrenados, mis hermanos?), afluirá a esa zona de espejismo que, supongo, están tratando de disipar.

6. Realicen este trabajo durante cinco minutos con intensa concentración, luego procedan como se indicó en la Cuarta Etapa del delineamiento de la meditación.

Al definir la *iluminación* como la antítesis del espejismo, es evidente que mis observaciones deben estar limitadas lógicamente a ciertos aspectos de la iluminación y solamente concernirán a esos modos de trabajar en forma dirigida y a esas presentaciones del problema que se referirán al empleo de la luz en el plano astral y, particularmente, en conexión con el trabajo que ustedes se han propuesto realizar. Existen muchas otras posibles definiciones, porque la luz del alma es como un inmenso faro, cuyos haces luminosos pueden ser dirigidos en muchas direcciones y enfocados en muchos niveles. Sin embargo, únicamente nos interesa aquí su uso especializado.

La iluminación y la luz del conocimiento son consideradas términos sinónimos; muchos espejismos deben ser disipados y dispersados cuando están sujetos a la potencia de la mente informativa, porque la mente es esencialmente el subyugador de la emoción,mediante la presentación de un hecho. El problema consiste en **[i145]** inducir al individuo, la raza o la nación, que actúa bajo la influencia del espejismo, a que invoque el poder mental de analizar la situación y someterla a un sereno y frío escrutinio. El espejismo y la emoción se intercambian mutuamente y la emotividad, por lo general, es tan intensa, en relación con el espejismo, que resulta imposible introducir la luz del conocimiento con facilidad y efectividad.

La iluminación y la percepción de la verdad son también términos sinónimos, pero debe recordarse que la verdad, en este caso, no es la verdad existente en los planos abstractos cognoscibles verdad que puede ser formulada y expresada en términos y fórmulas concretas. Cuando entra la luz de la verdad el espejismo desaparece automáticamente, aunque sea solo durante un período breve. Aquí nuevamente surge una dificultad, porque a muy pocas personas les interesa enfrentar la verdad real, pues implica que han de abandonar oportunamente el tan apreciado espejismo, adquirir la capacidad de reconocer el error y admitir las equivocaciones, y esto no lo permitirá el falso orgullo de la mente. Puedo asegurarles que la humanidad es uno de los factores más poderosos para liberar el poder iluminador de la mente, cuando refleja y trasmite la luz del alma. El enfrentar en forma determinada la vida real y reconocer decididamente la verdad —fría, serena y desapasionadamente— facilitará enormemente la evocación de la afluencia de luz que bastará para disipar el espejismo.

Ya que estamos tratando el problema del espejismo y de la iluminación, podría ser de valor aquí ocuparnos de un determinado espejismo, y pediría al grupo que ayude a disiparlo. Me refiero al *espejismo de la separatividad*. El trabajo a realizar en esta línea tendrá implicaciones muy prácticas y saludables, porque ninguno de ustedes (como lo descubrirán) será capaz de trabajar eficazmente en este asunto si tiene cualquier sensación de separatividad; esta reacción separatista puede expresarse como odio, antipatía activa o crítica verbal **[i146]** –y quizás en algunos casos, como las tres. Existen fuerzas que personalmente pueden ser consideradas como separatistas o causa de separación. Quiero recordarles que los muy apreciados puntos de vista y las muy queridas creencias de aquéllos contra quienes ustedes mentalmente se oponen (a menudo bajo el disfraz de una firme adhesión a lo que consideran como correctos principios) son para ellos correctos y a su vez creen que los puntos de vista de ustedes son erróneos y los consideran como separatistas en sus efectos y base de las dificultades. En su posición, son tan sinceros como ustedes y están tan ansiosos de lograr la actitud correcta también como ustedes. Esto con frecuencia se olvida y quiero recordárselos. Podría también ilustrar este punto señalándoles que el odio o (si les parece muy fuerte la palabra odio) la antipatía que algunos de ustedes puedan sentir por las actividades que desarrolla el gobierno alemán y por lo que se ha hecho contra el pueblo judío podría, con igual justificativo, volcarse contra los mismos judíos. Estos han sido siempre separatistas y se han considerado como "los elegidos del Señor" y nunca se han asimilado a ninguna nación. Lo mismo puede decirse de los alemanes, pues evocan en otras personas la misma reacción que ellos sienten contra los judíos, aunque no los persigan físicamente. Ninguna de esas actitudes, como bien saben, se justifica desde el ángulo del alma; ambas son erróneas, y este es un punto de vista que el judío y el antijudío deben comprender oportunamente y, por medio de la comprensión, darle fin.

Menciono esto porque voy a pedirles que se ocupen de este antiguo y mundial espejismo –el espejismo del odio contra el judío. Entre los miembros de este grupo existen aquéllos que, por lo menos en pensamiento, son violentamente antialemanes, y otros, definida, aunque inteligentemente, antijudíos. Les pediría a aquellos que cultivan estas tendencias que reconozcan el problema que los enfrenta. [i147] Es tan antiguo y se halla tan profundamente arraigado en la conciencia de la raza, que es mucho más grande de lo que el individuo puede visualizar; en consecuencia, el punto de vista individual es tan limitado, que la utilidad constructiva se perjudica grandemente. Después de todo, el punto de vista del "perseguido" no es necesariamente el único ni tampoco el correcto. Los alemanes y los judíos merecen nuestro amor impersonal, especialmente porque ambos son culpables (si es que cabe el término) de cometer las mismas faltas y errores básicos. El alemán es poderosamente consciente de la raza, igual que el judío. El alemán es separatista en su actitud hacia el mundo y también lo es el judío. El alemán insiste hoy en la pureza racial, cosa que el judío ha insistido durante siglos. Un pequeño grupo de alemanes son anticristianos, igualmente lo son un pequeño número de judíos. Podría continuar acumulando semejanzas, pero las mencionadas bastarán. Por lo tanto, la antipatía que ustedes sienten por un grupo, no tiene mayor justificativo que el negarse a reconocer y justificar las actividades y actitudes de los otros. Lo semejante con frecuencia rechaza y se aparta de lo semejante, y los alemanes y los judíos son curiosamente semejantes. Así como innumerables ingleses y la mayor parte de los británicos son romanos que han reencarnado, también muchos alemanes son judíos que han reencarnado. De allí la similitud de sus puntos de vista. Esta es una querella familiar, y nada hay más terrible que esto.

Les voy a pedir que en su meditación grupal incluyan a los alemanes y a los judíos y envíen el amor grupal a esa separación que existe en la familia humana entre hermanos. Por lo tanto traten, antes de iniciar la meditación, de liberarse emocional y mentalmente de todo antagonismo y odio latente, cualquier idea preconcebida de lo correcto o incorrecto, para que puedan simplemente apoyarse en el amor de sus almas, recordando que **[i148]** los judíos y los alemanes son almas como ustedes y de idéntico origen y con objetivos y experiencias vitales.

Cuando difundan la corriente de luz blanca y pura (como les indiqué en la Tercera Etapa), procuren que afluya a través de ustedes, con pureza y claridad, como una sola corriente. Luego traten de seccionarla en partes o porciones iguales una corriente de luz y amor viviente dirigida a los judíos y la otra a los alemanes. Lo que tendrá valor es la cualidad del amor y no la exactitud del análisis ni la perfección de la técnica.

C. *Contraste entre Maya e Inspiración.*

Entramos aquí definitivamente en el ámbito de la sustancia material, siendo esencialmente y en forma particular, el reino de la fuerza. Maya es predominantemente, para el individuo, el conjunto de fuerzas que controlan sus septenarios centros de fuerza, excluyendo, debo recalcarlo, la energía controladora del alma. Observarán por lo tanto, que toda la humanidad, hasta que el ser humano llega al Sendero de Probación, se halla controlada por maya, porque un ser humano sucumbe a maya cuando es controlado por cualquier fuerza o fuerzas, no por energías que provienen directamente del alma, que condicionan y controlan a las fuerzas menores de la personalidad, como oportuna e inevitablemente deben hacerlo y lo harán.

Cuando un ser humano está controlado por las fuerzas físicas, astrales y mentales, está convencido de que tales fuerzas para él son correctas. Aquí reside el problema de maya. Sin embargo, cuando dichas fuerzas controlan al ser humano, se manifiestan como actitud separatista y producen un efecto que nutre y estimula la personalidad y no permite penetrar la energía del alma, la verdadera individualidad. Este análisis deberá ser iluminador para ustedes. Si hombres y **[i149]** mujeres permitieran que el verdadero ser humano interno o espiritual analice sus vidas más concienzudamente, podrían determinar qué combinación de energía condiciona la actividad de sus vidas y no continuarían actuando –como hasta ahora– tan ciega, inadecuada e ineficazmente.

Por esta razón tienen tanto valor e importancia el estudio y la comprensión de los móviles, pues tal estudio determina intelectualmente(si es investigado con propiedad) qué factor o factores inspiran la vida diaria. Esta afirmación es digna de una cuidadosa consideración. Les preguntaría: ¿Cuál es el principal móvil que los hace actuar? Cualquiera que sea, condiciona y determina la tendencia predominante en su vida.

A muchas personas, particularmente la masa ignorante, solo les inspira el deseo —material, físico y momentáneo. El deseo animal por satisfacer los apetitos animales; el deseo material por los bienes y las comodidades

de la vida material; el deseo de obtener "cosas", comodidades y seguridad económica, social y religiosa– controla
a la mayoría. El ser humano se halla influido por la forma
más densa de maya, estando las fuerzas de su naturaleza
concentradas en el centro sacro. Otros están impulsados
por cierta forma de aspiración o ambición aspiración por
algún paraíso material (la mayoría de las religiones pintan
al cielo de esta manera), ambición de poder, deseo de
satisfacer los apetitos emocionales o estéticos y poseer
realidades más sutiles, tranquilidad emocional, equilibrio
mental y seguridad de que los deseos superiores serán
cumplidos. Todo esto es maya en su forma emotiva, y no
es lo mismo que espejismo. En el caso del espejismo, las
fuerzas de la naturaleza del ser humano están asentadas
en el plexo solar; en el caso de maya, están asentadas en
el centro sacro. El espejismo es sutil y emocional. Maya
es tangible y etérico.

[i150] Las fuerzas de maya actúan, motivan y ener-
getizan la vida del individuo común. Se halla indefenso
bajo su influencia porque le inspiran todo su pensamiento, aspiración y deseo y todas sus actividades en el plano
físico. Su problema es doble:

1. Permitir que todos sus centros sean inspirados
   por el alma.
2. Trasmutar las fuerzas de los centros inferiores
   que controlan la personalidad, en las energías
   de los centros situados encima del diafragma,
   las cuales responden automáticamente a la inspiración del alma.

Este pensamiento explica en qué consiste el poder
y el valor simbólico de los ejercicios de respiración,
cuya finalidad es lograr que el alma controle, aunque

los métodos empleados son, en la mayoría de los casos, definidamente indeseables; sin embargo el desarrollo incipiente de la vida mental, inevitablemente determinará y condicionará. Los métodos empleados, quizás no resguarden de ciertos males y resultados desastrosos, al indefenso cuerpo físico; sin embargo, a la larga y en último análisis, podrán condicionar la experiencia futura (probablemente en otra vida) en tal forma que, el aspirante, estará más capacitado para actuar como alma, que quizás de otra manera no lo hubiese hecho.

Al finalizar con esta particular instrucción sobre el espejismo, quisiera llamar la atención del grupo, sobre las frases esotéricas que di a D. L. R. antes de que abandonara el grupo. Están relacionadas definidamente con el trabajo grupal y quisiera que las estudiaran y consideraran cuidadosamente. El *Antiguo Comentario,* al referirse a aquéllos cuyo dharma consiste en disipar el espejismo del mundo, utiliza las siguientes frases iluminadoras:

"Llegan y permanecen. Permanecen en medio de formas que giran unas de rara belleza y otras de **[i151]** horror y desesperación, no miran aquí o allá, sino que permanecen con sus rostros hacia la luz. Así, a través de sus mentes, fluye la pura luz que disipa las brumas.

"Llegan y descansan. Cesa su tarea externa, haciendo una pausa para realizar un trabajo diferente. En sus corazones hay sosiego. No corren de un lado a otro, sino que constituyen un punto de paz y reposo. Aquello que en la superficie vela y oculta lo real empieza a desaparecer, y desde el corazón en reposo se proyecta un haz de fuerza disipadora, que se mezcla con la luz brillante, entonces las brumas creadas por el ser humano desaparecen.

"Llegan y observan. Poseen el ojo de la visión y también el poder de dirigir correctamente la fuerza necesaria. Ven el espejismo del mundo, y al verlo, perciben detrás de él la verdad, la belleza y la realidad. Así, a través del ojo de budi, llega el poder de disipar los velos y los ondulantes espejismos de ese mundo ilusorio.

"Permanecen, descansan y observan. Ésa es su vida y tal el servicio que rinden a las almas de los seres humanos."

Les recomiendo que reflexionen cuidadosamente sobre estas líneas. No solo les dirán cuál es su campo de servicio grupal sino también la actitud deseable a seguir en la vida personal de cada miembro del grupo.

Quisiera también, en este punto, tratar ligeramente un factor de real importancia en este trabajo y repetir mi advertencia anterior: Recuerden que es particularmente esencial para este grupo, realizar el esfuerzo para liberarse de la *irritabilidad*, o de aquello que en el libro Agni Yoga se le denomina "peligrosidad" (palabra muy peculiar pero satisfactoria, hermanos míos) es particularmente esencial para este grupo? La irritabilidad prevalece excesivamente en estos días de tensión nerviosa y pone **[i152]** en peligro el progreso, retardando los pasos del discípulo que recorre el Camino. Puede producir una peligrosa tensión grupal si está presente en alguno de ustedes; esta inducida tensión grupal puede interferir en el libre juego del poder y la luz, y se supone que ustedes han de utilizar, aunque los otros miembros del grupo sean inconscientes de la fuente de emanación. La irritabilidad genera, de manera definida, un veneno que se localiza en la región del estómago y del plexo solar; es una enfermedad, si puedo usar esta palabra, del centro llamado plexo solar y, en forma alarmante, es muy contagiosa. Por lo tanto vigilen cuidadosamente y recuerden que de acuerdo a como puedan vivir centrados en la cabeza y en el corazón, terminarán con la enfermedad de la "peligrosidad" y ayudarán a transferir las fuerzas del plexo solar al centro cardíaco.

D. CONTRASTE ENTRE EL MORADOR Y SU OPUESTO, EL ÁNGEL DE LA PRESENCIA.

El tema del Morador y su relación con el Ángel (forma simbólica de tratar una gran relación y posibilidad y un gran *hecho* de la manifestación) recién ahora es posible considerarlo. Solo cuando el individuo se convierte en una personalidad integrada, surge verdaderamente el problema del Morador, y únicamente cuando la mente está alerta y la inteligencia organizada (como sucede hoy en gran proporción) le es posible al ser humano percibir en forma inteligente y no místicamente, al Ángel, y así intuir la PRESENCIA. Solo entonces asume enormes proporciones el asunto referente a los obstáculos que personifica el Morador y las barreras que impiden el contacto espiritual y la realización. Pueden ser considerados benéficamente y darse los pasos para inducir la acción correcta; únicamente cuando se haya producido una fusión adecuada en la humanidad, **[i153]** aparecerá el Gran Morador en el Umbral humano como una entidad integrada, apareciendo el Morador en sentido nacional o racial, esparciendo y vitalizando el espejismo nacional, racial y planetario, fomentando y nutriendo los espejismos individuales y evidenciando inconfundiblemente el problema. Solo entonces la relación entre el alma de la humanidad y las fuerzas que ha generado su antigua y potente personalidad, puede asumir proporciones que exigen una actividad drástica y colaboración inteligente.

Ha llegado ya ese momento, y en los dos libros, *Los Problemas de la Humanidad* y *La Reaparición de Cristo* y también en los Mensajes de Wesak y de la Luna llena de junio, he tratado esta actual y urgente situación, que constituye en sí la garantía del progreso humano hacia su meta destinada, así como también la comprobación de los principales obstáculos para alcanzar la realización espiritual. Lo que ahora vamos a considerar es de primordial importancia para quienes se están entrenando para la iniciación. Dije "entrenándose", no que recibirían la iniciación en esta vida. No sé si lo lograrán; el asunto y el destino proyectado por sus propias almas están en sus manos. El problema esencial de ustedes es aprender a manejar al Morador en el Umbral, y asegurarse cuáles son los procesos y procedimientos que pueden llevar a cabo la importante *actividad para obtener la fusión.* Al producirse esta fusión, el Morador "desaparece y ya no se lo ve, aunque todavía funcione en el plano externo como agente del Ángel; la luz absorbe al Morador, y en el oscurecimiento radiante pero magnético– esta antigua forma de vida desaparece, aunque conserva todavía su forma; descansa y trabaja, pero ya no es ella misma". Tales son las paradójicas afirmaciones contenidas en el *Antiguo Comentario.*

Anteriormente he definido en términos muy simples la naturaleza del Morador, sin embargo, quisiera **[i154]** extenderme sobre uno o dos puntos y hacerles una o dos nuevas sugerencias las que –por razones de claridad y para una más rápida comprensión– clasificaremos de la manera siguiente:

1. El Morador en el Umbral es esencialmente la personalidad; unidad integrada, compuesta de fuerzas físicas, energía vital, fuerzas astrales y

energías mentales, constituyendo la suma total de la naturaleza inferior.

2. El Morador adquiere forma cuando el ser humano ha reorientado conscientemente su vida, impresionado por su alma; entonces toda la personalidad está teóricamente encaminada a alcanzar la *libertad de servir*. El problema consiste en convertir en experiencia la teoría y la aspiración.

3. Durante un tiempo muy prolongado, las fuerzas de la personalidad no constituyen el Morador. El ser humano no está en el umbral de la divinidad ni tiene conocimiento consciente del Ángel, siendo sus fuerzas incoativas. Trabaja inconscientemente en su ámbito, y es aparentemente víctima de las circunstancias y de su propia naturaleza, sintiendo la tentación y el deseo por la actividad y la existencia en el plano físico. Sin embargo, cuando la vida del individuo está regida por la mente, el deseo o la ambición y, por lo menos en gran medida, es controlada por la influencia mental, el Morador empieza a adquirir forma como fuerza unificada.

4. Las etapas en las que el Morador en el Umbral es reconocido, sometido a una disciplina de discriminación y finalmente controlado y dominado, son principalmente tres:
    a. Cuando la personalidad domina y rige la vida, ambición y meta constituyen el esfuerzo vital del ser humano. Entonces el Morador controla.
    b. Cuando se produce una creciente separación en la conciencia **[i155]** del discípulo. El Mo-

rador o personalidad, es entonces impulsado en dos direcciones: una, hacia la persecución de ambiciones y deseos personales en los tres mundos; otra, donde el Morador hace el esfuerzo (observen esta expresión) para permanecer en el umbral de la divinidad y ante el Portal de la Iniciación.

c. Cuando el Morador busca conscientemente la colaboración del alma y, aunque todavía constituye en sí esencialmente una barrera para el progreso espiritual, se halla cada vez más influido por el alma que por su naturaleza inferior.

5. Cuando se alcanza la etapa final (y muchos ya la están alcanzando) el discípulo lucha con mayor o menor éxito para mantener firme al Morador (aprendiendo a "mantener la mente firme en la luz", controlando así la naturaleza inferior). De esta manera, domina gradualmente la fluidez constantemente cambiante del Morador, se efectúa su orientación hacia la realidad, apartándose de la Gran Ilusión, y el Ángel y el Morador entran lentamente en íntima armonía.

6. En las primeras etapas del esfuerzo e intento por controlar sus efectos, el Morador es positivo y el Alma negativa, en los tres mundos del esfuerzo humano. Luego viene un período de oscilación, que conduce a una vida equilibrada, donde no predomina ningún aspecto; después se rompe el equilibrio y la personalidad se va haciendo paulatinamente negativa y la influencia del alma o psiquis, llega a ser predominante y positiva.

7. Las influencias astrológicas pueden afectar poderosamente estas situaciones y —hablando en general y dentro de ciertas limitaciones esotéricas— podría destacarse que:[i156]
   a. Leo...................controla al Morador positivo.
   b. Géminis............controla los procesos de oscilación.
   c. Sagitario.............controla al Morador negativo.
   Habría que añadir que los tres signos, Escorpio, Sagitario y Capricornio, conducen finalmente a la fusión del Morador con el Ángel.

8. El rayo del alma controla y condiciona la actividad del Ángel y el tipo de influencia que ejerce sobre el Morador. Afecta al karma, a las épocas y a las estaciones del año.

9. El rayo de la personalidad controla al Morador, en las primeras etapas, hasta el momento en que el rayo del alma comienza a producir un acrecentado efecto. El rayo de la personalidad es una combinación de tres energías que producen la cuarta —el rayo de la personalidad—, mediante su interrelación, durante un largo período de tiempo.

10. Por lo tanto, los cinco tipos de energía que he indicado como de primordial importancia en sus propias vidas, cuando les expliqué la naturaleza de los cinco rayos que los controlan, rigen también la relación entre el Morador y el Ángel, tanto en el individuo como en toda la humanidad. Estas cinco energías son en sí el rayo del cuerpo físico, el rayo astral, el rayo mental, el rayo de la personalidad y el rayo del alma.

11. Los rayos que rigen y condicionan a la humanidad y al actual problema del mundo, son los siguientes:

El rayo del Alma	2°	la humanidad debe expresar amor.
El rayo de la Personalidad	3°	el desarrollo de la inteligencia, para transmutarla en amor–sabiduría.
El rayo de la Mente	5°	realización científica.
El rayo astral	6°	desarrollo idealista.
El rayo físico	7°	organización y negocios.

[i157] El rayo del alma controla durante todo un período de vida. Los rayos de la personalidad dados anteriormente, corresponden a la Era de Piscis que ya comienza a desaparecer, sin embargo han condicionado definida e irrevocablemente a la humanidad.

Observarán también que no figura el primer Rayo de Voluntad o Poder, ni tampoco el cuarto Rayo de Armonía a través del Conflicto. Este cuarto rayo está siempre activo, porque controla en forma peculiar a la cuarta Jerarquía creadora y podría considerarse que constituye el rayo básico de la personalidad de la cuarta Jerarquía creadora. El dado anteriormente es un rayo transitorio y efímero de la personalidad, en una encarnación menor.

12. En la era acuariana que está entrando rápidamente, el Morador presentará fuerzas de la personalidad algo diferentes:

Rayo de la Personalidad	5°	básico y determinante
Rayo de la Mente	4°	de efecto creador
Rayo astral	6°	incentivos condicionantes
Rayo físico	7°	rayo entrante

13. Cada gran ciclo zodiacal constituye una encarnación de la familia humana, y cada gran raza constituye un acontecimiento algo similar, esto último es, sin embargo, más importante en lo que respecta a la comprensión y conciencia humanas. La analogía corresponde a las pocas encarnaciones importantes de la vida del alma, en contraste con las numerosas e importantes encarnaciones que rápidamente se suceden. Entre las encarnaciones importantes tres se destacan: las razas Lemuria, Atlante y Aria.

14. Cada raza ha producido su propio tipo de Morador en el Umbral, que tuvo que enfrentar al finalizar el ciclo espiritual (no el físico, que continúa hasta cristalizarse**), [i158]** cuando alcanzó la madurez y fue posible cierta iniciación para la humanidad evolucionada de cada raza.

15. Cuando una encarnación racial y un ciclo zodiacal se sincronizan (lo cual no siempre sucede) tiene lugar un significativo e importante enfo-

que de atención del Morador sobre el Ángel y viceversa. Esto es lo que ocurre en la actualidad al finalizar la era pisciana y también lo será cuando la raza Aria haya alcanzado la madurez y un desarrollo relativamente elevado. El discipulado es signo de madurez, y cuando se ha alcanzado esta, se enfrenta al Morador. La raza Aria está preparada para el discipulado.

16. El desarrollo de la sensibilidad, en el individuo y en la raza, indica la inminencia del reconocimiento del Ángel desde ambos puntos de vista y lo inmediato de la oportunidad. Esta oportunidad nunca ha sido tan real como ahora para lograr una activa fusión.

17. Las líneas de demarcación entre las zonas reconocidas de influencia, entre el Morador y el Ángel, son hoy más evidentes que nunca en la historia de la raza. El ser humano conoce la diferencia entre lo correcto y lo incorrecto y sabe ya elegir el camino a seguir. En la crisis racial atlante (crisis humana total) cuya historia se halla perpetuada en *El Bhagavad Gita,* en el relato que hace de Arjuna símbolo del discípulo de esa época y del discípulo mundial actual— cuando se hallaba totalmente desorientado, no es muy aplicable en esta época. Los discípulos del mundo y el discípulo mundial ven la situación actual con bastante claridad. ¿Triunfará la comodidad personal, o se sacrificará amorosa y comprensivamente al Morador, por el Ángel? Este es el mayor problema.

[i159] Les pediría que realicen dos cosas: estudien las ideas anteriores a la luz de la presente crisis mundial y de su propio problema del alma y de la personalidad.

La humanidad avanzada permanece, como el Morador, en el mismo umbral de la divinidad. El Ángel se mantiene expectante absorbido por la PRESENCIA, sin embargo está preparado para absorber al Morador. La conciencia de la humanidad ha llegado hasta las mismas fronteras del mundo de los valores espirituales y del Reino de la Luz y de Dios. El Ángel ha "descendido a la Tierra" esperando ser reconocido; Cristo fue precursor y símbolo de este acontecimiento cuando vino hace dos mil años. Esta situación concierne a todos los aspirantes avanzados y puede concernirles a ustedes. También implica a la humanidad como un todo y a la Jerarquía que se acerca. Desde un punto de vista más elevado y espiritual, la conciencia de la humanidad actúa hoy por medio de un grupo de servidores, aspirantes y discípulos mundiales que aumenta constantemente, y sus miembros forman legión.

La humanidad de hoy constituye el Morador, en tanto que la Jerarquía de almas es el Ángel, y detrás de Él se halla la PRESENCIA de la Deidad Misma, intuida por la Jerarquía y tenuemente percibida por la humanidad, proporcionando así esa triple síntesis que constituye la divina manifestación en la forma.

Los tres producen poderosas emanaciones (aunque la emanación de la PRESENCIA, a través de Shamballa, ha sido inteligentemente restringida desde que la raza humana vino a la existencia). Los tres poseen auras, si quieren denominarlas así, y hoy, en los tres mundos, la del Morador es todavía la más poderosa, así como en la vida del aspirante su personalidad constituye el factor que predomina y predispone. Esta poderosa emanación humana constituye el principal espejismo en la vida de la humanidad y del discípulo individual. *Es una síntesis de espejismo, fusionado y mezclado por el rayo de la personalidad, pero precipitado por efecto de la creciente influencia del rayo del alma.* Es **[i160]** la sombra o distorsión de la realidad, percibida ahora por primera vez, en amplia escala, por la raza humana y puesta de relieve mediante la luz que brilla en el Ángel, el que transmite energía desde la PRESENCIA.

Así permanecen, la Humanidad y la Jerarquía. Así permanecen ustedes, personalidad y alma, libres para marchar y penetrar en la luz o permanecer pasivos, si así lo determinan, sin aprender nada ni ir a ninguna parte; también son libres para volver a identificarse con el Morador, rechazando la influencia del Ángel y la inminente oportunidad y postergando –hasta un ciclo muy posterior– su determinante elección. Esto es verdad tanto para ustedes como para toda la Humanidad. ¿Dominará la actual situación la personalidad materialista de tercer rayo de la humanidad, o su alma amorosa llegará a ser el factor más poderoso, manejando a la personalidad y sus pequeños asuntos, conduciéndola a una correcta discriminación y al reconocimiento de los verdaderos valores, para introducir así la era en la que controlará el alma o la Jerarquía? El tiempo lo dirá.

Por ahora no impartiré nada más. Ansío que todos aprendan estas pocas afirmaciones esenciales, antes de abordar la tercera parte. También quisiera que las instrucciones grupales generales, recibidas últimamente, ocupen la mayor parte de su tiempo, interés y atención. Lo que se necesita urgentemente, y sobre lo cual quisiera que trabajen, es lograr los ajustes grupales internos y establecer más firmemente las relaciones grupales. Además quisiera recordarles que así como en todo lo manifestado existe una personalidad y un alma grupales, deben aprender a distinguir claramente entre ambas y poner todo el peso de su influencia, deseo y presión, a favor del Ángel grupal. De esta manera podría acontecer ese maravilloso reconocimiento para el cual la iniciación prepara al aspirante la revelación de la PRESENCIA.

TERCERA PARTE
EL FIN DEL ESPEJISMO

[i161]Llegamos ahora a la consideración de la tercera parte, dedicada al espejismo mundial. Resulta difícil escribir con claridad sobre este tema porque nos hallamos en medio de su expresión más densa la peor que el mundo ha visto– debido a que el espejismo, derivado de siglos de codicia y egoísmo, agresión y materialismo, se ha centralizado en tres naciones, siendo por lo tanto muy tangible y evidente en su manifestación. Tres naciones expresan en forma asombrosa los tres aspectos del espejismo mundial (ilusión, espejismo y maya) y su poderoso ataque sobre la conciencia de la humanidad depende no solo de la respuesta de Alemania, Japón e Italia, a este antiguo miasma, sino también del hecho de que toda nación tanto las Naciones Aliadas como las Naciones Totalitarias– están contaminadas por esta condición universal. La libertad del mundo depende, en consecuencia y en gran medida, de esas personas de cada nación que internamente han evadido una u otra de estas "impresiones ilusorias y mayávicas" del alma humana, que han entrado en un estado de percepción donde pueden ver el conflicto en sus implicaciones más amplias, tal como el que existe entre el Morador en el Umbral y el Ángel de la PRESENCIA.

Estas personas son los aspirantes, discípulos e iniciados del mundo, que siendo conscientes del dualismo esencial del conflicto, no lo son mayormente de la triple naturaleza y de la diversificada situación que subyace en el conocido dualismo. **[i162]** Su modo de abordar el problema es por lo tanto más simple y, debido a ello, tienen hoy, en gran parte, en sus manos, la dirección del mundo.

Es aquí donde la religión, en su totalidad, se ha desviado. Me refiero a la religión ortodoxa. A la religión le ha preocupado el Morador en el Umbral, pues los teólogos han puesto los ojos sobre el aspecto fenoménico y material de la vida debido al temor que sienten por su proximidad, y a que el Ángel ha sido una teoría y una ávida esperanza. El equilibrio se está logrando por las actitudes humanitarias predominantes en gran medida, a pesar de cualquier tendencia teológica. Tales actitudes se afirman en la creencia de la innata rectitud del espíritu humano, de la divinidad del ser humano y de la indestructible naturaleza del alma de la humanidad. Esto introduce inevitablemente el concepto de la PRESENCIA o de Dios Inmanente, siendo la resultante de la necesaria rebelión en contra de la creencia de Dios Trascendente. Esta revolución espiritual fue totalmente un proceso de equilibrio y no debe preocupar, pues Dios Trascendente existe eternamente aunque solo pueda ser visto, conocido y encarado correctamente por Dios Inmanente inmanente en el individuo, en los grupos y en las naciones, en las organizaciones y en la religión, en toda la humanidad y en la Vida planetaria misma. La humanidad está hoy (y lo ha estado durante épocas) luchando contra la ilusión, el espejismo y el maya. Los pensadores avanzados que se hallan en el Sendero de Probación, en el Sendero del Discipulado y en el Sendero de Iniciación, han llegado a una etapa donde el materialismo y el espiritualismo, el Morador en el Umbral, el Ángel de la PRESENCIA y el dualismo básico de la manifestación, pueden verse claramente definidos. Debido a esta clara demarcación, las cuestiones que subyacen en los actuales acontecimientos mundiales, los objetivos de la presente lucha mundial, los modos y métodos para restablecer el contacto espiritual, tan predominantes en los días **[i163]** atlantes, perdidos hace mucho tiempo, y el reconocimiento de las técnicas, que han de introducir la nueva era mundial y su orden cultural, pueden ser claramente observados y apreciados.

Toda generalización es susceptible de error. Sin embargo, podría decirse que Alemania ha enfocado en sí misma el espejismo mundial el más potente y expresivo de los tres aspectos del espejismo; Japón manifiesta la fuerza de maya, la forma más cruda de la fuerza material. Italia, polarizada individual y mentalmente, expresa la ilusión mundial. Las Naciones Aliadas, con todas sus fallas, limitaciones, debilidades y nacionalismos, están enfocando el conflicto entre el Morador y el Ángel; de este modo aparecen simultáneamente los tres aspectos del espejismo y la forma final que adquiere el conflicto entre el ideal espiritualista y su oponente materialista. Sin embargo, gradual y decididamente, las Naciones Aliadas están poniendo todo su esfuerzo y aspiración en favor del Ángel, restaurando así el equilibrio perdido y estableciendo lentamente, en escala planetaria, esos atributos y condiciones que, oportunamente, dispersarán la ilusión, disiparán el espejismo y desvitalizarán el maya predominante. Esto lo están realizando mediante el acrecentado claro pensar de los pueblos de todas las naciones, para vencer a las tres potencias del Eje, por medio de su creciente capacidad para concebir, en términos del todo, ideas deseables de un orden o de una federación mundial y por la capacidad para discriminar entre las Fuerzas de la Luz y las potencias del mal o materialismo.

El trabajo que realizan quienes ven el escenario del mundo como la palestra donde se desarrolla el conflicto entre el Morador en el Umbral y el Ángel de la PRESENCIA podría ser detallado como:

1. El establecimiento de esas condiciones mundiales, en que las Fuerzas de la Luz pueden vencer a las Fuerzas del Mal. Esto se realiza por la supremacía de sus fuerzas armadas, más su clara visión. **[i164]**

2. La educación de la humanidad para que distinga entre:
   a. Espiritualismo y materialismo, destacando las diferentes finalidades de las fuerzas combatientes.
   b. Participación y codicia, delineando un mundo futuro donde prevalecerán las Cuatro Libertades y todos tendrán lo necesario para vivir correctamente.
   c. Luz y oscuridad, que manifiesta la diferencia entre un iluminado futuro de libertad y oportunidad, y un sombrío futuro de esclavitud.
   d. Fraternidad y separatividad. La primera indica un orden mundial donde los odios raciales y las diferencias de casta y de religión ya no constituirán una barrera para el entendimiento internacional, y la otra, el régimen, fomentado por el Eje, de la súper raza, de las actitudes religiosas definidas y de los pueblos esclavizados.
   e. El todo y la parte, señalando la época que se aproxima (bajo el impulso evolutivo del

espíritu) donde la parte o el punto de vida asume su responsabilidad por el todo, y el todo existe para el bien de la parte.

El aspecto oscuridad ha sido el resultado de épocas de espejismo. El aspecto luz está siendo puesto de relieve en forma definida por esos aspirantes y discípulos mundiales que, por sus actitudes, acciones, escritos y declaraciones, están llevando la luz a los lugares oscuros.

3. La preparación del camino para las tres energías espirituales, que impulsarán a la humanidad hacia una era de comprensión, conducirá a las mentes de los seres humanos de todo el mundo a una enfocada clarificación. Estas tres inminentes energías son: **[i165]**

    a. *La energía de la intuición,* que disipará gradualmente la ilusión mundial y acrecentará automáticamente las filas de los iniciados.

    b. La actividad de la luz, que disipará, *mediante la energía de la iluminación,* el espejismo mundial y llevará a millares de personas al Sendero del Discipulado.

    c. *La energía de la inspiración* que, por su potencia arrolladora, como ráfaga de viento, desvitalizará o apartará el poder atractivo de maya o sustancia. Esto liberará a millares de personas para entrar en el Sendero de Probación.

4. La introducción de nueva vida en el planeta, empleando para ello todo medio posible. El primer paso hacia esta introducción es la comprobación de que el poder del materialismo ha sido quebrantado por la completa derrota

de las Potencias del Eje, y el segundo, por la habilidad de las Naciones Aliadas para demostrar (una vez que se haya realizado) el poder de los valores espirituales, en su empeño constructivo por restaurar el orden mundial y asentar las bases que garantizarán un modo de vivir mejor y más espiritual. Estas actitudes y empresas constructivas deben ser asumidas por cada individuo y toda nación, como entes colectivos. Lo primero ya se ha emprendido. Lo segundo queda aún por realizar.

5. Hacer conocer a las naciones del mundo las verdades enseñadas por el Buda, el Señor de la Luz, y por el Cristo, el Señor del Amor. A este respecto podría señalarse, básicamente, que:
   a. Las Naciones del Eje deben captar la enseñanza del Buda tal como la enseñó en las Cuatro Nobles **[i166]** Verdades y comprender que la causa de todo sufrimiento y angustia es el deseo el deseo por lo material.
   b. Las Naciones Aliadas deben aprender a aplicar la Ley del Amor, como fue enunciada en la vida de Cristo, y, expresar la verdad de que "ningún individuo vive para sí mismo" ni tampoco nación alguna, y que la meta de todo esfuerzo humano es la *comprensión amorosa,* impulsada por el amor al todo.

Si las vidas y enseñanzas de estos dos grandes Avatares pueden ser comprendidas y forjadas nuevamente en la vida de los seres humanos, en el mundo de los asuntos humanos, en el ámbito del pensamiento humano y en la palestra de la vida diaria, el presente orden mundial (que en la actualidad es, en gran medida, desorden) puede ser modificado y cambiado, para que un nuevo mundo y una nueva raza de seres humanos puedan venir gradualmente a la existencia. La renunciación y la voluntad de sacrificarse debería ser la nota clave del período intermedio después de la guerra, previamente a la inauguración de la Nueva Era.

Los estudiantes deben recordar que todas las manifestaciones y cada período de crisis están simbolizados por el antiguo símbolo del punto dentro del círculo, el foco de poder dentro de la esfera de influencia o aura. Hoy ocurre lo mismo con el problema de la terminación del espejismo y la ilusión mundiales, que se hallan fundamentalmente detrás de la actual grave situación y catástrofe mundial. La posibilidad de tal dispersión y disipación se halla definidamente centrada en los dos Avatares, Buda y Cristo.

En el mundo del espejismo –mundo del plano astral y de las emociones– apareció un punto de luz. El Señor de la Luz, el Buda, se encargó de enfocar en Sí Mismo la iluminación, que oportunamente haría posible la disipación del espejismo. En el mundo de la ilusión –mundo del plano mental– apareció el Cristo, **[i167]** el Señor del Amor, que personificó en Sí Mismo el poder de la voluntad *atractiva* de Dios. Tomó a su cargo la disipación de la ilusión atrayendo hacia Sí (mediante la potencia del amor) a los corazones de todos los seres humanos, afirmando esta determinación en las palabras: "Y si fuere levantado de la tierra, atraeré a todos a Mí Mismo". (Juan 1232). En el punto que entonces ellos habrán alcanzado, les será revelado el mundo de la percepción espiritual, de la verdad y de las ideas divinas. El resultado será la desaparición de la ilusión.

El trabajo combinado de estos dos grandes hijos de Dios, concentrados por medio de los discípulos mundiales y de Sus iniciados, debe destruir, e inevitablemente lo hará, la ilusión y disipar el espejismo uno mediante el reconocimiento intuitivo de la realidad, por las mentes sintonizadas con ella, y el otro, por la afluencia de la luz de la razón. Buda hizo el primer esfuerzo planetario para disipar el espejismo mundial, Cristo hizo el primer esfuerzo planetario para disipar la ilusión. Su trabajo debe ser ahora llevado adelante inteligentemente por la humanidad bastante sabia como para reconocer su dharma. Los seres humanos se están desilusionando rápidamente y, en consecuencia, verán todo con mayor claridad. El espejismo del mundo se aparta constantemente de las actividades de los seres humanos. Estos dos acontecimientos han sido llevados a cabo por las nuevas ideas entrantes, enfocadas por medio de los intuitivos del mundo y divulgadas a los pueblos por los pensadores del mundo. También ha ayudado grandemente el casi inconsciente, pero no menos real, reconocimiento de las masas, del verdadero significado de las Cuatro Nobles Verdades. Sin ilusiones y sin espejismos la humanidad espera la próxima revelación. Dicha revelación se producirá mediante el esfuerzo combinado de Buda y el Cristo. Todo lo que podemos prever o predecir, referente a esa revelación, es que ciertos poderosos resultados de largo alcance serán obtenidos por la fusión de la luz y el amor y por la reacción de la "sustancia iluminada, mediante el poder atractivo del amor". En esta frase he dado, para quienes puedan captarlo, un [i168] indicio profundo y útil del método y propósito de la empresa a iniciarse en la Luna Llena de junio de 1942. También he dado una clave para comprender el verdadero trabajo de estos Avatares, algo hasta ahora totalmente incomprendido. Además podría añadir que cuando se valore el significado de las palabras "transfiguración de un ser humano" comprenderán que cuando "el cuerpo está plenamente iluminado" entonces "en esa luz veremos la LUZ". Esto significa que cuando la personalidad ha alcanzado cierto grado de purificación, dedicación e iluminación, puede actuar el poder atractivo del alma cuya naturaleza es amor y comprensión – teniendo lugar la fusión de ambas. Esto es lo que el Cristo probó y demostró.

Cuando el trabajo del Buda (o el principio budi personificado) es consumado en la integrada personalidad del aspirante o discípulo, entonces la plena expresión del trabajo del Cristo (el principio de amor personificado) puede también ser consumado, y estas dos potencias, luz y amor, hallarán radiante expresión en el discípulo transfigurado. Lo que es verdad para el individuo es verdad también para toda la humanidad y, actualmente, la humanidad (habiendo alcanzado madurez) puede "llegar a comprender" y tomar parte, conscientemente, en la tarea de iluminar y de iniciar una actividad amorosa y espiritual. Los efectos prácticos de este proceso serán la disipación del espejismo y la liberación del espíritu humano de la esclavitud de la materia, produciendo también la disipación de la ilusión y el reconocimiento de la verdad tal como existe en la conciencia de aquéllos que están polarizados y son "conscientes de Cristo".

Este no es necesariamente un proceso rápido, sino ordenado y regulado, cuyo éxito final es seguro, siendo también relativamente lento el proceso consecutivo para establecerlo. Este proceso fue iniciado en el plano astral **[i169]**por el Buda y en el plano mental, cuando el Cristo se manifestó en la Tierra. Indicó la proximidad de la madurez de la humanidad. El proceso ha ido lentamente tomando impulso a medida que estos dos grandes Seres han reunido a Su alrededor a Sus discípulos e iniciados, durante los últimos dos mil años. Ha alcanzado un grado de gran utilidad, porque el canal de comunicación entre

Shamballa y la Jerarquía fue abierto y ampliado y se ha establecido más firmemente el contacto entre estos dos grandes centros y la Humanidad.

Durante la Luna Llena de junio de 1942, se llevó a cabo la primera prueba de comunicación directa entre el Centro donde rige la Voluntad de Dios, el Centro donde rige el Amor de Dios y el Centro donde existe inteligente expectativa. El medio empleado para la prueba fue el esfuerzo unido del Cristo, del Buda y de aquéllos que respondieron a Su conjunta influencia. Esta prueba se llevó a cabo en medio de la terrible embestida de los poderes del mal, abarcó dos semanas, comenzó el 30 de mayo, día de la Luna Llena y terminó el 15 de junio de 1942. En esa época se concentraron las Fuerzas espirituales, empleándose una Invocación especial (que la humanidad no puede usar), aunque el éxito o el fracaso de la prueba dependían, en último análisis, del género humano mismo.

Quizás crean, erróneamente, que no existen suficientes personas que conozcan o comprendan la naturaleza de la oportunidad que se ofrece, o de lo que está aconteciendo. El éxito de tal prueba no depende solo del conocimiento esotérico de los pocos, relativamente muy pocos, a quienes se les han impartido parcialmente los hechos y la información. Depende también de la tendencia de los muchos que inconscientemente aspiran a alcanzar las realidades espirituales, buscan un modo de vida nuevo y mejor para todos, desean el bien del todo, **[i170]** anhelan y desean experimentar realmente la bondad y establecer correctas relaciones humanas y empresas espirituales entre los seres humanos. Forman legión y se hallan en todas las naciones.

Cuando la Voluntad de Dios, expresada por Shamballa y enfocada en el Buda, cuando el Amor de Dios, expresado por la Jerarquía y enfocado a través del Cristo, y el deseo inteligente de la humanidad, enfocado a través de los discípulos y aspirantes del mundo y los hombres y mujeres de buena voluntad, estén sintonizados consciente o inconscientemente, entonces puede tener lugar, y tendrá, una gran reorientación. Esto es algo que *puede* suceder.

El primer resultado traerá la iluminación del plano astral y el comienzo del proceso que disipará el espejismo; el segundo, será la irradiación del plano mental, la disipación de las ilusiones del pasado y la gradual revelación de las nuevas verdades, cuyos jalones han sido los ideales pretéritos y las pseudo formulaciones de la verdad. Reflexionen sobre esto. El jalón indica el camino a seguir, no revela la meta. Indica, pero no determina. Lo mismo ocurre con todas las verdades actuales.

En consecuencia, se necesitan conocedores y aquéllos de mente y corazón abiertos, que no tengan ideas preconcebidas, defendidas fanáticamente, ni antiguos idealismos, los cuales solo deben ser reconocidos como que indican parcialmente las incomprendidas grandes verdades las cuales pueden ser captadas en gran medida, y por primera vez, si las lecciones de la presente situación mundial y la catástrofe de la guerra son debidamente aprendidas y la voluntad de sacrificarse entra en acción.

He descrito esta aplicación práctica y he ilustrado la enseñanza precedente, respecto al espejismo, a la ilusión y al maya, porque todo el problema mundial ha hecho crisis y su solución será el tema sobresaliente [i171] de cualquier proceso —educativo, religioso y económico— hasta el año 2025.

En esta parte del libro nos ocuparemos de las distintas maneras prácticas, en que la ilusión, el espejismo y el poder de maya pueden ser eliminados de la vida del individuo, oportunamente de la vida de las naciones y por último del mundo. Siempre debemos comenzar por la unidad de vida, el Microcosmos; después de haber comprendido el proceso y el progreso, en conexión con el individuo, la idea puede entonces ser extendida al grupo, a la organización, a la nación y a toda la humanidad. De esta manera, abordaremos gradualmente la gran Idea a la que damos el nombre de Dios o Macrocosmos.

Ahora trataremos de las técnicas, que pueden ser resumidas de la manera siguiente:

1. *La Técnica de la Presencia.* Por medio de esta técnica, el alma asume el control de la personalidad integrada y de sus relaciones, horizontal y vertical. Esta técnica implica la apertura de la flor de la intuición que disipa la ilusión, revela al Ángel, indica la Presencia y abre al discípulo el mundo de las ideas y la puerta de las iniciaciones superiores. Cuando el discípulo capta y aplica estas ideas divinas o pensamientos simiente, se convierte en un iniciado, entonces es posible la tercera iniciación como meta inmediata. La intuición significa la aplicación del *poder de transfiguración.* Dicha técnica está relacionada con la poco conocida yoga del fuego o Agni Yoga.

2. *La Técnica de la Luz. Por* medio de esta técnica, la mente iluminada asume el control del cuerpo astral o emocional, y disipa el espejismo. Cuando la luz afluye, el espejismo desaparece. La iluminación domina y la visión **[i172]** de la realidad puede ser vista. Dicha técnica está relacionada con el Raja Yoga y su meta es la segunda iniciación, capacita para hollar el Sendero del Discipulado y permite al ser humano "vivir una vida iluminada por la divinidad". La iluminación significa la aplicación del *poder de transformación.*

3. La Técnica de la Indiferencia. Por medio de esta técnica se pone fin a maya, pues el control del vehículo astral purificado es consciente y técnicamente puesto en actividad, liberando a las energías del cuerpo etérico, del control de la materia o fuerza–sustancia, y conduce a muchos seres al Sendero de Probación. Donde hay "indiferencia divina" al requerimiento o atracción de la materia, entonces se hace posible la *inspiración*. Esta técnica está relacionada con el Karma Yoga en su forma más práctica, y el empleo de la materia en forma totalmente impersonal. La meta de esta técnica tiene por objeto lograr la primera iniciación, lo cual permite al ser humano "vivir una vida inspirada por Dios". La inspiración significa la aplicación del poder de *trasmisión*.

1. LA TÉCNICA DE LA PRESENCIA

Al entrar a considerar este tema, el estudiante debe tener en cuenta tres cosas: la existencia de la Intuición, la realidad de la Ilusión y la influyente Presencia. La intuición revela esta Presencia por medio del Ángel y, cuando es revelada y reconocida, pone término a la ilusión.

La ilusión no debe ser confundida con el espejismo, se relaciona con la totalidad de la revelación. El espejismo puede estar, y a menudo lo está, relacionado con la distorsión de lo que ha sido revelado, pero debe recordarse que la ilusión concierne principalmente a la reacción de la mente ante el despliegue de la revelación, **[i173]** a medida que el alma la registra y trata de imprimirla en el aspecto más elevado del yo inferior personal. Por lo tanto, la ilusión se produce porque la mente no registra, interpreta ni traduce correctamente lo que le ha sido trasmitido y, en consecuencia constituye un pecado (si puedo usar esta palabra) de las personas inteligentes y muy evolucionadas y de aquéllas que recorren el Sendero y están en proceso de orientarse correctamente; también constituye un pecado de los discípulos aceptados al tratar de expandir su conciencia, en respuesta al contacto con el alma. Cuando han "visto a través de la ilusión" (empleo esta frase en su sentido esotérico) entonces están preparados para la tercera iniciación.

Nuestro tema, por lo tanto, es la *revelación,* y quisiera hacer algunas observaciones generales sobre la misma, debido a que por su intermedio puede ser esclarecido el problema de la ilusión mundial e, incidentalmente, el de la ilusión individual.

El desarrollo de la conciencia humana ha sido progresivo en el transcurso de las épocas, y ha dependido de dos factores principales que están relacionados:

1. El gradual desarrollo de la mente humana mediante los procesos de la evolución misma. Esto puede ser considerado como la innata capacidad de aquello que llamamos mente, chitta o sustancia mental, para llegar a ser cada vez más sensible al impacto del mundo fenoménico y a la impresión desde los mundos superiores del ser. La mente es el instrumento que registra el proceso de "llegar a ser", pero es también en las etapas posteriores del desarrollo humano—capaz de registrar la naturaleza o función del ser. Por medio del intelecto se revela el proceso de llegar a ser; el Ser se revela por medio de la intuición. En todo estudio de la ilusión debe recordarse la naturaleza instrumental de la mente

y su poder para registrar, con exactitud, interpretar **[i174]** y transmitir el conocimiento que proviene del mundo fenoménico y la sabiduría que proviene del reino del alma.

2. El método por el cual la humanidad se hace consciente de aquello que no es inmediatamente evidente; método o proceso que ha sido denominado "revelación impuesta", o sea la impresión transmitida a las mentes capaces de recibir esas ideas, seres, planes y propósitos que existen detrás de la escena, por así decirlo, y que son, en último análisis, los factores que determinan y condicionan el proceso mundial. Dichas revelaciones, o impresiones vitales subjetivas, son reveladas por la intuición y no tienen nada que ver con los conocimientos, impresiones e impactos relacionados con los tres mundos de la evolución humana, excepto en la medida en que, cuando son captados y comprendidos, han transformado constantemente el modo de vivir del ser humano, han revelado sus metas e indicado su verdadera naturaleza. Las revelaciones dadas en el transcurso de las épocas e impresas en las mentes de quienes están entrenados para recibirlas, tratan de las grandes cosas universales, en lo que concierne al todo, conduciendo a desarrollar la apreciación de la unicidad de la vida, expresada en forma hilozoísta.

La humanidad y su civilización han producido dos procesos paralelos: uno, el proceso evolutivo, mediante el cual la mente del individuo se ha ido desarrollando gradualmente hasta convertirse en el aspecto dominante de la personalidad; el otro produce, al mismo tiempo, una serie de revelaciones graduales e inteligentemente impartidas, que han acercado más a toda la humanidad y la han llevado a la inevitable comprensión del ser; estos procesos han evitado que la humanidad se identifique constantemente con la forma, llevándola en cambio a esos estados de conciencia que son supranormales, desde el ángulo humano común, pero totalmente normales desde el ángulo espiritual.[i175]Especificando este concepto en términos esotéricos, la *Individualidad* ha conducido a la gradual perfección de la mente con su percepción, captación, análisis e interpretación, mientras que por la *iniciación,* mediante el despertar de la intuición, se logra (cuando el proceso de perfeccionamiento mental ha alcanzado un alto grado de desarrollo) comprender el mundo de los valores espirituales, del ser unificado y de la captación intuitiva. Esto significa la consiguiente transferencia del punto de enfoque individual del mundo fenoménico al mundo de la realidad. El empleo de la mente inferior y su proceso de desarrollo han producido la ilusión, mientras que el desarrollo de la mente superior y más tarde su empleo, como transmisora de la intuición y de la revelación superior, transfigurará los tres mundos fenoménicos en términos del mundo del ser. La ilusión es frecuentemente la percepción de la verdad mental mal interpretada y mal aplicada. Nada tiene que ver con la etapa del espejismo mental aunque la ilusión puede ser llevada al mundo del sentimiento y convertirse en espejismo. Cuando esto ocurre, su poder es excesivamente grande, porque una forma mental se ha convertido en una entidad que posee poder vital, y a la fría forma del pensamiento le ha sido agregado el poder magnético del sentimiento. Reflexionen sobre esto. Pero en la etapa que estamos tratando, la de la ilusión pura, se ha precipitado una revelación en el plano mental y debido a que no se ha captado e interpretado correctamente ni aplicado útilmente– se ha convertido en una ilusión y sigue el camino del engaño, de la cristalización y de la información errónea.

El tema de esta técnica está, por lo tanto, relacionado principalmente con:

1. *El proceso de la revelación*, que ha sido y es, en la actualidad, el principal testimonio y garantía de que existe[i176] detrás de la escena de la vida fenoménica un Grupo o Agente revelador cuya tarea es triple:
    a. Apreciar el desarrollo de la conciencia humana y responder a su constante llamado y demanda por más luz y conocimiento.
    b. Decidir cuál es la próxima revelación necesaria y qué forma podría adoptar, a través de qué medio podría emerger y dónde y cuándo aparecer.
    c. Asegurar qué obstrucciones, impedimentos e ideas preconcebidas tendrá que enfrentar la nueva revelación.
2. *La realidad de la Presencia.* Esta Presencia es la fuerza impulsora detrás de toda revelación, siendo en realidad Dios Inmanente, que lucha siempre por ser reconocido y, a su vez, es impelido a hacerlo por la realidad de Dios Trascendente.
3. *La influencia del Ángel,* el individualizado germen de conciencia, a través del cual, después de un adecuado desarrollo y respuesta del yo personal inferior, vendrá la revelación de la Presencia. Toda verdadera revelación se relaciona con la progresiva gloria de la divinidad, en algún campo de expresión, testimoniando, por su intermedio, a la latente y oculta Presencia.

4. *La reacción de los intuitivos* del mundo, a esa revelación y forma que es presentada a los pensadores del mundo, los cuales son los primeros en apreciar la nueva verdad y apropiarse de ella. Los intuitivos presentan la siguiente fase de la verdad en una forma relativamente pura, aunque en el momento de presentarla pueda estar simbólicamente velada.[i177]

5. *La respuesta del mundo pensante* a la verdad presentada. A esta altura hace su aparición la ilusión, teniendo lugar la errónea interpretación y la falsa presentación. Cuando estas engañosas interpretaciones de la verdad revelada han durado mucho tiempo y adquirido impulso, se suman a la ilusión general y llegan a ser parte de ella, y de esta manera nutren y son nutridos por la ilusión mundial. Esta es esa forma ilusoria de pensamiento, erigida en el transcurso de las épocas, que controla gran parte de las creencias de la masa. Cuando la revelación alcanza esta etapa involucra a las masas, las cuales reconocen la ilusión como si fuera la verdad, y la consideran como la realidad; tampoco captan el significado de la revelación presentada, velada y simbólica, confundiéndola con la presentación ilusoria, y así la revelación, percibida intuitivamente, se convierte en una retorcida y distorsionada doctrina.

Las interpretaciones teológicas y los dogmas caen en esta categoría, y entonces sobreviene una reactualización del antiguo drama del ciego que guía al ciego, al cual se refirió Cristo cuando enfrentó a los teólogos de su época.

Lo antedicho atañe a toda revelación a medida que emana del centro de luz, ya sea a una verdad seudo religiosa, a un descubrimiento científico o a la gran norma de valores espirituales mediante la cual la humanidad avanzada de ambos hemisferios trata de vivir, dando esporádicamente un paso significativo e importante.

A. LA INTUICIÓN DISPERSA LA ILUSIÓN INDIVIDUAL.

Hemos llegado, en la actualidad, a una crisis en el campo de la compresión humana; ahora podemos entrar en una nueva era, donde la ilusión puede ser disipada y los pensadores comenzar a registrar, con exactitud y sin equivocarse, aquello que los intuitivos les imparten. Esto no es aplicable aún al **[i178]** publico en general. Pasará mucho tiempo, antes de que este responda sin ilusionarse, porque la ilusión se basa en la capacidad de la mente inferior para construir formas mentales. Las masas recién han comenzado a utilizar la mente inferior, siendo la ilusión, por lo tanto, una etapa necesaria de prueba y entrenamiento por la cual deben pasar, de lo contrario no obtendrán una valiosa experiencia ni desarrollarán su poder de discriminar. Este punto deben tenerlo en cuenta todos los que imparten instrucción esotérica. Es esencial, en consecuencia, que a la masa se le enseñe el significado de la ilusión y se la entrene para ver la verdad y extraer la médula, en cualquier presentación de la misma, con la cual sean enfrentados. También es esencial que los intuitivos del mundo aprendan a emplear, controlar y comprender la facultad de percepción espiritual, aislamiento divino y respuesta apropiada que caracteriza la intuición. Esto deben hacerlo practicando la Técnica de la Presencia, pero no como se la enseña y presenta generalmente.

Quizás aclararía lo que quiero significar, si estableciera que esta técnica corresponde a ciertas líneas científicas o modos de trabajo, para lo cual, en gran parte, el entrenamiento dado en las escuelas de verdadera meditación y los sistemas de Raja Yoga, han preparado al aspirante. Estas etapas comienzan donde terminan las fórmulas usuales; presuponen facilidad para acercarse al Ángel o alma y la capacidad de elevar la conciencia hasta fusionarla con el alma. Enumeraré los procesos o etapas de la manera siguiente:

1. La evocación de la etapa de tensión, la cual es básica y esencial. Se produce cuando se controla totalmente al yo personal, de manera que esté "equipado para hacer contacto con lo real".
2. El logro de la fusión con el Alma o Ángel, que custodia el acceso al Sendero de la evolución superior.[i179]
3. Mantener la mente firme en la luz del alma, por ser la actitud que el yo inferior asume durante el período que resta del trabajo, y por mantenerse la tensión por el alma y no por la personalidad. El alma se hace cargo de esta sujeción cuando el yo personal ha hecho lo imposible por alcanzar la deseada tensión.

Estas son las tres etapas preliminares, para las cuales la práctica del alineamiento debería haber preparado al estudiante de los misterios superiores. Dichas etapas deben preceder a todo esfuerzo para desarrollar la intuición; esto demandará varios meses o años de cuidadosa preparación. El fuego es el símbolo de la mente, siendo las tres primeras etapas, propias de la disciplina de Agni Yoga o Yoga del Fuego, para la cual Raja Yoga ha preparado al estudiante.

Luego prosiguen seis etapas más de esta Técnica, que deben ser plenamente comprendidas y constituir la base de una prolongada cavilación e inteligente reflexión, llevadas a cabo mientras se realizan las ocupaciones y deberes diarios y no solo en determinadas ocasiones. El intuitivo entrenado o discípulo, vive una vida dual, de actividad mundana y de intensa y simultánea reflexión espiritual. Tal será la característica sobresaliente del discípulo occidental, en contradicción con el discípulo oriental, que evade la vida, penetrando en lugares silenciosos y apartados de las tensiones de la vida diaria y del constante contacto con otros. La tarea del discípulo occidental es mucho más difícil, pero le será muy valioso lo que él comprobará para sí y para el mundo. Esto es de esperarse si el proceso evolutivo significa algo. Las razas occidentales deben avanzar hasta alcanzar la supremacía espiritual, sin menoscabar la contribución oriental; la actuación de la Ley de Renacimiento contiene la clave para ello y demuestra ser por esto necesaria. La **[i180]** marea de la vida se mueve de Oriente a Occidente como el Sol, y aquéllos que en anteriores siglos emitieron la nota del misticismo oriental deben emitir, y están emitiendo, la nota del ocultismo occidental. Por lo tanto, las siguientes etapas deben suceder a las tres anteriores. Continuaremos con la enumeración dada; lo que aquí sugiero es una fórmula, no digo forma, para una meditación más avanzada.

4. Definido y sostenido esfuerzo para percibir la Presencia en todas las formas del Universo. Esto podría expresarse en las palabras "el esfuerzo para aislar el germen o simiente de la divinidad, que han traído a la existencia todas las formas". Quisiera que observaran que esto no significa

lograr una actitud amorosa ni un acercamiento sentimental hacia las personas y circunstancias. Ése es el camino místico y, aunque no se intenta anularlo en la vida del discípulo, hoy no se emplea en el acercamiento efectivo. Se refiere al esfuerzo para ver, principalmente, *en la luz que el Ángel irradia,* el punto de luz detrás de todas las apariencias fenoménicas, constituyendo, en consecuencia, la transferencia de la visión mística a niveles superiores de conciencia. No es la visión del alma sino la visión o percepción espiritual de aquello que la luz del alma puede ayudar a revelar. La fluctuante luz del alma en el yo personal, ha capacitado al discípulo para ver la visión del alma y, en esa luz, lograr la unión con el alma, aunque sea solo momentáneamente. Luego, la luz mayor del alma se enfoca como un sol radiante y revela a su vez una visión aún más maravillosa la de la Presencia–, en la que el Ángel es la garantía y promesa. Así como la luz de la Luna es la comprobación de que la luz del Sol existe, de la misma manera la luz del Sol comprueba, si lo supieran, que existe una luz mayor. **[i181]**

5. Luego, habiendo percibido la Presencia no teóricamente sino en vibrante respuesta a su Existencia– viene la etapa en que se asegura cuál es el Propósito. La esperanza de identificarse con el Propósito, se halla muy lejos aún para el iniciado común de menos categoría que un Maestro. De esa etapa inasequible (para nosotros) no nos ocuparemos, sino del esfuerzo por alcanzar una comprensión de aquello que, por medio de la forma, está tratando de encarnar el elevado

propósito, en cualquier etapa particular del ciclo evolutivo. Esto es posible, y ha sido logrado en el transcurso de las épocas, por aquéllos que se han acercado correctamente y reflejado debidamente el Camino de la Evolución superior. Este Camino le es revelado al discípulo, aunque no tenga nada que ver con el mensaje intuitivo que pueda traer de su elevada aventura.

6. Entonces pone bajo la luz de lo que esotéricamente llamamos "la triple luz de la intuición", algún problema mundial, algún plan para ayudar a la humanidad, que su mente ha desarrollado o su corazón ha deseado, luz formada por la fusión de la luz del yo personal enfocada en la mente, la luz del alma enfocada en el Ángel y la luz universal que emite la Presencia; cuando esto se realiza con facilidad, mediante la concentración y una larga práctica, producirá dos resultados:

a. Aparecerá repentinamente en la mente alerta del discípulo (que sigue siendo el agente receptor) la solución de su problema, la sugerencia de lo que se necesita para ayudar a la humanidad, la anhelada información que, al aplicarla, abrirá a la ciencia, a la psicología o a la religión, una puerta determinada que traerá una vez abierta, alivio o liberación para muchos. Como he dicho antes, la intuición no está nunca relacionada [i182] con los problemas o inquietudes individuales, como tantos aspirantes auto centrados creen, sino que es puramente impersonal y solo aplicable a la humanidad, en sentido sintético.

b. El "intruso agente de la luz" (como *El Antiguo Comentario* llama a estos intuitivos aventureros) es reconocido como alguien a quien puede confiársele alguna revelación, la nueva dispensación de la verdad o alguna ampliación significativa del germen de una verdad ya otorgada a la raza. Entonces tiene una visión, oye una voz, registra un mensaje o, algo muy superior a todo, se convierte en un canal de poder y luz para el mundo, en una Personificación consciente de la divinidad o en un Custodio de un principio divino. Esto constituye las verdaderas formas de la revelación impartida o encarnada que, aunque raras, todavía van desarrollándose acrecentadamente en la humanidad.

7. Las etapas previas a la revelación, se denominan:
   a. El renunciamiento a seguir en el Camino Superior
   b. El retorno al Ángel, o el reenfocarse en el alma.
   c. La pausa, o el intervalo para el pensamiento constructivo, influido por el Ángel.
   d. La aplicación de la mente en la formulación de esas formas de pensamiento que deben encarnar a la revelación.
   e. Luego lo que se denomina "la pausa que precede a la presentación".

8. La presentación de la revelación o de la verdad impartida y su precipitación en el mundo de la ilusión. En ese mundo sufre la "prueba ardiente" donde "pasa la prueba del fuego", y una parte del fuego, dentro de aquello que es revelado, regresa a la fuente de origen; otra parte sirve para destruir al revelador [i183] y, aún otra, consume a aquéllos que reconocen

la revelación". Esta es la etapa del Agni Yoga que, como ven, solo corresponde a aquéllos que pueden penetrar más allá del Ángel y llegar al lugar en "que mora el fuego", donde Dios, la Presencia, actúa como fuego consumidor y espera la hora de la revelación total. Esta es la transcripción simbólica de una gran verdad. En el caso del iniciado individual, la tercera iniciación, la Transfiguración, señala la consumación del proceso. Solo entonces la gloria es vista, la voz de la Presencia es escuchada y la unión con el pasado, el presente y el futuro es alcanzada.

9. La revelación sucumbe a la ilusión prevaleciente, desciende al mundo del espejismo y desaparece, por consiguiente, como revelación, apareciendo como una doctrina. Mientras tanto, la humanidad ha sido ayudada y conducida adelante; los intuitivos continúan con el trabajo, y la afluencia de aquello para ser revelado no cesa nunca.

Esta técnica básica subyace en las revelaciones primarias y secundarias. En las primeras su ciclo es prolongado, en las segundas, breve. Un buen ejemplo de este proceso lo tenemos en uno de los puntos de revelación secundaria, en conexión con la enseñanza que emanó de la Jerarquía (Custodio de la revelación secundaria, así como Shamballa lo es de la primaria) hace cincuenta años, apareciendo como La Doctrina Secreta. H. P. B. fue el intuitivo penetrante, sensible, que se apropió de ella. La revelación que hizo siguió la acostumbrada rutina de toda revelación secundaria, desde la fuente de origen al plano externo. En este plano las mentes de los seres humanos, veladas por la ilusión y nubladas por el espejismo, la formularon en una doctrina inflexible, que no reconocía otra revelación, sosteniendo firmemente la mayoría de los grupos teosóficos que *La Doctrina Secreta* fue una revelación **[i184]** definitiva y que no debe aceptarse otra cosa que lo que expone ese libro, ni considerarse correcta ninguna otra interpretación, sino la que expone el mismo. Si esto fuera cierto, entonces las revelaciones evolutivas habrían terminado y la situación de la humanidad sería verdaderamente penosa.

En el camino de la intuición, hasta el neófito puede empezar a desarrollar en sí mismo el poder de reconocer aquello que la mente inferior es incapaz de darle. Algún pensamiento de poder revelador puede llegar a su mente para ser utilizado en bien de la mayoría, y penetrar una nueva luz sobre una verdad muy antigua, liberando a esta de las tramas ortodoxas, iluminando así su conciencia. Esto él debe emplearlo para los demás y no únicamente para sí mismo. Poco a poco descubre el camino hacia el mundo de la intuición; día tras días y año tras año, se hace más sensible a las ideas divinas y más aptas para apropiarse inteligentemente de ellas, en bien de sus semejantes.

La esperanza del mundo y la disipación de la ilusión residen en el desarrollo de los intuitivos y su entrenamiento consciente. Existen muchos intuitivos naturales cuyo trabajo es una mezcla de psiquismo superior con destellos de verdadera intuición. Estos deben ser entrenados para que lleguen a ser verdaderos intuitivos. Paralelamente a su respuesta intuitiva y a su esfuerzo por precipitar su intuición en el mundo del pensamiento humano, debe también existir un progresivo desarrollo de la mente humana para que pueda captar y comprender aquello que es proyectado, y en esto también descansa la esperanza de la raza.

B. LA INTUICIÓN GRUPAL DISPERSA LA ILUSIÓN MUNDIAL.

Hoy el mundo está lleno de ilusiones, muchas de ellas veladas bajo la forma de idealismos, plenos de deseos y planes, y aunque muchos están correctamente orientados y expresan la firme determinación de los intelectuales de crear mejores condiciones de vida para todos los pueblos **[i185]** del mundo, surge el interrogante: ¿Existe en la totalidad de este ansioso deseo, la suficiente vivencia dinámica esencial, que lo haga descender a la manifestación física y a la real expresión, satisfaciendo así la verdadera necesidad humana? Quisiera señalar que los dos Agentes reveladores mayores de todos los que han venido a la Tierra dentro de la historia moderna, hicieron a la humanidad las sencillas revelaciones siguientes:

1. La causa de todo sufrimiento humano es el deseo y egoísmo personal. Desistan del deseo y serán libres.
2. Existe un medio de liberarse, el cual conduce a la iluminación.
3. De nada sirve al ser humano conquistar el mundo entero y perder su alma.
4. Cada ser humano es un Hijo de Dios.
5. Existe un medio para liberarse, es el camino del amor y el sacrificio.

La vida de estos Reveladores fue la representación simbólica de lo que Ellos enseñaron, y el resto de Su enseñanza solo fue una ampliación de Sus temas centrales. Contribuyeron como parte integrante de la revelación general de las épocas, que ha conducido a los seres humanos, desde la primitiva existencia humana, a la compleja civilización moderna. Dicha revelación puede ser denominada la Revelación del Sendero, que nos saca de la forma y nos conduce al Centro de toda vida; la pureza de esta revelación ha sido preservada, en el transcurso de las edades, por un puñado de discípulos, iniciados y verdaderos esotéricos, que han estado siempre en la Tierra, defendiendo la sencillez de esa enseñanza, buscando a quienes pudieran responder y reconocer el germen o simiente de la verdad y entrenar a los seres humanos para que ocupen Su lugar y huellen el camino de la percepción intuitiva. Una de las mayores tareas de la Jerarquía consiste en buscar y encontrar a aquéllos que son sensibles a la revelación **[i186]**y cuyas mentes están entrenadas para formular las emergentes verdades, de tal manera que lleguen relativamente sin alteraciones, al conocimiento de los pensadores del mundo. Sin embargo, toda revelación, traducida en palabras y frases, pierde algo de su divina claridad.

Gran parte de las revelaciones del pasado han llegado a través del impulso religioso y, a medida que la ilusión ha ido densificándose y creciendo con el tiempo, su sencillez original (tal como fue trasmitida por sus Reveladores) se ha perdido, Toda revelación fundamental se presenta en forma muy sencilla. Los innumerables agregados se han ido introduciendo en ella; la mentalidad humana ha complicado las enseñanzas debido a sus disertaciones mentales, hasta que se erigieron los grandes sistemas teológicos que denominamos, por ejemplo, la iglesia cristiana y el sistema budista. En la actualidad les sería difícil a sus fundadores, reconocer los dos o tres fundamentos y las realidades o verdades divinas que Ellos trataron de revelar y acentuar, pues es muy grande el manto de ilusión que cubre los sencillos pronunciamientos de Cristo y de Buda. Las vastas catedrales y las pomposas ceremonias de los ortodoxos están muy lejos de la humilde vida de Cristo, el Maestro de Maestros y el Instructor de ángeles y seres humanos, y de la simplicidad de Su actual vida, en que vigila y espera que Su pueblo retorne a la sencillez de la realización espiritual.

Tan grande ha sido la ilusión que, en Occidente, los seres humanos hablan hoy del "poder temporal de la Iglesia Católica"; además las Iglesias Protestantes están divididas en facciones antagónicas; la Iglesia de la Ciencia Cristiana (Christian Science) es conocida por su capacidad para amasar dinero, enseñando a sus adherentes a hacer lo mismo y a obtener momentáneamente buena salud; la Iglesia Ortodoxa Griega estaba totalmente corrompida, solo la sencilla fe de los ignorantes y de los pobres, ha conservado algo de la verdad en su forma simple y original. No poseen la capacidad de **[i187]** sostener discusiones teológicas altisonantes, pero creen que Dios es amor (simplemente eso), que hay un camino que conduce a la paz y a la luz, y que la negación de sus propios deseos materiales, complace a Dios. Comprendo que estoy haciendo una amplia generalización; sé también que existen cristianos y eclesiásticos buenos e inteligentes dentro de los sistemas teológicos, sin embargo, no emplean su tiempo en discusiones teológicas sino en amar a sus semejantes, y lo hacen porque aman a Cristo y a todo lo que Él representa. No les interesa construir imponentes y suntuosas iglesias ni recaudar el dinero necesario para su sostenimiento, sino en reunir a aquéllos que forman la verdadera Iglesia en el plano espiritual interno y en ayudarlos a caminar en la luz. Tampoco los tienta la ilusión del poder autoritario. Cuando la crisis mundial haya pasado, los eclesiásticos de todas partes no descansarán hasta poder descubrir cómo penetrar a través de la ilusión de la doctrina y el dogma que los envuelve y hallar el camino de regreso a Cristo y a Su sencillo mensaje, que tiene en sí el poder de salvar al mundo, si es reconocido y practicado.

Gran parte de la verdadera revelación, desde la época de Cristo, ha llegado al mundo por medio de la ciencia. Por ejemplo, la presentación (científicamente comprobada) de la sustancia material, como que solo es en esencia una forma de energía, constituye una revelación tan grande como cualquiera de las transmitidas por Cristo o Buda. Esto revolucionó el pensamiento de los seres humanos y fue un recio golpe asestado a la gran Ilusión. Relacionó a la energía con la fuerza, la forma con la vida y al ser humano con Dios, y contenía el secreto de la transformación y de la transmutación. Las revelaciones básicas y fundamentales de la ciencia son tan divinas como las de la religión, pero ambas han sido tergiversadas para satisfacer la demanda humana. Se aproxima **[i188]** la época en que la ciencia dirigirá todos sus esfuerzos en curar las heridas sufridas por la humanidad y en construir un mundo mejor y más feliz.

Las revelaciones de la ciencia aunque, con frecuencia, están enfocadas en un hombre o una mujer, constituyen específicamente más que las denominadas revelaciones de la religión, el resultado del esfuerzo grupal y de la actividad grupal entrenada. Por lo tanto la revelación llega en dos formas:

1. Mediante el esfuerzo, la aspiración y la realización de un ser humano que se encuentra tan cercano a la Jerarquía y tan imbuido en la conciencia divina, que puede recibir el mensaje directamente desde la Fuente divina central. Se ha unido a las filas de los grandes Intuitivos y trabaja libremente en el mundo de las Ideas di-

vinas. Conoce bien Su misión; elige Su esfera de actividad deliberadamente y aísla la verdad o las verdades que juzga apropiadas a la necesidad de la época. Viene como un Mensajero del Altísimo; lleva una dramática y conmovedora vida de servicio, y simboliza en los acontecimientos de Su vida ciertas verdades básicas que ya han sido reveladas, pero que Él reactualiza pictóricamente. Compendia en Sí Mismo las revelaciones del pasado, y a ellas suma la nueva revelación, que es Su función específica presentar al mundo.

2. Mediante el esfuerzo que realiza un grupo de buscadores, tales como los investigadores científicos de cada país, que *unidos* buscan luz para resolver los problemas de la manifestación o para lograr los medios de aliviar el sufrimiento humano. El esfuerzo del grupo, a menudo eleva a un individuo en aras de su aspiración no realizada, el cual puede entonces penetrar en el mundo de las Ideas divinas y hallar allí el ansiado remedio o la llave, descubriendo intuitivamente de este modo un secreto largamente buscado. El descubrimiento, **[i189]** es de primordial importancia, es una revelación, como lo son las verdades presentadas por los Instructores del mundo. ¿Quién puede decir que la afirmación de que Dios es Amor, tiene mayor valor que la afirmación de que Todo es Energía?

El camino que sigue luego la revelación es el mismo en ambos casos, después la ilusión se posesiona de las revelaciones, aunque aquí hay algo sobre lo cual quisiera que reflexionen hay menos ilusión respecto a las revelaciones de la ciencia que a las revelaciones de lo que la humanidad denomina más definidamente verdades espirituales. Existe una razón en el hecho de que el desarrollo de la mente del ser humano y su sensibilidad hacia la verdad han aumentado enormemente desde la última gran revelación espiritual, dada por Cristo, hace dos mil años. Asimismo, las revelaciones de la ciencia son en gran parte el resultado de la tensión grupal, enfocada oportunamente en un receptor intuitivo, siendo por ello protegida la revelación.

En la actualidad, a medida que la humanidad espera la revelación que encarnará los pensamientos, sueños y fines constructivos de la Nueva Era, la demanda llega, por primera vez, de un vasto grupo de personas que posee cierto grado de intuición. No he dicho intuitivos. Este grupo es hoy tan numeroso, su enfoque tan real y su clamor tan fuerte, que está logrando enfocar la atención conjunta de los pueblos. Por lo tanto, cualquier revelación que pueda surgir en el futuro inmediato estará mejor «protegida por el espíritu de comprensión» que en cualquier época anterior. Este es el significado de las palabras del *Nuevo Testamento,* "todos los ojos Lo verán"; toda la humanidad reconocerá al *Ser* revelador, En épocas pasadas el Mensajero del Altísimo solo fue reconocido y conocido por un mero puñado de seres humanos, y pasaron décadas y hasta siglos para que Su mensaje penetrara en los corazones de los seres humanos.

[i190] La tensión actual y el desarrollo del sentido de proporción, más un obligado retorno a la simplicidad de los requerimientos de la vida, pueden salvar a la próxima revelación, de sumergirse demasiado veloz y rápidamente en el fuego de la *Gran Ilusión.*

De lo antedicho resulta evidente que el modo de manejar los asuntos del mundo, los estados de conciencia y las condiciones en los tres mundos, es el que emplea el discípulo y el iniciado, trabajando de arriba hacia abajo. El método es, en realidad, la repetición del arco involutivo en el que así como el Creador, dirige externamente desde un punto de ventaja– la energía, la fuerza y las fuerzas son dirigidas hacia el mundo de los fenómenos y producen efectos definidos sobre la sustancia de los tres planos. Este punto debe ser recordado muy cuidadosamente, razón por la cual, siempre debe ser empleada la Técnica de la Presencia antes que otras técnicas. Ella establece contacto con el agente espiritual rector y permite que el discípulo asuma la actitud del Observador desapegado y de un agente del Plan. Cuando esta técnica es seguida correctamente, pone en actividad la intuición y es revelado el mundo de significados (que se halla detrás del mundo de los fenómenos), disipando de este modo la ilusión. Se conoce y ve a la verdad tal cual es. Las formas del externo mundo fenoménico, (externo desde el ángulo del alma, y por lo tanto abarcando los tres mundos de nuestra vida diaria) se ven nada más que como símbolos de una Realidad interna y espiritual.

2. *LA TÉCNICA DE LA LUZ*

Consideraremos ahora el siguiente desarrollo a obtener y el servicio a prestar por intermedio de otra técnica.

Este tema es tan vasto y puede hallarse tanta literatura sobre el tema de la luz, en las Escrituras del mundo, en las disertaciones y comentarios **[i191]** teológicos, que la simple verdad y unos cuantos principios básicos se pierden de vista en un cúmulo de palabras.

En mis distintos libros he impartido mucho acerca de ello, y en el libro *La Luz del Alma*, que escribí en colaboración con A. A. B., se intentó indicar la naturaleza de la luz del alma. La clave de esta técnica se encuentra en las palabras: En esa Luz veremos la LUZ. Una simple paráfrasis de estas palabras, aparentemente abstractas y simbólicas, podría ser la siguiente: Cuando el discípulo ha encontrado ese centro iluminado dentro de sí mismo y puede caminar en su radiante luz, se halla entonces en una situación (o en un estado de conciencia si prefieren) en que llega a ser consciente de la luz que se halla en todas las formas y átomos. El mundo interno de la realidad se hace visible como sustancia luz (algo diferente de la Realidad, revelada por la intuición).Puede entonces convertirse en un eficiente colaborador del Plan debido a que el mundo de significado psíquico llega a ser real para él y sabe lo que hay que hacer para disipar el espejismo. Podría decirse que el proceso de llevar luz a los lugares oscuros comprende, lógicamente, tres etapas donde:

1. El principiante y el aspirante se esfuerzan por eliminar el espejismo de su propia vida empleando la luz de la mente. *La luz del conocimiento* es el principal agente disipador en las primeras etapas de la tarea, eliminando eficazmente los diversos espejismos que velan la verdad al aspirante.

2. El aspirante y el discípulo trabajan con la luz del alma. Esta es *la luz de la sabiduría,* resultado de la interpretación de una larga experiencia, que afluye y se mezcla con la luz del conocimiento.

3. El discípulo y el iniciado trabajan con *la luz de la intuición.* Mediante la fusión **[i192]** de la luz del conocimiento (luz de la personalidad) y la luz de la sabiduría (luz del alma), la luz es vista, conocida y captada. Esta luz apaga las luces menores por medio de la radiación pura de su poder.

Tenemos, por lo tanto, la luz del conocimiento, la luz de la sabiduría y la luz de la intuición, siendo tres estados o aspectos definidos de la Luz Una. Corresponden al Sol físico, al corazón del Sol y al Sol central espiritual. Esta última frase contiene el indicio y la clave de la relación del ser humano con el Logos.

Estas etapas y sus técnicas correspondientes tienden a ser mal interpretadas si el estudiante no recuerda que entre ellas no existen líneas reales de demarcación, sino solo una constante superposición, un desarrollo cíclico y un proceso de fusión que es de lo más confuso para los principiantes. De la misma manera que el resultado de la innata reacción al medio ambiente produce el instrumento necesario para hacer contacto con ese ambiente, así el desarrollo de los poderes a los cuales estas técnicas sirven, produce el modo de hacer contacto con el medio anímico y espiritual. Cada una de estas técnicas está relacionada con un nuevo medio ambiente, cada una desarrolla oportunamente, en el iniciado o discípulo, el poder que puede emplear en esferas superiores de actividad divina, y en bien de la humanidad; se relaciona con las otras técnicas, y libera al discípulo para entrar en relación consciente con un nuevo medio ambiente, nuevos estados de percepción y nuevos campos de servicio. Por ejemplo:

1. *La Técnica de la Presencia*, cuando es satisfactoriamente seguida permite que la intuición afluya, y reemplazando a la actividad de la mente razonadora, disipa la ilusión, sustituyéndola por ideas divinas, formuladas en conceptos que llamamos ideales. Debe recordarse que los Maestros solo emplean la mente para dos actividades: **[i193]**

a. Llegar a las mentes de Sus discípulos y atraer aspirantes por medio de un instrumento similar a la mente del discípulo.

b. Crear formas mentales en niveles concretos, que puedan encarnar estas ideas divinas. El Agente rector, el Ángel de la Presencia, produce el poder para crear de esta manera, y a esto se lo denomina el resultado de la intuición la idea o la verdad, su percepción y su reproducción.

4. *La Técnica de la Luz* está más íntimamente relacionada con la mente; significa el método por el cual la iluminación que afluye del alma (cuya naturaleza es luz) puede irradiar no solo los ideales sino la vida, las circunstancias y los acontecimientos, revelando la causa y el significado de la experiencia. Cuando el discípulo capta el poder de iluminar que posee, ha dado el primer paso hacia la disipación del espejismo; y así como la Técnica de la Presencia es eficaz en el plano mental, la Técnica de la Luz otorga poderes que pueden ser eficaces en el plano astral, y oportunamente disipará y hará desaparecer ese plano.

5. *La Técnica de la Indiferencia* hace ineficaz o neutraliza, el aferramiento de la sustancia a la vida o espíritu, que actúa en los tres mundos, pues el alma es la evidencia de la vida.

En relación con la segunda técnica, quisiera tomar algunas palabras de La Biblia, empleando la palabra "luz" en vez de la palabra "fe". La definiré así: *La luz es la sustancia de las cosas esperadas, la evidencia de las cosas no vistas.* Esta es quizás la definición más esotérica dada hasta ahora, y su verdadero significado será revelado en las dos generaciones próximas. La palabra "fe" constituye un buen **[i194]** ejemplo del método de "ocultar" algunas antiguas verdades para que su significado no sea revelado prematuramente. Luz y sustancia son términos sinónimos. Alma y luz también lo son, y en esta similitud –luz, sustancia, alma– reside la clave de la fusión y de la unificación que Cristo expresó tan plenamente durante Su vida en la Tierra.

Por lo tanto, cuando los aspirantes y estudiantes progresan en el logro de hacer contacto con el alma, han dado uno de los pasos más importantes hacia la comprensión de la luz y sus aplicaciones. Sin embargo, deben tener cuidado de no confundir la intuición con la luz que ellos pueden arrojar sobre la vida, las circunstancias, los acontecimientos y el medio ambiente. La luz que estamos considerando se manifiesta en los tres mundos y revela la forma y las formas, sus reacciones y efectos, sus espejismos y atrayente apariencia, su poder para alucinar y aprisionar la conciencia. La luz a la cual nos referimos es la luz del alma que ilumina a la mente y produce la revelación del mundo de formas en que esa vida se halla sumergida.

La intuición nada tiene que ver con los tres mundos de la experiencia humana, sino solo con las percepciones de la Tríada espiritual y con el mundo de las ideas. *La intuición es para el mundo de significados, lo que la mente para los tres mundos de la experiencia.* Produce comprensión, de la misma manera que la luz del alma produce conocimiento, por medio de esa experiencia. El conocimiento no es una reacción puramente mental sino que es algo que se encuentra en todos los niveles, siendo, en alguna forma, intuitivo en todos los reinos. Esto es axiomático. Los cinco sentidos traen el conocimiento del plano físico; la sensibilidad psíquica trae el conocimiento del plano astral;

la mente trae la percepción intelectual, pero los tres son aspectos de la luz del conocimiento (que viene del alma) a medida que va formando sus vehículos de expresión, en el vasto triple **[i195]** medio ambiente que elige como prisión con el propósito de evolucionar.

En una vuelta más elevada de la espiral, la intuición es la expresión de la triple Tríada espiritual relacionada con los niveles superiores de la expresión divina, siendo el resultado de la vida de la Mónada la energía que trae la revelación del propósito divino. El discípulo aprende oportunamente a trabajar en el mundo de esta divina revelación, y el iniciado actúa conscientemente en él. La activa vida en los tres mundos es una expresión distorsionada de esta experiencia superior, constituyendo también el campo de entrenamiento en el cual se desarrolla lentamente la capacidad de *vivir la vida iniciática de percepción intuitiva* y de servicio al Plan. Estas diferenciaciones (en tiempo y espacio, debido a que todas las diferenciaciones son parte de la gran ilusión, aunque necesarias e inevitables cuando la mente las controla) deben ser cuidadosamente consideradas. Los discípulos llegarán a una etapa de su desarrollo en que sabrán si están reaccionando a la luz del alma o a la percepción intuitiva de la Tríada. Entonces llegarán a la etapa donde comprenderán que percepción intuitiva —como ellos la denominan— solo es la reacción de la personalidad iluminada a la tendencia a identificar de la Tríada. Estos conceptos están más allá de la percepción del individuo medio, debido a que fusión e identificación no son lo mismo.

Las reglas para la Técnica de la Luz han sido establecidas adecuadamente en el sistema de Raja Yoga de Patanjali, de las cuales las cinco etapas: Concentración, Meditación, Contemplación, Iluminación e Inspiración son ilustrativas; estas, a su vez, deben ir acompañadas por un acatamiento a las cinco Reglas y a los cinco Mandamientos. Quisiera que los estudien. Estos a su vez, producen los innumerables resultados de la sensibilidad psíquica, de los cuales son un ejemplo el contacto jerárquico, la iluminación, el servicio y la disciplina y, finalmente, la **[i196]** etapa de "unidad aislada", término paradójico usado por Patanjali para describir la vida interna del iniciado.

Gran parte de lo que he dicho antes es muy conocido por todos los aspirantes, ya sea que estudien el Raja Yoga de la India o la vida del místico práctico, enseñada por místicos, tales como Meister Eckhart y los modernos esotéricos polarizados en forma más mental. Estos últimos, por medio de la fusión, fueron más allá de la visión mística. No es necesario que me extienda sobre ello, pues es la etapa superior de unificación de la cual todos los verdaderos místicos son testigos.

Lo que aquí nos concierne es saber cómo esta luz puede ser reconocida, captada y empleada a fin de disipar el espejismo y prestar un profundo servicio esotérico al mundo. Podría decirse que la luz interna es como un faro que escudriña el mundo del espejismo y de la lucha humana, lo que un Maestro ha denominado "el pedestal del alma y la torre o faro espiritual". Estos términos transmiten la idea de altitud y de distancia, tan características en el acercamiento místico. El poder para utilizar esta luz, como agente disipador, solo se obtiene cuando dichos símbolos ya no se tienen en cuenta y el servidor empieza a *considerarse* como luz y centro de irradiación. He aquí la razón de algunos tecnicismos de la ciencia ocultista. El esotérico sabe que en cada átomo de su cuerpo existe un punto de luz. También sabe que la naturaleza del alma es luz. Durante eones, camina ayudado por la luz engendrada en sus vehículos, por la luz de la sustancia atómica de su cuerpo, siendo por lo tanto guiado por la luz de la materia. Luego descubre la luz del alma, y más adelante aprende a fusionar y mezclar la luz del alma con la luz de la materia. Entonces brilla como un portador de Luz, pues la luz pura de la materia y la luz del alma están fusionadas y enfocadas. El empleo de esta luz enfocada, a medida que disipa el espejismo individual, enseña al discípulo las primeras etapas de la técnica que disipará [i197] el espejismo grupal y oportunamente el espejismo mundial, siendo este el próximo punto que trataremos.

El tópico que estamos tratando —la luz del alma, cuando disipa el espejismo en los tres mundos— es el tema de estudio más práctico, útil y necesario que existe actualmente; concierne al plano astral, y el servicio a prestar es vital y oportuno. Liberar al mundo individual y humano del espejismo omniabarcante que mantiene a la humanidad esclavizada, es un requisito esencial para la raza. La nueva era, que se abrirá ante la humanidad al finalizar la guerra, se distinguirá por su polarización mental y la consiguiente liberación del espejismo; entonces dominará la ilusión durante un tiempo, hasta que la intuición se desarrolle más plenamente. Esta ilusión tendrá resultados muy distintos a los que se producen cuando los seres humanos viven y trabajan en medio del espejismo. La segunda característica de la nueva era la constituirá la forma científica de encarar el problema del espejismo, que entonces será reconocido por lo que es y disipado científicamente, empleando las mentes iluminadas de los grupos que trabajan al unísono, especialmente para ese propósito.

Por lo tanto, les presento (a los aspirantes y discípulos del mundo) la posibilidad de realizar un servicio mundial definido. Con el tiempo se han de formar grupos con aquéllos que trabajan para disipar el espejismo existente en sus vidas individuales, y esto lo hacen no solo para lograr su propia liberación, sino con el objetivo especial de despejar los espejismos significativos del plano astral.

Trabajarán unidos en algún aspecto especial del espejismo mundial, empleando el poder de sus mentes individuales iluminadas; dirigirán unidos "el faro de la mente, reflejando la luz del sol, irradiando al mismo tiempo su propia luz interna sobre las brumas y nieblas de la Tierra, en las cuales todos los seres humanos tambalean. **[i198]** Dentro de la iluminada esfera de la luz radiante enfocada, surgirá triunfante la realidad".

Es interesante observar que la plegaria más antigua del mundo se refiere a los tres aspectos del espejismo, y para ello deben emplearse las tres técnicas que posibilitarán la liberación y el progreso. Como bien saben, esta plegaria extraída del Brihadaranyaki Upanishad I, 3,28, es la siguiente:

"Condúcenos, Oh Señor, de la oscuridad a la luz; de lo irreal a lo real; de la muerte a la inmortalidad."

"Condúcenos de la oscuridad a la luz" se refiere a la mente cuando eventualmente la ilumina la luz de la intuición; esta iluminación es llevada a cabo por medio de la Técnica de la Presencia, desde la Cual brilla la luz. Este factor mediador produce la Transfiguración de la personalidad y un centro de luz radiante en el plano mental. Esta afirmación es verdadera, ya se refiera a un individuo o a ese punto focal de luz formado por la unidad mental y el claro pensar de la humanidad avanzada. Por el poder de su mente unida conseguirá liberar al mundo de algunos aspectos de la Gran Ilusión.

"Condúcenos de lo irreal a lo real" tiene una relación específica con el plano astral y todos los espejismos que abarca. Dichos espejismos personifican las cosas irreales que al ser presentadas a los prisioneros del plano astral los induce a confundirlos con la Realidad. La actividad de

la Técnica de la Luz, empleada por quienes trabajan en forma grupal para disipar el espejismo y hacer surgir en la conciencia de los seres humanos un claro concepto y *reconocimiento de la naturaleza de la Realidad,* puede dar fin al aprisionamiento producido por el espejismo.

El tema inmediato lo constituye el trabajo especial de disipación. Es de importancia vital para quienes ven **[i199]** la puerta abierta hacia el futuro y a través de la cual han de pasar todos los seres humanos que comiencen a llevar a cabo dicha tarea. Solo de esta manera la humanidad podrá ser ayudada para que olvide los errores, los espejismos y los fracasos del pasado. Esta técnica puede liberarnos del espejismo y transformar la vida humana, trayendo así la nueva civilización y la nueva cultura. Esta disipación puede ser llevada a cabo por todos los discípulos del planeta, ayudados por los aspirantes del mundo; sin embargo, este trabajo han de realizarlo principalmente aquéllos que, por el enfoque del rayo a que pertenecen, hacen de la vida astral su línea de menor resistencia y han aprendido o están aprendiendo a dominarla por el poder del pensamiento y la luz mental. Las personas del primer caso pertenecen al sexto rayo, siendo ayudados por los aspirantes y discípulos de segundo y cuarto rayos.

En tiempo y espacio, esta tarea será ante todo instituida y controlada en forma grupal, solo por aspirantes cuyo rayo del alma o de la personalidad, corresponda al sexto, o por aquéllos cuyos cuerpos astrales están condicionados por el sexto rayo. Cuando hayan comprendido la naturaleza del trabajo a realizar y "adoptado fanáticamente la técnica de la luz en servicio de la raza", su trabajo será completado por los discípulos de segundo rayo, trabajando desde los Ashramas de los Maestros que aceptan discípulos. El trabajo efectuado por ambos grupos será finalmente revelado (en fecha muy posterior) por aquellos aspirantes y discípulos que entrarán en actividad astral cuando el cuarto rayo empiece nuevamente a manifestarse. En consecuencia, el trabajo de disipar el espejismo es llevado a cabo por aquéllos que vienen a la manifestación de acuerdo a las líneas de energía que personifican el segundo, cuarto y sexto rayos. Hago hincapié sobre esto pues frecuentemente los discípulos emprenden tareas para las cuales no están particularmente adaptados y cuyos rayos no los ayudan a cumplir y, a veces, impiden que las efectúen.

[i200]La totalidad del tema se relaciona con la conciencia, el segundo aspecto, y concierne a las formas mediante las cuales la humanidad llega a ser progresivamente consciente. El espejismo es causado por el reconocimiento de aquello que el individuo mismo ha creado y, como se ha dicho esotéricamente, "el ser humano solo llega a ser consciente de la Realidad cuando ha destruido lo que él mismo ha creado". Estas formas se clasifican en dos grupos principales:

1. Las que tienen un origen muy antiguo, siendo el resultado de la actividad, el pensamiento y el error humanos. Abarcan todas las formas de *la naturaleza de deseos* que el ser humano ha creado en el transcurso de las edades, constituyendo la sustancia nebulosa del espejismo nebulosa desde el punto de vista físico, pero densa desde el ángulo del plano astral. Son las que proveen el incentivo que se halla tras todo esfuerzo y actividad en el plano externo, cuando el individuo trata de satisfacer el deseo. El aspirante individual debe liberarse de estas formas, después que atraviesa ese portal denominado la segunda iniciación y pasa a una conciencia más amplia.

2. Las que van siendo constantemente creadas e incesantemente producidas en respuesta a la *aspiración* de la humanidad y proporcionan el incentivo que conduce al ser humano, primeramente, a realizaciones personales elevadas y luego a realizaciones espirituales. Contienen en sí indicios de lo nuevo y lo posible. Análogamente (por extraño que parezca) constituyen un espejismo, pues son temporarias e ilusorias y no se les debe permitir que oculten lo Real. Esa Realidad se precipitará en el momento oportuno cuando afluya la luz superior. Son indicaciones de lo Real, y a menudo se las confunde con lo [i201] Real; están en conflicto con las ideas y deseos del pasado y, con el tiempo, han de ceder su lugar a la verdadera Presencia de lo Real. Constituyen –en tiempo de crisis– la gran prueba para todos los aspirantes y discípulos, evocando el tipo más sutil de discriminación; una vez que esa prueba ha sido pasada triunfalmente puede confiársele al discípulo y al aspirante la tarea de disipar estos dos tipos de espejismo, remarcando la necesidad inmediata o algún espejismo mundial particular de actualidad.

Por lo tanto, es evidente que los grupos que trabajan conscientemente en la tarea de disipar el espejismo tendrán las características siguientes:
1. Estarán constituidos por aspirantes y discípulos de sexto rayo, ayudados por trabajadores espirituales de segundo rayo.
2. Estarán formados por aquéllos que:
   a. Están aprendiendo o han aprendido a disipar sus propios espejismos individuales y pueden comprender la tarea a realizar.

    b. Están enfocados en el plano mental y, por lo tanto, poseen cierto grado de iluminación mental. Están dominando la Técnica de la Luz.

    c. Conocen la naturaleza de los espejismos que intentan disipar y pueden emplear como faro, a la mente iluminada.

3. Entre sus miembros se hallarán aquéllos que, hablando esotéricamente, están rápidamente desarrollando o poseen:

    a. El poder de reconocer no solo el espejismo por lo que es, sino de discriminar entre los diferentes y muchos otros tipos de espejismos.

    b. El poder de apropiarse de la luz, absorbiéndola en sí mismos y luego consciente y científicamente la proyectarán al mundo del espejismo. Los **[i202]** Maestros, los iniciados avanzados y los discípulos mundiales lo hacen solos, si es necesario, no requiriendo la protección del grupo ni la ayuda de luz de los miembros del grupo.

    c. El poder de emplear la luz, no solo por medio de la absorción y la proyección, sino también por el empleo consciente de la voluntad, conduciendo la energía por medio del haz de luz proyectada. A esto agreguen el enfoque constante y firme. El haz así proyectado tiene un doble uso: Actúa en forma expulsora y dinámica, así como un fuerte viento esparce o disipa una densa niebla o como los rayos del sol disipan y absorben la neblina. O bien actúan como un haz de luz por el que puede penetrar lo nuevo y una parte de la intención divina. Las nuevas ideas e ideales deseados pueden llegar "sobre el haz", análogamente como el haz de luz dirige y lleva a los aviones hacia el lugar de aterrizaje.

A. LA DISIPACIÓN DEL ESPEJISMO INDIVIDUAL

Consideraremos, ante todo, la forma en que el aspirante individual puede lograr disipar los espejismos que durante épocas han condicionado su vida en los tres mundos. Ha sido dominado por el deseo durante las cuatro quintas partes de sus encarnaciones. Ha empezado a transmutar el deseo en aspiración y a buscar –con toda la devoción, la emoción y el anhelo de que es capaz– la realización. Entonces se hace consciente de la aterradora naturaleza de los espejismos entre los cuales camina automática y normalmente. El espejismo surgió cuando el ser humano reconoció y registró, como incentivo, el deseo, demostrando así su humanidad y su diferencia con el animal, pues la mente revela la existencia del deseo. El esfuerzo instintivo para satisfacer el deseo innato –inherente a la naturaleza inferior– dio **[i203]** lugar a esfuerzos *planeados* para satisfacer el deseo, implicando el empleo rector de la mente. De esta manera, la línea de demarcación entre lo animal y lo humano fue cada vez más evidente, apareciendo hace eones la primera y básica expresión del puro egoísmo. Más tarde, a medida que prosiguió la evolución y el deseo era transferido de una satisfacción a otra, empezó a asumir un aspecto menos físico, y el ser humano buscó el placer en la experiencia emocional y en su dramatización; esto condujo al drama como primera expresión artística, por cuyo intermedio en el transcurso de las épocas, el ser humano ha tratado de colmar la vida emotiva y dramática individual, sumergiéndose en el drama a fin de exteriorizarse complementando sus dramas, deseos y objetivos personales con los desarrollados por la imaginación creadora, sentando la base para el reconocimiento, inteligente y real, de la parte en relación con el todo. Así se estableció en las primeras épocas de la raza Atlante la base para desarrollar el sentido de dualidad mística, pasando por las diferentes etapas del reconocimiento antropomórfico de la deidad hasta lograr el reconocimiento de lo real en el ser humano; finalmente llegamos al problema que enfrenta el discípulo. Luego, el Morador en el Umbral se enfrenta con el Ángel de la Presencia y tiene lugar el último y principal conflicto.

Esta conciencia dual culmina durante la tercera iniciación cuando se libra la última batalla entre los pares de opuestos y el Ángel logra su triunfal victoria, la personificación de las Fuerzas del Bien en el individuo, en el grupo y en la humanidad. Entonces no desaparece uno mismo (identificado con el Todo) sino la dualidad y el deseo por lo material, lográndose la unidad y la "vida más abundante".

El proceso seguido por el discípulo que trabaja conscientemente para disipar el espejismo en su vida, puede ser [i204]dividido en cuatro etapas, de las cuales pueden darse las siguientes definiciones:

1. *Reconocimiento* del espejismo o espejismos que velan lo Real, los cuales dependen, en cualquier crisis de vida, del rayo de la personalidad.

2. *Enfoque* de la conciencia del discípulo en el plano mental, concentrando la luz en ese punto de enfoque para iluminar con claridad y ver con nitidez el trabajo a realizar y dirigir el faro de la mente sobre el espejismo que se ha de disipar.

3. *Orientación*, lo cual implica la constante afluencia de luz orientada inteligentemente hacia los lugares oscuros del plano astral, recordando que la luz permitirá al discípulo hacer dos cosas:

a. Disipar el espejismo una experiencia satisfactoria.

b. Ver lo Real una experiencia terrible.

4. *Identificación* con lo Real cuando se hace contacto con ello después de haber disipado el espejismo. Entonces se dispondrá de más luz y se reconocerán espejismos más sutiles que también deben ser disipados.

Este proceso de reconocimiento, centralización, disipación y consiguiente revelación prosigue continuamente desde el momento en que el discípulo huella el Sendero del Discipulado aceptado, hasta llegar a la tercera iniciación.

La clave del éxito en este proceso está relacionada, por lo tanto, con la meditación y con el proceso de mantener la mente firme en la luz. Solo por medio de la perseverancia puede formarse, intensificarse, enfocarse y proyectarse el haz de luz y luego **[i205]** –en el momento oportuno– ser retirado. No puedo dilucidar aquí el proceso de la meditación, basado en la correcta comprensión de la naturaleza de la concentración. Ya he escrito mucho sobre el tema, y la disciplina del Raja Yoga es muy conocida. La concentración y el control mental es tema corriente en todas las instrucciones dadas por los educadores y los padres iluminados. En la actualidad, a la persona común le resulta difícil comprender que existió una época en que frases tales como "emplee la mente" o "si solo pensara" o "si controlara un poco su mente sería más útil" eran totalmente desconocidas, puesto que la mente estaba poco desarrollada, Entonces solo era reconocida como factor activo por aquéllos que poseían conciencia iniciática. El Sendero de Evolución es, en realidad, el Sendero de los reconocimientos, que conduce a la revelación: Todo el proceso de la evolución es de carácter iniciático y lleva de una expansión de conciencia a otra, hasta que los mundos de lo sin forma y de la forma queden revelados por la luz que genera el iniciado, y en la cual camina. Estas luces son variadas y diversamente reveladoras. Tenemos:

1. La luz de la materia que se halla en todo átomo de sustancia.
2. La luz del vehículo vital o etérico —reflejo de la Luz Una, porque unifica los tres tipos de luz dentro de los tres mundos.
3. La luz del instinto.
4. La luz del intelecto o del conocimiento.
5. La luz del alma.
6. La luz de la intuición.

Vamos de una luz a otra y de una revelación a otra, hasta que salimos del reino de la luz y entramos en el reino de la vida que es, todavía para nosotros, plena oscuridad.

Es evidente que esta acrecentada luz, trae consigo una constante serie de revelaciones **[i206]** que, como todo lo demás en el mundo de la experiencia humana, despliega ante los ojos, primero, el mundo de las formas, luego el mundo de los ideales y después la naturaleza del alma, de las ideas y de la divinidad. He elegido unas pocas palabras que encierran la revelación y simbolizan su carácter. Pero todas estas revelaciones constituyen una gran revelación unificada que va abriéndose lentamente ante los ojos de la humanidad. La luz del yo inferior personal revela al ser humano el mundo de las formas, de la materia, del instinto, del deseo y de la mente; la luz del alma revela la naturaleza de la relación que existe entre estas formas de vida y el mundo de lo amorfo, y el conflicto entre lo real y lo irreal. La luz de la intuición despliega, *ante la visión del alma, dentro de la personalidad,* la naturaleza de Dios y la unidad del Todo. La inquietud que proporciona el deseo por lo material, tratando de ser satisfecho en los tres mundos, cede su lugar oportunamente a esa aspiración para establecer contacto con el alma y lograr la vida del alma. A su vez, esto es reconocido como un paso dado hacia esas grandes experiencias fundamentales que denominamos las cinco iniciaciones mayores, las cuales revelan al individuo el hecho, hasta entonces ignorado, de su inseparabilidad y de la relación de su voluntad individual con la voluntad divina.

Vamos ahora a estudiar el modo en que se realizan estas fases del trabajo en el plano astral: primero, el individuo aprende a emplear la luz de la mente, que el alma genera cuando se relaciona íntimamente con la personalidad, y la impulsa la intuición. Por medio de esta luz el discípulo aprende a disipar sus espejismos personales y particulares. Menciono esto pues quisiera que comprendieran la magnitud de la tarea que un ser humano emprende cuando se dispone conscientemente a liberarse del espejismo, como preparación para prestar un servicio más amplio. Luego entra en conflicto con el espejismo de dicho plano, y está propenso a sentirse vencido al darse cuenta de lo que está enfrentando. Esto constituye una de las **[i207]** causas de la intensa depresión y de esos grandes complejos de inferioridad que inhiben totalmente a algunas personas o las conducen oportunamente al suicidio. Sus propios espejismos personales las ligan al espejismo nacional o planetario, condicionando así su vida y pensamiento. Les pediría que recuerden esto cuando tratan con personas de ideas fijas e incapaces de ver la verdad como ustedes la ven. Son así porque su espejismo individual está nutrido por espejismos mayores, y esto es demasiado para ellos.

No intento específicamente ocuparme de determinados espejismos sino de darles una fórmula que, con ligeros cambios y agregados, pueda servir al individuo y al grupo en la tarea de disipar el espejismo. Comenzaré diciendo, que lo primero que el ser humano necesita es comprender sus reacciones, ideas, deseos y experiencias de la vida; en lo que respecta a su naturaleza emocional, está condicionado por un espejismo o espejismos, siendo víctima de varios espejismos engendrados en el transcurso de muchas vidas, profundamente arraigados en su historia, y a los cuales reacciona instintivamente. Sin embargo, llega el momento en que el discípulo en probación se hace consciente de estos espejismos instintivos y los reconoce en cuanto aparecen, y hasta reacciona a ellos; trata de liberarse trabajando primeramente en forma esporádica e intenta emplear la mente para razonar con el fin de liberarse de ellos y alternar entre el éxito momentáneo —cuando puede actuar deliberadamente como si estuviera libre de espejismos—, y los prolongados períodos de derrota en que se siente vencido y no puede ver la luz por ninguna parte, actuando como una persona ciega y confundida. Esto indica que es atraído como por un imán (la fuerza de los antiguos espejismos acumulados y sus efectos kármicos) hacia el centro del espejismo que está tratando de evadir. Después viene la etapa (resultado de este alternante proceso) donde la atracción del alma comienza a contrarrestar la atracción por dichos espejismos: **[i208]** aspirando a expresarse libremente y a liberarse del control que ejerce el plano astral. Entonces tiene lugar el proceso equilibrador.

Durante esta etapa la meditación es de tal naturaleza que el ser humano llega a ser consciente de la luz del alma al mezclarse con la luz innata del cuerpo mental, intensificándose constantemente esta luz fusionada, cuando persiste en su trabajo de meditación. Entonces llega la etapa en que el aspirante descubre que esta luz interna puede ser empleada, y comienza, en forma experimental y con variable éxito, a dirigir esa luz sobre los problemas de su espejismo particular. En esta etapa se lleva a cabo la Técnica de la Luz, empleándola de tal manera que desaparece la vaga, poco científica y antigua técnica. Dicha técnica solo es útil para el ser humano que sabe algo sobre la luz de la mente, la luz de la cabeza y la luz del alma. La luz de la cabeza es producida por la unión definidamente planeada de la luz del alma y la luz de la personalidad enfocada en el cuerpo mental, produciendo su efecto en el cerebro. Este proceso de centralización tiene tres etapas:

1. En la primera, la luz de la mente y de la materia se enfoca en el vehículo mental.
   Esto significa unir la luz de la materia y de la sustancia (materia densa y luz etérica) con la luz de la mente. No existe en el cuerpo astral una luz peculiar ni específica o que pertenezca al mismo, pues solo es un conglomerado de formas, creadas por individuos, naciones o razas, que en su totalidad constituyen el plano astral, que no posee luz innata como las otras formas. Estas no han sido creadas por el Logos planetario como forma de expresión de una vida dinámica, constituyendo el verdadero significado de lo que dije anteriormente: que el plano astral, en realidad, no existe. Es la creación fantasmagórica del deseo humano en el transcurso de las **[i209]** épocas, siendo su falsa luz un reflejo de la luz de la materia o de la mente. Este proceso de enfoque se inicia mediante el alineamiento

y el esfuerzo de llevar a un punto de iluminación la luz positiva de la mente y la luz negativa del cerebro, y es llevado a cabo por medio del control mental desarrollado en la meditación. Cuando ambos polos opuestos se relacionan, entonces (por un acto de voluntad de la personalidad) estos dos aspectos de la luz menor forman un minúsculo punto de luz —como la luz de una pequeña linterna— que revela algún aspecto del espejismo, al cual el aspirante responde con más facilidad. Lo único que puede hacer esta primera luz enfocada es revelar. No tiene poder de disipar ni puede neutralizar el espejismo existente, solo logrará que el ser humano se dé cuenta en su conciencia de vigilia o cerebral, de que el espejismo lo tiene aferrado. Esto se relaciona con la etapa de concentración en el proceso de meditación.

2. En la segunda, el enfoque se produce por el esfuerzo realizado al practicar la meditación. En la etapa anterior, el proceso de fusión de las dos luces materiales corresponde totalmente a la forma, y el aspirante es impulsado por las fuerzas y aptitudes de su personalidad. Una ilustración de esto y de su efectividad puede verse en el individuo que, por móviles puramente egoístas y mediante una intensa concentración, enfoca su mente para lograr satisfacer sus deseos y alcanzar sus objetivos. Elimina todas las reacciones emocionales, disipando gran parte del espejismo; desarrolla la capacidad de extraer la luz de la materia (materia física y sustancia mental) generando así una falsa luz, de la cual está rigurosamente excluida la luz del alma. Este

poder engendra con el tiempo al mago negro, el cual ha desarrollado la capacidad de extraer **[i210]** la energía de la luz de la materia, enfocándola en forma tan poderosa y eficaz que se convierte en una gran fuerza destructiva. Esto ha dado a Hitler y a sus seis malignos asociados el poder para destruir en el plano material. Pero, en el caso del aspirante, el poder para meditar sobre la realidad espiritual y de hacer contacto con el alma contrarresta los peligros innatos, cuando se enfoca en la luz de la materia y la emplea en forma exclusiva; a la luz de la materia se le añade la luz del alma, entonces ambas luces fusionadas, o aspectos de la Luz Una, son enfocadas en el plano mental por medio del poder de la imaginación creadora. Esto capacita al individuo oportunamente para disipar el espejismo, liberándolo del plano astral.

3. En la tercera etapa la luz de la materia, la luz de la mente y la luz del alma (como canal para la intuición) son conscientemente mezcladas, fusionadas y enfocadas. Entonces el ser humano enfoca esta luz fusionada, dirigida por el alma, sobre el mundo del espejismo y sobre ese determinado espejismo que le preocupa en un momento dado. La falsa luz del plano astral desaparece en esta triple luz fusionada, así como el fuego puede desaparecer de la vista cuando está expuesto a la plena luz del sol o a una lente de aumento, enfocando los rayos solares, puede iniciar una llama destructora. El empleo de una potente luz puede llegar a eliminar una luz menor y disipar una niebla.

Todo esto debe ser llevado adelante, comprensiva y conscientemente, como paso preliminar de la técnica. Su trabajo será primero experimental y oportunamente lo aplicará en forma científica. Estará fundado en el reconocimiento de la verdad que es enfrentada y aceptada. Este trabajo no constituye una especie de razonamiento, aunque precede al trabajo **[i211]** definidamente científico que estoy delineando; tampoco consiste en cultivar nuevas ocurrencias de tipo mental y espiritual que gradualmente reemplazan al deseo y expelen al espejismo, lo cual es de carácter preparatorio y conduce a ese desenvolvimiento que capacita al aspirante para trabajar científicamente; ni es un proceso para "matar el deseo" como enseñan algunas escuelas de pensamiento, sino un proceso de eliminación gradual del deseo por medio de una severa disciplina y un duro trabajo de entrenamiento, implicando incidentalmente, la disipación del espejismo. Estas han sido las técnicas lentas del pasado. Hoy el proceso debe cambiar, porque muchas personas son el producto de la comprensión y pueden trabajar inteligente y científicamente.

Estoy desarrollando un proceso mediante el cual obtendrán una rápida y efectiva disipación, y se funda en la aceptación de la hipótesis de la luz, en el reconocimiento de que el plano astral no tiene verdadera existencia, en la aplicación de la imaginación creadora y en seguir incuestionablemente las instrucciones, como individuos y como grupo.

Tengo la intención de darles dos fórmulas. Una, para uso individual y otra, para los grupos que pueden emplearla, cuando dedican su esfuerzo unificado a disipar el espejismo, ya sea grupal o en relación con algún aspecto del prevaleciente espejismo mundial. Dos cosas serán evidentes:

Primero, que quienes participan en la eliminación del espejismo deben saber distinguir entre el espejismo y la realidad. A menudo, ambos se asemejan cuando se examinan superficialmente. Deben estar en condición de reconocer que una situación emocional o astral constituye un velo tendido sobre la verdad y es una distorsión de la presentación o apariencia de la expresión de la divinidad en el individuo o en el grupo. Por lo tanto, deben ser capaces de visualizar, pensar con claridad y reconocer rápidamente lo que impide [i212] la materialización de esa visión y la exacta recepción de la verdad. También deben ser capaces de distinguir entre un espejismo mayor y otro menor. Un espejismo menor, una forma mental pasajera que se desvanece y posee una naturaleza fácilmente reconocible no justifica el uso de cualquiera de las fórmulas. Este espejismo menor podría ser, en un individuo, el sentimiento de auto conmiseración o la glorificación de una notabilidad, por un individuo, un grupo o una nación. El tiempo y el sentido común bastarán para resolver tal situación. Primero, el espejismo mayor en el mundo (anterior a la guerra) era el énfasis puesto sobre las posesiones y la creencia de que la felicidad dependía de las cosas, de los bienes y de las comodidades materiales.

Segundo, las tres etapas de enfoque mencionadas, constituyen un proceso preparatorio. Estas tres etapas deben ser, en cierta medida, desarrolladas antes de que sea posible emplear, con eficacia, las fórmulas. Quienes intentan trabajar en la tarea de liberar al mundo del espejismo, deben someterse constantemente a estos aspectos en el arte de la polarización, si así puedo denominarlo; han de poseer una comprensión del mecanismo del pensamiento, de la creación de formas mentales y de la naturaleza del pensador; tienen que estar emocionalmente polarizados y, sin embargo, cuando realizan el trabajo grupal deben hallarse relativamente libres del control astral. Esta liberación astral debe controlar hasta cierto punto las decisiones de quienes han de trabajar en las disipaciones mayores. En el caso del individuo que está tratando de disipar el espejismo en su vida individual, debería estar mentalmente polarizado por la decisión y el esfuerzo, aunque la naturaleza emocional sea para él, en una vida determinada, la línea de menor resistencia. Quienes trabajan en forma grupal lograrán cierta medida de centralización mental, pero para los propósitos del trabajo a realizar, se enfocarán consciente y deliberadamente en el plano emocional, **[i213]** controlando sus naturalezas. En consecuencia, los trabajadores deben haber practicado la meditación, haber reflexionado mucho sobre la naturaleza del pensamiento y su empleo y ser conscientes de la luz interna.

Cuando estas tres etapas han sido establecidas como actividades, hábitos y reacciones automáticas relacionadas, y cuando la intención es fija y la capacidad de enfocar se ha convertido en una reacción casi instintiva, entonces puede hacerse un trabajo sólido y eficaz; a este trabajo debe añadirse la persistencia y la paciencia. Podría agregar que no es necesario haber realizado a la perfección el proceso antes de comenzar el trabajo y el servicio. Los discípulos y aspirantes deben cultivar la conciencia de colaboración y comprender que en el servicio propuesto, participan definidamente en una actividad jerárquica y, por lo tanto, están en situación de prestar ayuda, aunque solos y sin apoyo no puedan obtener los resultados deseados. Por medio de su ayuda combinada puede ser acelerado el proceso. Actualmente, a escala mundial, se está comprendiendo el poder que ejerce el esfuerzo unido en el mundo físico y el realizado durante la guerra en algunos países ha apresurado grandemente esta comprensión.

El poder de la emoción conjunta (que se expresa a menudo en lo que se denomina psicología de las masas) es reconocido hoy en todas partes, temido y explotado. El poder del pensamiento unificado es aún poco comprendido, y el innato poder que existe en la luz de muchas mentes, que las hace instrumentos eficaces en los asuntos mundiales, penetrando y disipando el espejismo y demostrando ser creadoras en el plano físico, se verá que forma parte de los nuevos métodos de trabajo que serán empleados en la nueva era. Para ello, la Jerarquía ha planeado y trabajado, y está ahora preparada para probar la efectividad de ese trabajo por medio de la organización de un grupo o grupos que trabajarán con el problema del espejismo.

Por consiguiente, observarán que lo que estoy delineando es relativamente nuevo. La tenue impresión de la técnica venidera, **[i214]** en lo que respecta al individuo, ha sido registrada. Hombres y mujeres de todas partes tratan de liberarse del espejismo por el poder del claro pensar, la severa disciplina y el sentido común, y por el consciente registro de su relación con el todo —que los induce a eliminar de su vida todo lo que podría causar dificultades a los demás o aumentar la decepción del mundo por medio del espejismo. A esto se agregará (quizás como un aspecto de la nueva religión mundial, en camino de exteriorización) la comprensión de que los grupos pueden eliminar con éxito los espejismos que oscurecen el camino de la humanidad hacia su meta, por medio del poder del pensamiento combinado y proyectado.

A fin de dar, en esta línea de servicio, el primer paso hacia la actividad grupal unida, presento una fórmula o ritual grupal que —si es utilizado por aquéllos cuyas vidas están relativamente libres del espejismo y el grupo lo reconoce, son realistas y están animados por buenas intenciones— harán mucho para terminar con ciertos aspectos del espejismo mundial. Su esfuerzo, conjuntamente con el de grupos similares, debilitará de tal manera el poder de estos antiguos espejismos que el "Día del Esclarecimiento" vendrá oportunamente.

Sin embargo, permítanme ante todo, darles una fórmula breve para que la emplee el aspirante, la cual puede ayudarlo a liberarse de su espejismo o espejismos particulares. Clasificaré el proceso, debiendo seguirlo el aspirante en la forma dada, sin tener en su mente ningún sentido del tiempo, estando dispuesto a efectuar este trabajo con regularidad durante meses y si fuera necesario durante años, hasta que se haya liberado y la luz afluya al plano astral por intermedio de su cuerpo astral. Sugeriría que ningún aspirante intente enfrentar el problema del espejismo en su totalidad o procure disipar los espejismos a los cuales es susceptible. Debe enfrentar un mal muy antiguo y también espejismos **[i215]** firmemente establecidos, los cuales están estrechamente vinculados a aspectos de su vida diaria, de su vida sexual o de sus ambiciones, sus relaciones con otras personas, sus ideas o ideales favoritos, sus sueños y visiones. Deberá elegir el espejismo que más prepondera y obstaculiza en un momento dado (siempre existe alguno), y ha de trabajar conscientemente para disiparlo, si quiere establecer las bases de un servicio efectivo en la disipación del espejismo mundial.

FÓRMULA PARA DISIPAR EL ESPEJISMO (Individual)

I.*Etapas Preparatorias*
1. Reconocer el espejismo a disipar. Implica:
    a. La disposición de colaborar con el alma, en lo físico, astral y mental, a fin de ayudar en el trabajo técnico. Reflexionen sobre las implicaciones de esta frase.

b. El reconocimiento de las diversas maneras en que este espejismo afecta a la vida diaria y a todas las relaciones.

2. Emprender las tres etapas de enfoque anteriormente delineadas (págs. 236–238).

   a. *El enfoque de la luz de la mente y de la luz de la materia en el vehículo mental.* Esto se realiza por un proceso de elevación, mezcla y fusión, para lo cual se emplea la actividad de la imaginación creadora.

   b. *La meditación*, que a su debido tiempo produce la fusión de la luz de la materia, la luz de la mente y la luz del alma en el plano mental. **[i216]**

   c. *La comprensión de que estas tres luces son una sola luz unificada*, un faro preparado para ser dirigido en cualquier dirección.

3. Reconocer dos aspectos de la etapa preparatoria:

   a. El alineamiento de la personalidad, para que los tres aspectos de la naturaleza inferior sean vistos como constituyendo una sola personalidad en acción.

   b. El acto de integración, donde la personalidad y el alma son vistas también como una unidad. Esto se realiza dedicando la personalidad al alma y su aceptación por esta.

   Estas dos líneas de pensamiento producen un campo de pensamiento y comprensión magnéticos en el cual se efectúa todo el trabajo.

4. Una pausa donde el ser humano se afirma para realizar el trabajo. Después de haberse preocupado profundamente de la etapa del contacto con el alma y la preparación inicial, enfoca su atenta mente sobre el espejismo a disipar, lo

cual no implica tener conciencia del espejismo y de su por qué y para qué. *Significa apartar la atención de la personalidad integrada con el alma y llevarla al plano astral y al espejismo particular; la atención no ha de ser dirigida al cuerpo astral del aspirante* que trata de efectuar este trabajo. Esta afirmación es de gran importancia, porque al destruir el tipo peculiar de espejismo que le concierne, el aspirante o discípulo comienza a destruir la parte que le corresponde en el mismo lo que hay en él y lo pone en contacto con el espejismo, al mismo tiempo que se prepara para el servicio grupal en esa misma línea. Esta tarea no es fácil.[i217]

II. Técnica o Fórmula

5. Por un acto de la imaginación creadora el trabajador se esfuerza por ver y oír al alma –la fuente de luz y poder en los tres mundos– exhalando el OM dentro de la mente de la atenta personalidad expectante. Allí la luz y el poder del alma son retenidos y mantenidos por la personalidad positiva, pues no es deseable una actitud negativa.

6. La luz y el poder retenidos, combinados con la luz dual de la personalidad (enfocada como sabemos en el plano mental) se ven como generando una fuerte luz que puede ser visualizada como un faro brillante e intenso. Debe ser vista como una esfera de luz brillante y vívida, pero todavía no es irradiada ni proyectada externamente.

7. Cuando se juzga que este acto de visualización ha sido satisfactoriamente realizado, sigue entonces una pausa en la cual el aspirante enfoca toda la voluntad que posee, detrás de la luz que ha creado mediante la fusión de las tres luces.

Esto se refiere a la etapa de la "mente mantenida firmemente en la luz", mencionada por Patanjali. Aunque el uso de la voluntad –la voluntad del alma–personalidad– es dinámico, en esta etapa ha de ser pasivo, no magnético ni irradiante.

8. Luego sigue un proceso donde el espejismo a disipar y el faro de la mente son puestos en relación con el poder del pensamiento. El espejismo y su cualidad, el faro y su poder, son reconocidos como tales, y el efecto o los efectos a producirse por medio de esta relación, son cuidadosamente analizados. Esto no debe hacerse en forma tal que los procesos mentales y la luz [i218] y el poder, fortalezcan el espejismo, que de por sí es poderoso. Debe ser hecho de tal manera que, al final del proceso, el espejismo pueda ser apreciablemente debilitado y oportunamente disipado. Esta es una realización importante.

9. Habiendo llevado a cabo, en todo lo posible, las necesarias concentración, realización y relación, el aspirante (por un acto de voluntad y la imaginación creadora) enciende el faro y entonces debe ver un vívido haz de luz que afluye y horada el espejismo. Debe visualizar un amplio y brillante haz de luz que surge desde la mente iluminada al plano astral, y ha de creer que realmente es así.

10. Entonces viene una fase importante y difícil del trabajo, donde el trabajador *nombra el espejismo* y lo ve en proceso de disiparse. Ayuda al proceso, diciendo con tensión e inaudiblemente:

    El poder de la luz impide la aparición del espejismo (nombrarlo).

El poder de la luz impide que la cualidad del espejismo me afecte.

El poder de la luz destruye la vida que existe detrás del espejismo.

La pronunciación de estas tres frases constituye una afirmación de poder y de propósito y deben ser dichas en un punto de tensión, con una mente firme y orientada positivamente.

11. Se pronuncia nuevamente la Palabra Sagrada, con la intención de producir, lo que en lenguaje esotérico se llama un "Acto de Penetración"; entonces se ve que la luz realiza tres cosas: **[i219]**

   a. Un impacto definido sobre el espejismo.

   b. Penetra el espejismo y es absorbida por este.

   c. Lo disipa lentamente; a medida que pasa el tiempo, el espejismo no volverá a ser tan poderoso y en su oportunidad desaparecerá completamente.

12. A esto le sigue un proceso de retracción en el cual el aspirante, consciente y deliberadamente, retira el haz de luz y se reorienta hacia el plano mental.

Debo hacer resaltar que el espejismo nunca se disipa inmediatamente. Tiene un origen muy antiguo. Pero el empleo persistente de esta fórmula debilitará al espejismo, desvaneciéndose lenta e inevitablemente, y el ser humano se liberará de tal impedimento. Quizás esta fórmula les parezca algo extensa, pero la he detallado apropósito, lo más plenamente posible, para que el aspirante comprenda con claridad lo que debe hacer. Después de la debida práctica y de haber seguido fielmente las condiciones requeridas, la seguirá casi automáticamente y solo necesitará que la fórmula sea reducida al breve delineamiento siguiente:

Delineamiento Breve de la Fórmula

1. Las cuatro etapas preparatorias:
   a. Reconocimiento del espejismo a disipar.
   b. Enfoque de la luz de la personalidad, la luz dual.
   c. Meditación y reconocimiento de la luz mayor.
   d. Unificación de la doble luz de la materia y de la luz del alma, creando así el faro de la mente. [i220]
2. El proceso de alineamiento y de integración definida.
3. La orientación deliberada del faro de la mente al plano astral
4. La actividad del alma y la retención de la luz.
5. La generación del faro y su visualización.
6. La evocación de la voluntad detrás del faro de la mente.
7. La luz unificada que se ha generado, es dirigida hacia el espejismo por el poder del pensamiento.
8. La especificación del espejismo y la triple afirmación.
9. El Acto de Penetración.
10. El Proceso de Retracción.

Verá, hermano mio, lo que en realidad estoy haciendo es enseñar, a la generación venidera, cómo destruir esas formas mentales que esclavizan a la raza y que, en el caso del espejismo, constituyen formas adoptadas por el deseo, la emoción, la sensibilidad al ambiente, la aspiración en desarrollo y los viejos ideales que impiden, a la luz del alma, iluminar la conciencia de vigilia. Las energías que toman forma en el plano astral no son emoción ni sensación puras, revestidas de materia astral pura, pues no existe tal cosa, sino los deseos instintivos evocados por la sustancia en evolución del plano físico, y esta, en su totalidad, por la actividad de la familia humana, está siendo redimida y elevada, hasta que algún día veremos la transfiguración de esa sustancia y la "glorificación de la Virgen María" –el aspecto Madre en relación con la divinidad. Son también las formas mentales descendentes que el ser humano, en evolución, crea continuamente, **[i221]** haciéndolas descender a la manifestación y revistiéndolas con la sustancia del deseo. Cuando las formas mentales descendentes (un reflejo en los tres mundos de esa vasta "nube de cosas cognoscibles" como Patanjali lo denomina, en proceso de ser percibida y que se cierne en el plano búdico, esperando la precipitación) y la masa ascendente de las demandas instintivas, que surgen del aspecto inferior del ente humano y de toda la humanidad, se unen en un punto de tensión, tenemos entonces la aparición de lo que se conoce como plano astral una esfera de actividad creada por el ser humano. Los reinos subhumanos de la naturaleza no saben lo que es el plano astral; los reinos superhumanos lo han trascendido y han descubierto el secreto de su ilusión, no reconociéndolo, excepto como campo temporario de experiencia en el cual vive el ser humano. En ese nivel aprende que la realidad no es "nada de esto, sino Uno y Otro relacionados entre sí". Esta es una de las frases ocultas que el discípulo debe aprender a comprender, pues describe la manifestación.

B. La Disipación de los Espejismos Grupal y Mundial

El trabajo grupal para disipar el espejismo mundial deben hacerlo (como es evidente) aquéllos que están trabajando para disipar el espejismo en sus propias vidas y han aprendido a emplear las fórmulas que acabo de dar. La mayoría de los que así trabajan son aspirantes que pertenecen al sexto rayo aquéllos que tienen personalidades de sexto rayo o cuyo rayo del alma corresponde al sexto, además de los que pertenecen a todos los rayos y tienen poderosos vehículos astrales de sexto rayo, constituyen los trabajadores más eficaces del grupo y están sujetos a una especial dificultad. A pesar de la aspiración y la buena intención, raras veces son conscientes de los espejismos que los dominan. Le resulta excesivamente difícil, al aspirante de sexto rayo, admitir que está sujeto a **[i222]** un espejismo, particularmente cuando es un espejismo de naturaleza espiritual, de categoría muy elevada. En dichos casos el espejismo se agranda, debido a la energía de la devoción que lo solidifica, proporcionándole una cualidad que hace muy difícil penetrarlo. Su seguridad llega a ser un serio obstáculo para realizar el trabajo con clara visión, pues todo debe desaparecer antes de que pueda llevar a cabo, con éxito, el trabajo de disipación. Las personas que pertenecen al primer rayo pueden dominar el espejismo, con relativa facilidad, cuando se dan cuenta que constituye una limitación de la personalidad. Las personas que pertenecen al tercer rayo son tan susceptibles al mismo, como lo son las de sexto rayo; sus mentes tortuosas, desviadas y planeadoras y la rapidez con que pueden engañarse a sí mismos (y a menudo engañar a otros) obstaculizan grandemente su trabajo de despejar el espejismo. La incapacidad, del aspirante y del discípulo de tercer rayo, de explicar con claridad su pensamiento por medio de la palabra, pone en evidencia su pronunciada tendencia a ser víctimas del espejismo. Se ha cuidado a sí mismo durante muchas vidas, formulando pensamientos e ideas dudosas, y raras veces puede describir con claridad lo que quiere decir. Por esta razón las personas que pertenecen al sexto y al tercer rayo, por lo general e inevitablemente, son incapaces de enseñar. En consecuencia, ambos deben aprender a emplear esta fórmula, y apresurarían grandemente el proceso de disipación si se esforzaran por hablar o escribir con claridad. Tampoco deben ser ambiguos, expresando a medias sus pensamientos, ni hacer insinuaciones o sugerencias, sino tratar de explicar con claridad las ideas que desean exponer.

Las personas que pertenecen al séptimo rayo tienen la dificultad de crear formas mentales bien nítidas. Por lo tanto, los espejismos que las dominan son precisos y definidos, y aunque se cristalizan y se disipan muy rápidamente, constituye aquello que los impele totalmente. Los aspirantes que pertenecen al segundo rayo, por lo general son conscientes de cualquier espejismo que está tratando de aferrarlos, pues tienen la facultad innata [i223] de percibir con claridad. Su problema consiste en destruir en sí mismos su rápida respuesta a la atracción magnética del plano astral v sus innumerables y difundidos espejismos. No responden tan frecuentemente a un solo espejismo sino a todos, en forma relativamente momentánea, demorando excesivamente su progreso. Debido a su clara visión, suman, a su sensibilidad al espejismo, la capacidad de sufrir por él y considerar su respuesta como un pecado y fracaso, demorando así la liberación del mismo por una actitud negativa de inferioridad y angustia. Se beneficiarán mucho si emplean constantemente esta fórmula, hasta llegado el momento en que sean conscientes del espejismo o espejismos, pero sin ser afectados por ellos. Las personas que pertenecen al quinto rayo son las que menos sufren de espejismos, siendo especialmente víctimas de la ilusión; para ellos es de primordial importancia, emplear la Técnica de la Presencia, porque introduce un factor que la persona de quinto rayo es propensa a negar y rehúsa aceptar, la realidad del Yo superior. Se cree autosuficiente. Responde con mucha facilidad y satisfacción al poder del pensamiento; el orgullo, por la capacidad mental que posee, es su pecado inevitable y, por lo tanto, tiene propósitos fijos y se ocupa del mundo de lo concreto y de lo intelectual. Cuando el Ángel de la Presencia llega a ser una realidad para ellos, se debilita y desaparece su respuesta a la ilusión. Su principal problema no es la negación de la existencia del cuerpo astral, pues tienden a menospreciar su aferramiento, sino reconocer lo que la mente ha de revelar —el Yo espiritual divino. Su mente concreta inferior se interpone entre ellos y la visión.

Las personas que pertenecen al cuarto rayo están particularmente propensas a caer en el espejismo y a producir así una condición extremadamente difícil. Podría definir su problema diciendo que tienden a descender sus ilusiones al plano astral y revestirlas de espejismo, teniendo, en consecuencia, **[i224]** un doble problema en sus manos; están enfrentadas con la unificación del espejismo y la ilusión. Sin embargo, constituyen el grupo de almas que revelarán oportunamente la verdadera naturaleza de la intuición, lo cual será el resultado de su lucha irreal e ilusoria en el mundo de las apariencias.

Consideraremos ahora la fórmula a ser empleada por aquéllos que tratan de servir a la humanidad destruyendo y disipando deliberadamente los espejismos que mantienen esclavizada a la raza, comprendiendo que es necesario hacerlo en forma grupal. Los miembros de dichos grupos han de poseer ciertas características individuales esenciales. Primero, deben ser capaces de trabajar "sin apegarse" a los resultados y emplear la fórmula durante un tiempo determinado, una vez por semana (por ejemplo, durante dos o más años) sin esperar resultados, deben tener en cuenta que nunca sabrán si tendrán éxito, porque los espejismos que tratan de disipar están tan generalizados y diseminados, que sus mentes individuales no pueden captar los efectos resultantes. Están demasiado cerca del cuadro; su perspectiva es lógicamente de primer plano. Segundo, deben saber apreciar inteligentemente que constituye el espejismo mundial para poder "nombrarlo" esotéricamente y de esta manera entrar en contacto con él. Tercero, han de estar habituados a disipar el espejismo en sus propias vidas; la necesidad que tienen de hacerlo y el lograrlo, son los factores que indican su aptitud para la tarea.

Finalmente, han de amar a sus semejantes, pero no como la persona de sexto rayo, con devoción separatista, sino como la de segundo rayo con una apreciación cabal de la humanidad, un corazón comprensivo, más una mente analítica, que ama firmemente a pesar del error constatado, con una clara percepción del "haber y el debe" de un individuo o de una raza. La capacidad de **[i225]** hacerlo constituye uno de los factores que permite al aspirante de sexto rayo salir del sexto rayo menor y entrar en el segundo rayo mayor, como deben efectuarlo todos los iniciados del sexto y cuarto rayos.

Uno de los requisitos de este trabajo grupal es la cuidadosa elección de aquéllos que han de participar en el trabajo. Deben ser elegidos los que *pueden* trabajar juntos, conocerse muy bien mutuamente y estar libres de fricciones personales, es decir, desconocerse mutuamente como personalidades, pero han de ser atraídos entre sí como almas colaboradoras en este particular trabajo. Hasta donde sean capaces, deben esforzarse por trabajar con regularidad, para poder establecer un ritmo que conducirá a un constante impacto rítmico de la luz sobre el espejismo. Han de ajustarse fielmente a la fórmula dada, la cual es una de las fórmulas iniciales más poderosas, pues es la primera que se empleará para disipar grupalmente al espejismo. Todo este procedimiento es totalmente nuevo en lo que se refiere al ser humano, y el trabajo a realizar será muy difícil porque implica una situación excepcional. Los grupos que harán el trabajo de horadar y disipar los espejismos que ofuscan la visión de la humanidad serán los primeros grupos formados por personas no iniciadas, que trabajarán conscientemente y con intención fija en el plano físico. Hasta ahora el trabajo lo han efectuado los miembros de la Jerarquía y ha sido hecho únicamente con la idea de frenar los espejismos, hasta el momento en que la humanidad esté preparada para destruir lo que ella ha creado. Los espejismos también han sido horadados anteriormente por el esfuerzo colectivo llevado a cabo durante largo tiempo y, por lo general, sin verdadera comprensión consciente. Un ejemplo de ello sería el trabajo realizado por la Iglesia, en su forma difusa y ambigua, de horadar el espejismo del deseo y del bien material, reemplazando la idea por un sustituto celestial. El trabajo que se está [i226] planeando realizar ahora es dinámico y muy definido, llevándose a cabo conscientemente, siendo específico en su impacto. Constituye el método de manejar y proyectar la energía de la luz a fin de destruir los impedimentos que ocasiona una naturaleza emocional–mental en el Sendero de Retorno a Dios.

Sería deseable y ayudaría a realizar un trabajo concentrado y más fácil, si el grupo pudiera reunirse para emplear la fórmula. Pero, si esto no fuera posible, los miembros del grupo podrán ponerse de acuerdo para trabajar, por separado, con la idea de que es un trabajo grupal y con el firme reconocimiento de los miembros que forman el núcleo del grupo. Esto es necesario tanto para el "acopio de luz" como para protegerse contra el espejismo a atacar. Este "acopio de luz" es uno de los principales requisitos, y debe siempre tenerse en cuenta.

Si es posible, debería establecerse la regla de realizar el trabajo en determinada reunión grupal, aunque implique un sacrificio por parte de algunos de los miembros.

Les sugeriría que el grupo se ocupe primeramente de algún espejismo, que todos los miembros reconozcan como que constituye el mayor impedimento para el progreso de la humanidad. Aconsejaría también que en las primeras etapas del trabajo se ocupen del espejismo que afecte a los aspirantes, y que no traten de atacar los espejismos más difundidos y profundamente arraigados en la raza. Han de desarrollar la facilidad de manejar algunos de los espejismos menores y que pueden ser más fácilmente visualizados. A medida que el tiempo pasa y el grupo adquiere facilidad para trabajar, puede pasar a tareas más difíciles y manejar los espejismos que se hallan mucho más allá de sus propias dificultades. Es innecesario decir que el grupo ha de estar formado únicamente por aquellos que se esfuerzan por liberar sus vidas del espejismo. Además también diré que si un miembro del grupo está envuelto por el más denso espejismo y lucha contra él, debería abstenerse [i227] de hacer el trabajo grupal hasta que, ayudado por la fórmula individual, se haya liberado del mismo.

Aquéllos que pueden enfrentarse a sí mismos con mente abierta, ver la verdad tal cual es, enfrentar los mismos hechos en conexión con la humanidad y permanecer serenos y sin temor frente a los peores descubrimientos sobre sí mismos y el mundo de los seres humanos, son quienes emplearán esta técnica con mayor éxito. Además quisiera recordarles que el grupo necesita protegerse del espejismo o espejismos, que está tratando de disipar. La tendencia individual al espejismo es el factor que les concede el derecho a servir de esta manera, pero también los deja expuestos al peligro y, para ello, será necesaria una fórmula protectora.

Por lo tanto, dicha fórmula comprenderá tres partes:

1. La Etapa Preparatoria.
2. El Empleo de la Fórmula Protectora.
3. La Fórmula Grupal para la Disipación del Espejismo.

El trabajo realizado por el individuo, al tratar sus problemas personales respecto al espejismo, facilitará grandemente el trabajo preparatorio de los grupos.

Observarán que al delinearles este trabajo, no me refiero a la habitación, a la posición que adopten los miembros del grupo, a la postura, al empleo del incienso o a los aditamentos que muchos grupos ocultistas consideran de importancia, Hoy, los rituales físicos establecidos son (desde el ángulo de la Jerarquía) totalmente caducos y de ninguna importancia en lo que se refiere a los discípulos y aspirantes avanzados. Son de valor para las personas poco evolucionadas, en quienes el sentido de lo dramático ha de ser desarrollado, necesitando la ayuda externa, lo cual proporciona el ambiente adecuado que ayuda a los principiantes a mantener, ante su vista, el tema de su trabajo y objetivo. El único ritual que **[i228]** sigue considerándose de valor, para toda la familia humana —particularmente para la persona avanzada—, es el Ritual Masónico. La razón de ello se debe a que es una representación pictórica del proceso de la Creación, de la relación que existe entre Dios y el ser humano, del Sendero de Retorno y también de esas grandes Iniciaciones, por las cuales el iniciado liberado penetra en la Cámara de Concilio del Altísimo. A excepción de esto, los pequeños e insignificantes rituales de ubicación y de relación física, con respeto a la actitud y lugar de ubicación, son considerados innecesarios y como que solo absorben frecuentemente la atención, que debería dedicarse al trabajo que tienen entre manos.

Se presume que quienes emplean estas fórmulas han adquirido cierta medida de polarización interna y son capaces de retirarse a su centro espiritual en cualquier lugar y momento dado. Este es el centro de pensamiento silencioso en el cual se realiza el trabajo.

Todo lo que se necesita como preliminar al trabajo grupal, son diez minutos de completo silencio, durante los cuales los miembros del grupo tratarán de establecer ese campo magnético de positiva actividad receptora (observen aquí la paradoja de las ciencias esotéricas) que hará posible, el resto del trabajo.

Quien dirige el grupo (son elegidos en rotación todos los miembros) comienza el trabajo nombrando a los miembros del grupo y, a medida que lo hace, los demás miran directamente los ojos del nombrado, quien se levanta y durante un minuto se pone frente a ellos. De esta manera se establece una relación y armonía, pues la fuerza magnética rectora de cada alma siempre va de "ojo a ojo". Este es el significado oculto de las palabras "¿Puedes mirarme a los ojos?" o "Se miraron mutuamente" y frases similares. Habiendo establecido esta relación entrelazada, el grupo se sienta en silencio durante diez minutos. Esto se hace a fin de retirar la conciencia **[i229]** de todos los asuntos personales y del mundo, centrándola en el trabajo a realizar. Al término de este tiempo, el que dirige nombra el espejismo del cual ha de ocuparse el grupo. No habrá desacuerdo sobre el espejismo, en el momento de la reunión grupal, porque los miembros del grupo fuera de las reuniones y durante el mes previo a la iniciación de la tarea de disipar el espejismo habrán hecho un estudio del mismo, de sus implicaciones, historial y efectos psicológicos, individuales, grupales y nacionales y también de su influencia sobre la humanidad. La experiencia que tiene el grupo en este tipo de trabajo determinará la naturaleza del espejismo a considerar. Como lo he señalado anteriormente, el grupo de trabajadores inexpertos comenzará por considerar uno de los espejismos que obstaculiza a los aspirantes, y de allí pasará a considerar los espejismos más poderosos y muy ampliamente diseminados que obstaculizan a la humanidad. Este preludio del trabajo, con frecuencia se denomina *Acto de Nominación*, porque se nombra a los miembros del grupo y al espejismo.

La etapa siguiente es similar a la etapa preparatoria descrita en la fórmula para disipar el espejismo del individuo. Por lo tanto, tenemos:

Etapas preparatorias
1. El Acto de Nominación.
2. La Fórmula Protectora.
La Fórmula Protectora es muy sencilla. Los miembros del grupo dirán al unísono:
    "Como alma trabajo en la luz, y la oscuridad no puede afectarme.
    Permanezco en la luz.
    Trabajo, y de allí no me muevo".
[i230] Al decir esto, cada persona del grupo hace el signo de la Cruz, tocando el centro de la frente, el centro del pecho y cada uno de los ojos, formando así la Cruz alargada del Cristo o de la humanidad divina. Como ya saben, la Cruz no es simplemente un símbolo cristiano, sino el gran símbolo de la luz y de la conciencia y significa la luz vertical y la luz horizontal, el poder de atracción y el poder de irradiación, la vida del alma y la vida de servicio. El signo de la Cruz como lo utiliza la Iglesia Católica, tocando

la frente, el corazón y los hombros, simboliza la materia. Significa, en realidad, el tercer aspecto. El signo de la Cruz que el discípulo debe hacer, es la Cruz de Cristo, de la conciencia crística. Gradualmente la Cruz de Cristo (la Cruz del Cristo resucitado) reemplazará a la Cruz de la materia y al aspecto Madre. Su similitud con la svástica es evidente, siendo esta una de las razones para su desaparición.

3. Etapas Preparatorias:

a.Enfocar la luz dual de la personalidad, la de la materia y la de la mente.

b.Meditar sobre el contacto con el alma y reconocer la luz del alma.

c.Mezclar y fusionar las dos luces menores y la luz del alma. Esto se realiza como grupo; contribuyendo cada miembro y tratando conscientemente de visualizar el proceso de fusionar la triple luz con la que cada uno contribuye, en una esfera de luz.

4. Entonces, a una señal del dirigente el grupo dice al unísono: **[i231]**

"La luz es una y en esa luz veremos la luz. Esta es la luz que transforma la oscuridad en claridad".

OM   OM   OM

Los procesos de alineamiento e integración, individuales y grupales pueden entonces considerarse completos, y cuando se han realizado real y correctamente, en cada reunión se logrará una integración y fusión más rápida y la esfera de luz así creada adquirirá mayor brillo. La emisión del OM indica la fusión y la esfera de actividad, porque el OM es emitido primero por el alma grupal (la unidad de las almas de todos los miembros del grupo), luego como alma en el plano mental y, finalmente, como alma preparada para actuar en calidad de portadora y distribuidora de luz en el plano astral. Todas son formas simbólicas de registrar la realidad interna y son también la tentativa de exteriorización de la fuerza, pues todos los símbolos y formas de actuar simbólicas pueden serlo, sirviendo así para mantener a los trabajadores en un punto de tensión. Esto es algo importante y debería evitar que los trabajadores atribuyan indebido poder al aspecto forma del simple ritual, ayudándolos a enfocar su atención en el mundo de los significados y de la actividad espiritual subjetiva. Estas tres etapas se denominan:

1. El Acto de Nominación.
2. El Acto de Protección.
3. El Acto de Enfoque de la luz.

Como se verá, mucho depende de la capacidad de los miembros del grupo para visualizar claramente, así como también para pensar con claridad. La práctica, naturalmente, tiende a perfeccionar ambos procesos. Al finalizar las tres etapas, los miembros del grupo han llegado a unirse como almas y a protegerse contra el poder de atracción del espejismo –unidos como almas con la mente y el cerebro, mantenidos firmes y positivamente en la luz. Entonces ven la luz **[i232]** fusionada del grupo como un gran faro, cuyo haz ha de ser dirigido hacia abajo por un acto de voluntad, y desde el plano mental, sobre el espejismo existente en el plano astral, que se ha vinculado con el grupo en el acto de nombrarlo. Estoy entrando en detalles sobre el tema, porque este trabajo constituye una nueva aventura y quisiera que lo iniciaran con la clara comprensión de cómo llevar a cabo esta tarea. Al final de esta instrucción hallarán dos fórmulas breves y dos extensas para que puedan considerarlas y captarlas, aparte del texto explicativo. Este trabajo inicial debería tomar al principio quince minutos, después no más de cinco (excluyendo los diez minutos de preparación silenciosa que precede al trabajo formal), pues los miembros del grupo se acostumbrarán a trabajar juntos, alcanzando oportunamente los objetivos del trabajo preparatorio con gran rapidez.

La técnica o fórmula

5. Entonces, audiblemente y al unísono, el grupo dirá:

"Somos irradiación y poder. Permanecemos siempre con nuestras manos extendidas uniendo los cielos y la tierra, el mundo interno de significados y el mundo sutil del espejismo".

"Alcanzamos la luz y la hacemos descender para satisfacer la necesidad. Llegamos al lugar silencioso y traemos de allí el don de la comprensión. Así trabajamos con la luz y trasformamos la oscuridad en día".

Al pronunciar esto, el grupo visualiza el gran faro, creado en conjunto mediante su luz unificada, dirigiéndose al espejismo a disipar, manteniendo la luz firme **[i233]** y realizando mentalmente el trabajo de disipación que se piensa efectuar. Esto se denomina *Acto de Orientación*.

6. Luego sigue una pausa de algunos minutos, en la que el grupo trata de poner detrás del faro su voluntad o intención unida, dirigida y dinámica; esto lleva, a través del faro de la luz proyectado, la cualidad destructiva de la voluntad espiritual

destructiva para todo lo que impide la manifestación de la divinidad. Se logra, alcanzando un punto unido de tensión y dedicando la voluntad individual y grupal a la voluntad de Dios. Se denomina *Acto de Voluntad*, llevándolo a cabo cada miembro del grupo, silenciosamente, con una profunda comprensión de que todos son aceptados y que la voluntad del grupo está siendo silenciosamente enfocada. Luego dirán:

"Con el poder del haz, la luz está enfocada en el objetivo".

7. Luego viene el *Acto de Proyección* y la enunciación de las palabras de poder –nombrando el espejismo particular, o tema de atención, poniéndolo conscientemente en relación con la luz enfocada– lo cual inicia la tarea de disipación.

"El poder de nuestra luz unida impide la aparición del espejismo de... (nombrarlo). El poder de nuestra luz unida evita que la cualidad del espejismo afecte a los seres humanos. El poder de nuestra luz unida destruye la vida que se halla detrás del espejismo."

Estas palabras son aproximadamente iguales a las de la fórmula individual y adquieren fuerza por la experiencia del aspirante y la familiaridad con que la emplea. Esto constituye el *Acto de Afirmación* [i234] que es la segunda parte del Acto de Proyección.

8. Luego viene un aspecto importante del trabajo en que los miembros del grupo visualizan la gradual disipación y dispersión del espejismo por la penetración de la luz en la oscuridad del mismo. Se esforzarán por ver surgir la realidad y su desintegración, haciéndolo por un esfuerzo

de la imaginación creadora. Cada uno lo hará a su manera y de acuerdo a su comprensión y capacidad. Este es el *Acto de Penetración*.

9. Después siguen cinco minutos de silencio y de intensificación de propósito, mientras el grupo espera que el trabajo iniciado siga adelante. Luego el grupo retira su conciencia del plano astral y del mundo del espejismo. Los miembros del grupo reenfocan su atención, primero sobre el plano astral y luego sobre el alma, abandonando todo pensamiento respecto al espejismo, sabiendo que el trabajo ha sido llevado a cabo con éxito. Se reorganizan como un grupo que está relacionado con el reino de las almas y entre sí. Hablando esotéricamente, "se apaga el faro del alma". Este es el *Acto de Retracción*.

10. Entonces es emitido el OM en forma grupal; luego, a fin de hacer hincapié sobre el trabajo terminado, cada miembro del grupo emite el OM diciendo:

"Que así sea, y me sirva de ayuda para dar fin a todo espejismo y falsedad en mi propia vida".

A los aspirantes les llevará algún tiempo hacer este trabajo con familiaridad, pero es evidente que al aprender una **[i235]**técnica totalmente nueva para servir, cada paso debe ser dominado y practicado durante un largo lapso. Lleva cierto tiempo familiarizarse con cada nueva rama del estudio emprendido y esto no es una excepción. Pero vale la pena hacer el esfuerzo desde el punto de vista individual, como acto de servicio a la humanidad.

Que todos los grupos aprendan a actuar en la luz y que el espejismo desaparezca de sus vidas para que puedan caminar libremente en esa luz y utilizarla para bien de otros, es el deseo de mi corazón.

FÓRMULA PARA DISIPAR EL ESPEJISMO (Individual)

Etapas preparatorias.
1. Reconocer el espejismo que ha de disiparse. Esto implica:
    a. Disponerse a colaborar con el alma.
    b. Comprender la naturaleza del espejismo determinado.
2. Las tres etapas de enfoque:
    a. Enfocar la luz de la materia y la de la mente en el cuerpo mental.
    b. Enfocar, por medio de la meditación, esa luz dual y la luz del alma.
    c. Enfocar estas tres luces, creando así el faro para disipar el espejismo.
3. Preparación, por medio del alineamiento y la integración, lo cual produce un campo de sustancia mental magnética.
4. Dirigir la atención y el faro de la mente al plano astral.

La Fórmula. **[i236]**
5. El alma exhala el OM en la personalidad expectante, y la luz y el poder así generado son retenidos para ser utilizados.
6. Lenta y conscientemente se genera una intensa luz.
7. Invocar la voluntad espiritual mientras se mantiene a la mente firme en la luz.
8. Relacionar el espejismo a disipar y el faro de la mente.
9. Luego, encender el faro por un acto de voluntad,

proyectando un fuerte haz de luz sobre el espejismo.
10. Se nombra el espejismo y el aspirante dice intensa e inaudiblemente:

"El poder de la luz impide la aparición del espejismo (nombrarlo).

El poder de la luz no permite que la cualidad del espejismo me afecte.

El poder de la luz destruye la vida que se halla detrás del espejismo."

11. El OM es emitido por el aspirante, constituyendo el Acto de Penetración.

12. Después de esto el aspirante se retira conscientemente al plano mental y el haz de luz se desvanece.

Fórmula Individual Abreviada

1. Las cuatro etapas preparatorias:
   a. Reconocer el espejismo a disipar. **[i237]**
   b. Enfocar la luz dual de la personalidad.
   c. Meditar y reconocer la luz del alma.
   d. Unificar las tres luces.
2. El proceso de alineamiento y la reconocida integración.
3. Dirigir el faro de la mente al plano astral.

La Fórmula

4. Activar el alma y retener la triple luz.
5. Generar y visualizar el faro.
6. Evocar la VOLUNTAD que se halla detrás del faro de la mente.
7. Dirigir el faro de la mente sobre el espejismo, por medio del pensamiento.
8. Nombrar el espejismo y la triple afirmación.
9. El Acto de Penetración.
10. El Proceso de Retracción.

FÓRMULA PARA DISIPAR EL ESPEJISMO MUNDIAL
(Técnica grupal)

Etapas Preparatorias.
1. Nombrar a los miembros del grupo seguidos de diez minutos de silencio.
2. Fórmula Protectora: Los miembros del grupo dicen al unísono: **[i238]**
"Como alma trabajo en la luz, y la oscuridad no puede afectarme.
Permanezco en la luz.
Trabajo, y de allí no me muevo".
Al pronunciar estas palabras, cada miembro del grupo hace el signo de la Cruz de la divinidad.
3. Las tres etapas preparatorias:
a. Enfocar la luz dual de la materia y de la mente.
b. Meditar sobre el contacto con el alma y reconocer la luz del alma.
c. Fusionar las dos luces menores con la luz del alma.
4. A una señal del dirigente, el grupo dice conjuntamente:
"La luz es una y en esa luz, veremos la luz. Esta es la luz que trasforma la oscuridad en día".

OM   OM   OM

La Fórmula.
5. Entonces, el grupo dice al unísono:
"Somos irradiación y poder. Permanecemos con nuestras manos extendidas, uniendo los cielos y la tierra, el mundo interno de significados y el mundo sutil del espejismo.

Alcanzamos la luz y la hacemos descender para satisfacer la necesidad. Llegamos al lugar silencioso, trayendo desde allí el don de la comprensión. De esta manera, trabajamos con la luz y trasformamos la oscuridad en claridad."

[i239] Al decir estas palabras, los miembros del grupo visualizan el gran faro que han creado, dirigiendo su luz sobre el plano astral.

6. Luego viene una pausa y después se invoca a la voluntad espiritual. Cuando se ha hecho esto el grupo dice:

"Con el poder de su haz la luz es enfocada en el objetivo".

7. Se nombra el espejismo a disipar y se arroja la luz sobre él. Se pronuncian las Palabras de Poder:

"El poder de la luz unida impide que aparezca el espejismo de... (nombrarlo)

El poder de nuestra luz unida impide que la cualidad del espejismo afecte al ser humano.

El poder de nuestra luz unida destruye la vida que se halla detrás del espejismo".

8. Visualizar la luz, penetrar en el espejismo y producir así su debilitamiento y disipación.

9. Cinco minutos de silencio e intensidad de propósito mientras se visualiza la continuación del trabajo. Luego los miembros del grupo se enfocan en el plano mental, apartando su atención del plano astral. El faro del alma se apaga.

10. La pronunciación individual del OM en forma audible.

Fórmula grupal abreviada
1. El Acto de Nominación.
2. El Acto de Protección.

3. El Acto de Enfoque de las Luces
4. El Acto de Orientación **[i240]**
5. El Acto de Invocación de la Voluntad
6. El Acto de Proyección y Afirmación
7. El Acto de Penetración
8. El Acto de Retracción

Estamos llegando al fin de nuestra consideración del espejismo. El tema se ha llevado en forma consecutiva, habiendo sido descrito el triple aspecto de la ilusión mundial tal como aparece en el plano mental, condicionando allí a los intelectuales del mundo y, en el plano astral, constituyendo el espejismo en el cual sucumben las masas. Ahora consideraremos el mundo de maya en el cual físicamente vivimos, nos movemos y tenemos nuestro ser.

Quisiera saber si aquéllos que leen lo aquí expuesto comprenden la importancia de este tema y se dan cuenta que abre un amplio campo de servicio, haciendo –como en realidad lo hace– que la vida humana sea una cosa práctica, e indicando análogamente los pasos mediante los cuales puede conocerse la Realidad y hacer que desaparezcan las formas que la ocultan. Detrás de las palabras ilusión, espejismo y maya, se halla la VERDAD. Tal verdad es la clara conciencia del Ser, de la Existencia y de la Realidad inicial esencial, siendo esta la razón por la cual Cristo permaneció mudo ante Pilatos, que simbolizaba al intelecto humano; sabía que ninguna respuesta tendría significado alguno para esa mente ofuscada e inhibida.

La *ilusión* es el modo con que la comprensión limitada y el conocimiento materialista interpretan la verdad, y la velan y ocultan tras una nube de formas mentales, las cuales se hacen más reales que la verdad que velan, controlando por lo tanto el acercamiento del ser humano a la Realidad. Por medio de la ilusión, llega a ser consciente del mecanismo del pensamiento, de su actividad, expresada en la construcción de formas mentales, y de aquello que logra construir y considera una creación de su intelecto. Sin embargo, ha creado una barrera entre él y aquello que *es*, y su divina intuición no puede inspirarlo hasta agotarlos **[i241]** recursos de su intelecto y rehusar deliberadamente emplearlos. La intuición revela al verdadero Ser, e induce a un estado de percepción espiritual. Entonces la técnica de la PRESENCIA se convierte en un hábito establecido.

El *espejismo*, a su vez, vela y oculta la verdad tras la niebla y la bruma de la sensación y de la reacción emocional; tiene un poder único y terrible, lo cual se debe a la fuerte tendencia de la naturaleza humana a identificarse con la naturaleza astral y también se debe a la naturaleza vital de la respuesta consciente y sensoria. Como bien saben, y ya se les ha enseñado, el espejismo solo puede ser disipado por la afluencia de la clara luz dirigida; esto es verdad respecto a la vida del individuo o de la humanidad. La iluminación revela primeramente la existencia del espejismo; proporciona los angustiosos contrastes con los cuales luchan los verdaderos aspirantes y luego inunda gradualmente la vida a tal punto que, en su oportunidad, el espejismo se desvanece por completo. Entonces los seres humanos ven las cosas tal como son una máscara que oculta lo bueno, lo bello y lo verdadero; los opuestos son resueltos y la conciencia es reemplazada por una realización del Ser para la cual no tenemos un término adecuado. La técnica de la Luz se convierte en un estado permanente.

3.LA TÉCNICA DE LA INDIFERENCIA

Llegamos ahora a un breve estudio del tercer aspecto de la ilusión, al cual denominamos MAYA y damos la técnica para vencerlo. Después trataremos la Técnica de la Indiferencia, concerniente a la distribución de la fuerza del alma en el plano físico, por intermedio del plano etérico que conduce a la inspiración, y se relaciona con la ciencia de la Respiración.

¿Qué es Maya? Resulta difícil definirlo, porque se relaciona con la actividad que despliega el Logos planetario [i242] en la construcción de las formas. Sin embargo, podría ser de alguna utilidad considerar la analogía que existe entre el microcosmos y el Macrocosmos. El alma crea una triple expresión en los tres mundos del vivir humano. Esta es una verdad esotérica. Ciertas energías y fuerzas que emanan de esos niveles en que el alma –correcta o erróneamente– *emprende una reacción identificadora,* han producido, creado, motivado, energizado y condicionado la forma externa, el cuerpo físico dual (denso y vital o etérico). Analicen esta frase. Dichas fuerzas y energías hacen del ser humano lo que es; le imparten su temperamento, profesión y cualidad en el plano físico; lo hacen negativo o positivo a diversos tipos de energía; le dan su carácter, haciéndolo como aparenta ser para los demás; producen su matiz, su personalidad y sus facultades, y el individuo medio se identifica con todo esto y cree que él es la forma, mediante la cual trata de expresar sus deseos e ideas. Esta total identificación con la transitoria creación y con la apariencia externa es maya. Se ha de recordar que el maya individual es una fracción del mundo de energías y de fuerzas que constituyen la expresión de vida del Logos planetario, condicionan nuestra vida planetaria externa y hacen a nuestro planeta lo que aparenta ser para los demás planetas.

La diferencia entre el ser humano o microcosmos y el Logos planetario, el Señor del Mundo o Macrocosmos, reside, en que el Señor del Mundo no está identificado con el maya creado por Él; su propósito es liberar oportunamente a los "prisioneros del planeta". Él es supremamente indiferente a ese Maya, y esta divina indiferencia ha conducido a la gran ilusión teológica de una Deidad antropomórfica y a la creencia, en Oriente, que nuestro planeta es intrascendente [i243] o el juguete de los Dioses. Tal indiferencia cósmica ha producido el espejismo humano, respecto a la "inescrutable voluntad de Dios" y a la afirmación de que Dios se halla lejos y no es inmanente en cada criatura ni en cada átomo de los cuales están hechas las criaturas. Estos son algunos aspectos de los espejismos y las ilusiones, que deben ser dispersados y disipados y, en este proceso, se descubrirá que la forma solo es maya y puede ser descartada, que las fuerzas pueden ser organizadas y dirigidas por la energía, y que el mundo del pensamiento, el campo de la conciencia sensoria y el campo activo de las energías es algo separado del Pensador, de Aquel que siente y del Actor y actuante en las distintas partes que el Alma desempeña.

El discípulo aprende oportunamente a conocerse, sobre todo (mientras está en encarnación) como director de fuerzas, dirigiéndolas desde la altura del divino Observador y mediante el desapego. Esto lo he dicho muchas veces. Estas verdades, son trivialidades del ocultismo, sin embargo, si pudieran comprender el pleno significado del desapego y permanecer serenos, como el Director que observa, no harían movimientos inútiles ni erróneos, ni existirían falsas interpretaciones y divagaciones por los atajos secundarios de la vida diaria, ni observarían a los demás con prejuicios y visión distorsionada y, sobre todo, no derrocharían fuerzas.

Repetidas veces, en el transcurso de las épocas, los Maestros han dicho a Sus discípulos (y yo a ustedes) que el ocultista trabaja en el mundo de las fuerzas. Todos los seres humanos viven, se mueven y expresan en, y a través de ese mundo de energías que entran y salen, están siempre en movimiento y hacen continuamente impacto. *El ocultista, empero, trabaja allí*, se convierte en un consciente agente rector, crea en el plano físico lo que desea, y lo creado constituye el canon de [i244] cosas y el diseño realizado por el gran Arquitecto divino, en el tablero de la conciencia espiritual. Sin embargo, no se identifica con el canon ni con las fuerzas que él emplea. Actúa en el mundo de maya, libre de toda ilusión, sin ser obstaculizado por el espejismo ni por las fuerzas de maya incontroladas. Llega rápidamente, en lo que se refiere a su pequeño mundo, a esa misma "divina indiferencia" que caracteriza a Sanat Kumara, el Señor del Mundo; por lo tanto, es cada vez más consciente del Plan, tal como existe en la Mente Universal, y del propósito que motiva la Voluntad de Dios.

Esta divina indiferencia es responsable de que, al tratar de describir al "Ser Puro" o Dios, y en el esfuerzo por llegar a comprender la naturaleza de la divinidad, se haya desarrollado la fórmula de la negación. Dios no es eso; Dios no es aquello; Dios no es nada; Dios no es ni tiempo ni espacio; Dios no es sensación o pensamiento; Dios no es forma ni sustancia. Dios simplemente Es. Dios Es separado de toda expresión o manifestación, como Manipulador de energía el Creador de los mundos tangible e intangible, el Compenetra toda vida, o el Morador en todas las formas. Dios es AQUÉL que puede retraerse y, al hacerlo, *dispersa, disipa y desvitaliza* todo lo creado empleando dichas palabras en todo su significado.

Por lo tanto, será evidente que en las tres actividades de esa Realidad, que no se identifica con la apariencia, la voluntad de Dios, el aspecto Destructor de la Deidad, está beneficiosamente presente. El acto de abstraerse produce la disolución del mundo ilusorio del pensamiento; el retraimiento de la divina atención disipa al universo sensorio y pone fin al espejismo; la cesación de la dirección divina lleva la muerte al mundo físico. Todas estas actividades ponen en evidencia la voluntad o el primer aspecto, la voluntad al bien, que puede funcionar y funcionará perfectamente solo cuando la buena voluntad [i245] sea plena y finalmente desarrollada en la Tierra por medio de la humanidad.

La voluntad y el aliento son esotéricamente términos sinónimos. En esta afirmación tienen la clave para la eliminación de maya.

Las palabras que anteceden son preliminares al estudio que haremos sobre la Técnica de la Indiferencia. Es necesario mencionar analogías y vincular los diferentes aspectos relacionados con la enseñanza si se quiere desarrollar la verdadera percepción. Clasificaremos lo que vamos a considerar, sobre este tema, de la manera siguiente:

1. La actividad en el plano etérico, por ejemplo, el mundo de las fuerzas.
   a. Su distribución.
   b. Su manipulación.
2. La Ciencia de la Respiración.
   a. La relación que existe entre la voluntad y el aliento.
   b. La inspiración.
3. La Técnica de la Indiferencia por medio de
   a. La concentración
   b. El desapego.

Entramos ahora en el campo del ocultismo práctico. Este no es el campo de la aspiración o la esfera de un movimiento progresivo hacia lo superior y deseable; constituye en cierto modo una actividad opuesta. Desde el punto alcanzado en la escala de la evolución, el discípulo "permanece en el Ser espiritual" (en lo que de él depende) y, consciente y deliberadamente, trabaja con energías en los tres mundos, dirigiéndolas al cuerpo etérico desde cualquier nivel que elige trabajar mental, emocional o desde el mismo plano vital. Lo realiza de acuerdo a alguna idea visualizada, a algún ideal preferido o canon divino percibido, a alguna esperanza espiritual y a determinada ambición o cierto deseo.

[i246] Como ya saben, el cuerpo etérico del individuo es una parte del cuerpo etérico de la humanidad y este, a su vez, un aspecto del cuerpo etérico del planeta, que igualmente forma parte intrínseca del cuerpo etérico del sistema solar. A propósito, en esta trascendental relación de hechos tienen la base de todas las influencias astrológicas. Por lo tanto, el ser humano se mueve en un vórtice de fuerzas de todo tipo y cualidad. Está formado por energías en cada parte de su expresión manifestada y no manifestada; por lo tanto, está relacionado con todas las demás energías. Su tarea es muy difícil y precisa la extensa duración del ciclo evolutivo. No podemos tratar aquí el conjunto de las energías del mundo ni las fuerzas del sistema, pero nos limitaremos a considerar el problema individual, sugiriendo al estudiante que se esfuerce por ampliar su comprensión desde el punto de vista del microcosmos al macrocosmos.

A. La Distribución y Manipulación de Fuerza en el Plano Etérico.

Suponemos que el aspirante se da cuenta de la necesidad de establecer un ritmo nuevo y superior en la vida del plano físico, de organizar su tiempo, acatando el mandato del yo superior, y de producir, consciente y científicamente, esos efectos que en sus momentos más elevados le parecen deseables. También suponemos que posee cierto conocimiento respecto al equipo disponible para desempeñar su tarea y que ha aprendido ciertas cosas referentes al vehículo etérico. Ve con claridad los pares de opuestos, aunque todavía lo influyen; es consciente de un desacuerdo fundamental entre su visión de la bondad y su expresión de la misma. Ha aprendido que él es un triple reflejo de una Trinidad superior y que esta es, para él, la Realidad. Comprende que **[i247]** la mente, las emociones y el ser físico están destinados a manifestar eventualmente esa Realidad. En síntesis, sabe que si ese aspecto intermedio de sí mismo, el cuerpo etérico, puede ser controlado y correctamente dirigido, entonces la visión y la expresión coinciden y finalmente coincidirán. También sabe que el cuerpo físico denso (la apariencia tangible externa) es solo un autómata, obedece a cualquier fuerza y energía que son los factores controladores subjetivos, condicionando así al ser humano. El cuerpo físico ¿ha de ser controlado por la fuerza emocional que afluye a través del centro sacro y produce el deseo de satisfacer los apetitos físicos, o a través del plexo solar que conduce a la satisfacción emocional de cualquier tipo? ¿O ha de responder a la mente y trabajar, en su mayor parte, bajo el impulso del pensamiento proyectado? ¿O quizás ha de ser dirigido por una energía mayor que cualquiera de estas, pero hasta ahora aparentemente impotente la energía del alma como expresión del

Ser puro? ¿Ha de ser impelido a la acción bajo el impulso de las reacciones sensorias, ideas y pensamientos, que emanan de otros seres humanos, o ha de ser motivado e instigado a la actividad bajo la dirección de la Jerarquía espiritual? Estas son algunas preguntas a las que debe hallarse respuesta. La etapa de la aspiración, de los sueños y del pensamiento ansioso, debe ser ahora reemplazada por la acción directa y el empleo cuidadosamente planeado de las fuerzas disponibles, lanzadas a la actividad por medio del aliento, bajo la dirección del ojo interno y controlado por el individuo espiritual. ¿Qué energías pueden y deben emplearse así? ¿Cuáles son las fuerzas que deben ser dirigidas? ¿De qué manera pueden ser controladas? ¿Deben ser ignoradas y con ello inutilizarlas o son fuerzas necesarias para el gran trabajo creador?

Como verán, el primer paso del investigador espiritual es asegurarse realmente a la luz de su alma– dónde se halla con exactitud su foco de identificación. **[i248]** Con esto quiero significar que es en el plano mental donde debe emplearse principalmente la energía. ¿Es predominantemente emocional, y la mayor parte del tiempo utiliza fuerza del plano astral? ¿Puede entrar en contacto con el alma y atraer energía del alma de tal manera que rechace o contrarreste la fuerza de su personalidad? ¿Puede así vivir como alma en el plano físico, por medio del cuerpo etérico? Si estudia seriamente este problema, descubrirá, a su debido tiempo, qué fuerzas predominan en el cuerpo etérico y se dará cuenta *conscientemente* de las circunstancias y experiencias que exigen el empleo de la energía del alma. Esto tomará tiempo y será el resultado de una observación prolongada y de un concienzudo análisis de los actos y de las reacciones sensorias, de las palabras y de los pensamientos. Como pueden ver, encaramos un problema intensamente práctico que, al mismo tiempo es parte intrínseca de nuestro estudio y evocará cambios fundamentales en la vida del discípulo.

A esta observación y análisis de la intensidad de la fuerza o fuerzas empleadas, agregará las condiciones que las impelerán a la acción, cuya frecuente aparición, le indicarán lo que es nuevo y lo que es hábito y análogamente la naturaleza de su expresión. De esta manera, llegará a una comprensión de los factores condicionantes que actúan a través de su cuerpo vital, haciendo de él lo que esencialmente es en el plano físico, lo cual será una profunda y significativa ayuda espiritual.

Dicho período está limitado, sin embargo, a una observación mental inteligente. Forma la estructura del trabajo a realizar, proporciona seguridad y conocimiento, pero deja la situación tal como estaba. El siguiente paso consiste en percibir la cualidad de las fuerzas aplicadas; cuando logra realizarlo hallará que es necesario descubrir no solo el rayo de su alma y el de su personalidad, sino también los rayos de su mecanismo mental y de su naturaleza emocional. Esto conducirá [i249] necesariamente a otro período de investigación y de cuidadosa observación, si no es ya consciente de ello. Cuando digo que a esta información se debe agregar una concienzuda consideración del poder de las fuerzas y energías que le llegan astrológicamente, verán cuán difícil resulta la tarea que se ha impuesto. No solo ha de aislar sus cinco energías de rayo, sino que debe tener en cuenta la energía de su signo solar, que condiciona su personalidad, y la de su signo ascendente, cuando trata de estimular a esa personalidad para que responda al alma, realizando así el propósito del alma por medio de la colaboración de la personalidad.

En consecuencia siete factores condicionan la cualidad de las fuerzas que tratan de expresarse por medio del cuerpo etérico:

1. El rayo del alma.
2. El rayo de la personalidad.
3. El rayo de la mente.
4. El rayo de la naturaleza emocional.
5. El rayo del vehículo físico.
6. La energía del signo solar.
7. La influencia del signo ascendente

Sin embargo, una vez que han sido comprobados y existe cierta seguridad respecto a su verdadera realidad, el problema comienza a resolverse y el discípulo puede trabajar con conocimiento y comprensión. Se convierte en un trabajador científico en el campo de las fuerzas ocultas. Entonces sabe lo que está haciendo, con qué energías ha de trabajar y comienza a *sentirlas* mientras se encaminan hacia el vehículo etérico.

Llega así a la etapa en que está en condiciones de conocer la realidad y el trabajo de los siete centros, por donde entran y salen las fuerzas y energías activas que le conciernen inmediatamente en esta particular encarnación. Entra en un período prolongado de observación, de experimento y experiencia y emprende una campaña de pruebas y errores, **[i250]** de éxitos y fracasos, que exigirá toda la fortaleza, el valor y la resistencia de que es capaz.

Hablando en forma general, la energía del alma actúa a través del centro superior de la cabeza y es llevada a la actividad por medio de la meditación y la aplicación de la capacidad de hacer contacto. La energía de la personalidad integrada se enfoca a través del centro ajna, entre los ojos, y cuando el discípulo logra identificarse con eso y es también consciente de la naturaleza y de la vibración de la energía de su alma, entonces puede empezar a aplicar el poder de dirigir, empleando los ojos como medio de dirección. Habrán comprendido, a través de los estudios realizados que existen tres ojos, para ver y dirigir, a disposición del discípulo.

1. *El ojo interno,* el ojo del ser humano espiritual. Es el verdadero ojo de la visión e involucra la idea de dualidad (del veedor y lo que es visto) . Aquel través del cual el alma mira el mundo de los seres humanos y dirige a la personalidad.

2. *El ojo derecho,* el ojo de Budi, responde directamente al ojo interno. A través de este ojo puede ser dirigida en el *plano* físico la actividad más elevada de la personalidad. Respecto a esto tienen un triángulo de fuerzas espirituales que puede ser impelido a una actividad singular por el discípulo avezado y el iniciado.

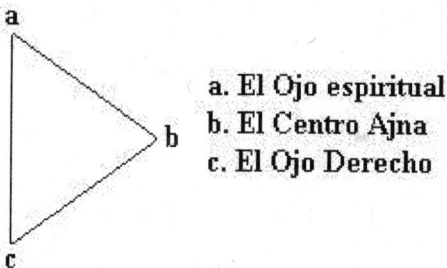

a. El Ojo espiritual
b. El Centro Ajna
c. El Ojo Derecho

[i251] Por medio de esta triplicidad, el iniciado entrenado trabaja, por ejemplo, cuando ha de ocuparse de un grupo de personas *o* de un individuo.

3.*El ojo izquierdo,* el ojo de manas, es el distribuidor de la energía mental controlada correctamente se refiere a los propósitos correctos de la personalidad. Este ojo también forma parte de un triángulo de fuerzas, disponibles para el uso del aspirante y del discípulo en probación.

a. El centro Ajna
b. El Ojo Izquierdo
c. El Ojo Derecho

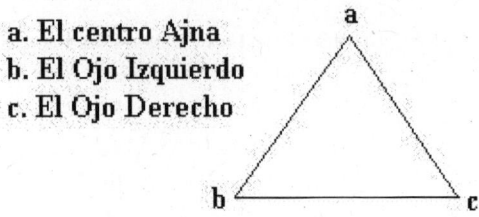

El ojo interno o divino está pasivo y relativamente inactivo, siendo el órgano de observación en lo que concierne al alma, no es todavía en la mayoría de los casos —un distribuidor de energía rectora del alma. Sin embargo, el aspirante reorientado, disciplinado, integrado y enfocado en su personalidad purificada, emplea fuerza búdica y manásica; comenzando a ser intuitivo y predominantemente mental. Cuando estos dos triángulos están controlados y empiezan a funcionar adecuadamente, los siete centros del cuerpo etérico están bien dirigidos, llegando a ser los receptores del ritmo establecido en el ser humano desarrollado y por consiguiente, presentan al alma un instrumento por intermedio del cual afluirán las energías apropiadas, y la plena organización y el propósito de un hijo de Dios en función, pueden manifestarse en la Tierra.

Luego viene lo que hemos llamado la etapa de orientación. El alma y la personalidad integrada es quien gobierna y, en una vuelta más alta de la espiral, lo hace la Mónada, **[i252]** siendo entonces la personalidad simplemente el agente del espíritu. A través de los dos triángulos, ambos trabajan sincrónicamente, los centros de la columna vertebral (cinco en total) son controlados rítmicamente. La energía es dirigida a ellos y a través de los mismos; constantemente adquieren una hermosa organización que ha sido descrita como la "vida flamígera de Dios", vida de dedicación y servicio espirituales, donde el triángulo superior es el más poderoso.

Los tres enunciados siguientes resumen la historia de la oportuna liberación de la Gran Ilusión, por parte del discípulo:

Primero, como alma, actuando a través del triángulo superior, llega a ser el agente director, dispersando la ilusión. La mente se ilumina.

Segundo, como personalidad (bajo la acrecentada influencia del alma), actúa por medio del segundo triángulo, disipando el espejismo. Se rompe el control ejercido por la naturaleza astral.

Tercero, como discípulo, actuando como alma y personalidad integrada, dirige la expresión de su vida, maya, o el mundo de las energías etéricas, se desvitaliza y solo se emplean esas fuerzas y energías que llenan la necesidad del discípulo o del iniciado, cuando cumple el designio divino.

Observarán que esto está incluido y se realiza en el séptuple trabajo recién mencionado, lo cual puede resumirse de la manera siguiente:

1. El discípulo descubre el foco de su identificación.

2. Se cerciora de la naturaleza de las fuerzas que acostumbra a emplear y que perpetuamente lo impulsan a la acción. [i253]

3. Se hace consciente del poder y frecuencia de esta expresión de fuerza.

Esto lo realiza como observador mental.

4. Llega a ser consciente de la cualidad de las fuerzas empleadas, su relación con los rayos y su significado astrológico.

Esta actividad es sensoria sensible, aunque no tan mental como las tres etapas anteriores.

5. Identifica los centros en el cuerpo etérico, y se da cuenta de su existencia individual como agentes de fuerza.

6. Los "triángulos de visión y orientación" situados en la cabeza, llegan a la etapa de organización y:

    a. se convierten en mecanismos activos y funcionando

    b. se relacionan y funcionan como un solo instrumento de expresión. Esta actividad es objetiva y subjetiva

7. Impulsa al cuerpo físico a la actividad, mediante los agentes rectores situados en la cabeza y los centros de la columna vertebral.

Ahora surge el interrogante de cómo se realiza esto, conduciéndonos al segundo punto.

B. *La Aplicación de la Ciencia de la Respiración*

Se han dicho y enseñado muchas cosas sin sentido acerca de la ciencia de la respiración. Muchos grupos imparten instrucciones peligrosas sobre la respiración peligrosas porque están basadas en el conocimiento teórico y sus exponentes nunca las han practicado mayormente, y también peligrosas porque algunos grupos simplemente explotan, con fines lucrativos, a aquéllos que no están [i254] preparados para ello. Afortunadamente para la mayoría de los aspirantes, la información e instrucción es inconsistente, inexacta y con frecuencia inocua, aunque en muchos casos produce reacciones significativamente malas. El propósito del aspirante común es tan débil que no puede cumplir oportunamente con los innumerables requisitos diariamente y en forma persistente, ni dedicar la atención que sería la garantía para un éxito dudoso, no existiendo peligro en tales casos. Muchos grupos ocultistas explotan el tema a fin de erigir un misterio y presentar una atracción al incauto, de modo que sus adherentes tengan algo en qué ocuparse y así adquirir fama como ocultistas eruditos y bien entrenados. Cualquiera puede enseñar ejercicios de respiración. Más bien consisten en inhalaciones y exhalaciones periódicas, medidas y espaciadas, de acuerdo al deseo del instructor. Donde se realice un esfuerzo persistente se obtendrán resultados, y serán generalmente indeseables, pues el instructor común pone el énfasis sobre la técnica de la respiración y no sobre las ideas que por la energía que esta respiración engendra deberían tomar forma en la vida del discípulo.

Toda la ciencia de la respiración está erigida alrededor del empleo de la Palabra Sagrada OM. El uso de dicha Palabra debiera estar limitado únicamente a los aspirantes que se han comprometido seriamente a hollar el Camino, pero su empleo ha sido difundido y prescrito por muchos instructores sin escrúpulos, especialmente los swamis llegados de la India, que se hacen pasar por santos, obteniendo que las incautas mujeres de Occidente caigan en sus redes. La Palabra es empleada sin ninguna intención espiritual sino simplemente como un sonido que, llevado sobre el aliento, produce resultados psíquicos que indican a los crédulos su profunda espiritualidad. La dificultad reside en que la respiración está inevitablemente relacionada con el OM, pero los efectos dependen del motivo y de la intención interna establecida. El oriental, a menos que haya alcanzado la cuarta o quinta iniciación, no tiene una verdadera comprensión del **[i255]** occidental, de su mecanismo ni de su equipo que, como resultado de una civilización y de un modo de vida particular, difieren ampliamente de los del oriental. En Oriente, el problema del instructor o Gurú consiste en tomar personas negativamente polarizadas y hacerlas positivas. En Occidente, las razas son por lo general de actitud positiva y no necesitan un entrenamiento como el que se le da al oriental. ¿Qué quiero significar exactamente al hacer esta afirmación? Quiero decir que en Oriente, el factor voluntad (la cualidad del primer aspecto) se halla ausente. El oriental, particularmente el habitante de la India, no posee voluntad, el incentivo dinámico ni la capacidad para ejercer esa presión interna sobre sí mismo que traerá resultados definidos. Por esta razón, esa civilización particular es tan inadaptable a la civilización moderna; el pueblo de la India hace pocos progresos en lo que respecta a la ordenada vida municipal y nacional, estando muy atrasado en lo que respecta a la vida civilizada moderna. Generalizando, el occidental es positivo, y necesita la fuerza rectora del alma, pudiendo obtenerla con muy poca enseñanza. La raza Aria está obteniendo hoy una fusión entre el aspecto voluntad, la mente y el cerebro. No pasa lo mismo en Oriente. Allí sucederá más adelante.

El único factor que hace eficaz la respiración es la intención, el pensamiento y el propósito que se hallan detrás de él. Aquí tienen la clave para los ejercicios de respiración dinámica y útiles. A no ser que en el discípulo haya una clara apreciación del propósito, sepa exactamente lo que está haciendo, cuando practica la respiración esotérica, y comprenda el significado de las palabras "la energía sigue al pensamiento", los ejercicios de respiración son pura pérdida de tiempo y pueden ser peligrosos. De esto puede deducirse que solo cuando existe un vínculo entre la respiración y el pensamiento se obtendrán algunos resultados.

Detrás de esto, hay un tercer factor aún más importante, la VOLUNTAD. Por lo tanto, la única persona que puede practicar segura **[i256]** y útilmente los ejercicios de respiración es aquélla cuya voluntad es activa su voluntad espiritual y, por lo tanto, la voluntad de la Tríada espiritual. Cualquier discípulo que está en proceso de construir el antakarana puede empezar a emplear, con mucho cuidado, ejercicios de respiración dirigidos. Pero, en último análisis, únicamente los iniciados de tercer grado, que están entrando bajo la influencia monádica, pueden, correctamente y con éxito, emplear esta forma de dirigir la vida y alcanzar resultados efectivos. Esto es fundamentalmente verdad. Sin embargo, este esfuerzo ha de comenzar a realizarse, estando invitados los verdaderos discípulos.

Si son consideradas todas las implicaciones del párrafo anterior, evidentemente el discípulo ha de establecer, como paso preliminar, una relación directa entre su cerebro, su mente y el aspecto voluntad de la Tríada espiritual; en otras palabras, el receptor negativo del pensamiento (el cerebro), el agente de la voluntad (la mente) y la Tríada misma, han de ser puestos en contacto recíproco vía el antakarana. Cuando dicha relación existe, o ha comenzado a establecerse, los ejercicios de respiración pueden iniciarse sin peligro y benéficamente. Como verán, solo la voluntad dirigida, empleando como agente la respiración rítmica organizada, puede controlar los centros y producir un propósito ordenado en la vida. Por lo tanto, ésa es la idea dominante o línea de actividad mental, con la cual el discípulo debe ocuparse al practicar el ejercicio de respiración. Esta idea debe personificar algún propósito, alguna actividad planeada y cierta meta determinada, antes de ser generado, reunido y exhalado, el aliento que la ingeniará o desarrollará, convirtiéndose así en portador de poder. Esto debe realizarse, en aras de la intención consciente, si puedo hablar aquí en forma simbólica. Los invito a que lean frecuentemente estas últimas frases, porque conciernen a la Ciencia de la Respiración y encierran la clave para realizar el trabajo necesario. Esta ciencia considera principal y básicamente las ideas formuladas en nítidas formas mentales, **[i257]** que condicionan la vida del discípulo en los niveles etéricos. Desde allí, condicionarán eventualmente su vida en el plano físico.

No tengo la intención de dar algún ejercicio de respiración que los discípulos o aspirantes pudieran emplear, o probablemente abusar de ellos. La primera responsabilidad consiste en ser conscientes de los impulsos dentro de sí mismos, los cuales podrían impeler a los centros a la actividad y producir así condiciones y acontecimientos en el plano físico. Cuando estos impulsos están clara y firmemente establecidos en la conciencia mental del discípulo, nada evitará que emerjan, a su debido tiempo, a la luz del día. Pero han de seguir un proceso ordenado de gestación y aparecer cuando corresponde.

Cuando hay verdadero idealismo, recto pensar, más una comprensión del vehículo de expresión y del mundo de las fuerzas en que la idea ha de ser lanzada, entonces el estudiante puede seguir sin peligro ciertos ejercicios de respiración programados, y la segunda fase o el resultado de una respiración rítmica establecida aparecerán. *Esto es inspiración.*

Los ejercicios de respiración tienen un efecto puramente fisiológico cuando no están impulsados o motivados por el pensamiento dirigido y no son el resultado del aferramiento y logro de un punto de tensión por parte del aspirante. Mientras se lleva a cabo el proceso de aspiración y exhalación, debe mantenerse una clara línea de pensamiento activo, para que el aliento (al ser expelido) sea cualificado y condicionado por alguna idea. Es aquí donde fracasa tan a menudo el aspirante común. Por lo general se halla tan intensamente ocupado con el proceso de dirigir la respiración y la expectativa de algunos resultados fenoménicos, que olvida el propósito vital de la respiración: energetizar y agregar cualidad a la vida de los centros por medio de algún pensamiento proyectado y presentado, expresando cierta y determinada idea emitida. Allí donde falta esta estructura de pensamiento idealista, los resultados de la respiración serán prácticamente nulos o – [i258] donde hay resultados de cualquier tipo en estas circunstancias– no estarán relacionados de ninguna manera con el pensamiento, sino que serán de naturaleza psíquica. Entonces, pueden producir un desarreglo psíquico duradero, porque la fuente emanante de la actividad es astral y la energía proyectada va a centros que se hallan situados debajo del diafragma, nutriendo así la naturaleza inferior, enriqueciendo y fortaleciendo su contenido astral y, por ello, aumentando y profundizando el espejismo. Los resultados pueden ser también fisiológicos, estimulando al cuerpo etérico, lo que conduce al fortalecimiento de la naturaleza física, produciendo a menudo serios resultados, pues el aliento es llevado a centros que deberían estar en "proceso de elevación", tal como se lo denomina esotéricamente; esto aumenta su potencia física, nutre los apetitos físicos y hace la tarea del aspirante muy difícil cuando trata de sublimar la naturaleza inferior y arraigar o enfocar arriba del diafragma o en la cabeza, la vida de los centros.

Entonces, se acrecienta el espejismo y maya y, durante la vida en que estos ejercicios son mal aplicados, el aspirante permanece en una condición estática y sin beneficio. Cuando aspira o inhala, extrae el aliento de su propia aura, su "círculo infranqueable" áurico nutre a la naturaleza inferior y establece un círculo vicioso dentro de sí mismo, que se fortalece diariamente, hasta que está completamente envuelto por el espejismo y maya, que constantemente establece y restablece. Los centros inferiores se vitalizan continuamente, llegando a ser extremadamente activos, y el punto de tensión desde el cual el aspirante trabaja se encuentra enfocado en la personalidad y no en el alma; el estar consciente de lo excepcional de la respiración especial y la expectativa por los resultados fenoménicos, impiden la entrada a todo pensamiento, excepto las reacciones inferiores de naturaleza kamamanásica, la cual fomenta la emoción y aumenta enormemente el poder del cuerpo astral, y con frecuencia los resultados fisiológicos son también poderosos y **[i259]** notables, como puede ser un gran desarrollo del tórax y la fortificación de los músculos del diafragma. Algo de esto puede verse en el caso de los cantantes de ópera. El canto tal como ahora se enseña es la manifestación de algún aspecto inferior de la respiración y en el caso de los citados cantantes produce un gran desarrollo del tórax, intensifica la emotividad, trae inestabilidad en la manifestación de la vida, que a menudo denominan temperamento, y el canto queda totalmente sometido a la naturaleza astral.

Existe un método superior y más eficaz de canto, por el cual se obtiene un punto de tensión diferente e involucra un proceso de respiración que extrae la energía necesaria de fuentes superiores y más amplias que las comúnmente empleadas, lo cual traerá la inspiración que implicará completamente al ser humano y no despertará simplemente su reacción emocional hacia el tema de su canción y su auditorio. Esto dará lugar a un nuevo método de canto y de respiración basado en una forma de respiración mental, que llevará la energía y la inspiración consiguiente, proveniente de fuentes que se hallan fuera del aura de la personalidad. Aún no ha llegado el momento para esto. Mis palabras serán poco comprendidas hoy, pero en el próximo siglo los cantantes sabrán extraer las reservas de la inspiración por medio de una nueva técnica y un nuevo método de respiración. Tales técnicas y ejercicios se enseñarán prudentemente en las nuevas y futuras escuelas esotéricas.

La inspiración es el proceso de cualificar, vitalizar y estimular la reacción de la personalidad vía los centros hacia ese punto de tensión donde el control del alma se hace presente y evidente. Es el modo por el cual la energía del alma puede inundar la vida de la personalidad, irrumpir a través de los centros, expulsando todo lo que obstaculiza, liberando al aspirante de todos los espejismos y maya que aún quedan, perfeccionando un instrumento mediante el cual pueda escucharse la música del alma, y más adelante la cualidad musical de la Jerarquía. No olviden **[i260]** que el sonido compenetra todas las formas; el planeta mismo tiene su propia nota o sonido; cada diminuto átomo tiene su sonido; cada forma puede ser evocada en la música y cada ser humano tiene su cuerda particular, y todas las cuerdas contribuyen a la gran sinfonía que la Jerarquía y la Humanidad están ejecutando y ejecutan ahora. Cada grupo espiritual tiene su propio tono, si puedo emplear una palabra tan inadecuada, y los grupos que colaboran con la Jerarquía producen incesantemente música. Este ritmo de sonidos y esta miríada de acordes y notas se fusionan con la música de la Jerarquía, y tal sinfonía se enriquece continuamente; en el transcurso de los siglos, estos sonidos se unirán lentamente y fusionarán entre sí hasta que algún día la sinfonía planetaria que Sanat Kumara está componiendo, habrá terminado y nuestra Tierra hará una notable contribución a los grandes acordes del sistema solar, lo cual constituye una parte intrínseca y real de la música de las esferas. Entonces, como dice La Biblia, los Hijos de Dios, los Logos planetarios, cantarán al unísono. Tal será el resultado de la correcta respiración, del ritmo controlado y organizado, del verdadero y puro pensar y de la armoniosa relación de todas las partes del coro.

Reflexionen sobre este tema, considerándolo como ejercicio de meditación, y así adquirirán inspiración.

c. LA TÉCNICA DE LA INDIFERENCIA

En otros de mis libros, he dado mucha información sobre el cuerpo etérico y los centros, mayores y menores, que se hallan dentro de su radio. Entre los estudiantes existe la tendencia, cuando piensan en los centros, a identificarlos con el cuerpo físico y no con el cuerpo etérico. Esto se refiere más bien a la ubicación, en la mayoría de los casos, lo cual es un error. Los aspirantes debieran evitar toda concentración **[i261]** sobre el cuerpo físico y aprender gradualmente, a ubicar su foco de atención en el cuerpo etérico. El cuerpo físico es activo y poderoso, y debería ser considerado cada vez más como un autómata, influido y dirigido por:

1. El cuerpo vital y las fuerzas de maya, o por la inspiración que emana desde puntos de tensión espiritual.
2. El vehículo astral y las fuerzas del espejismo, o por el amor consciente y sensible que emana desde el alma.
3. La mente y las fuerzas de la ilusión en los tres mundos, o por la iluminación que viene de fuentes superiores a la vida.
4. El alma, como vehículo de la impresión monádica, hasta el momento en que ha sido construido el antakarana, ese puente construido con

materia mental, que oportunamente unirá a la Mónada y a la personalidad.

Uno de los problemas que han de resolver los discípulos es conocer la fuente del incentivo o impulso, de la impresión o inspiración que –vía el cuerpo etérico– impulsan al cuerpo físico a la actividad en el plano físico, demostrando así la cualidad, el propósito y el punto de tensión del ser humano encarnado, y manifestando la naturaleza del ser humano tal como es, en un punto dado de la escala evolutiva. De acuerdo a las tensiones y a los impulsos indicados, así será la actividad de los centros. Por lo tanto, podrán ver que gran parte de mi enseñanza invierte los usuales procedimientos ocultistas. No enseño la manera de despertar los centros, porque el correcto impulso, la firme reacción a los impulsos superiores y el reconocimiento práctico de las fuentes de inspiración, impulsarán a los centros, automáticamente y sin peligro, a la actividad necesaria y apropiada. Este es un sensato método de desarrollo y, aunque lento, no conduce a un desarrollo prematuro y produce un desenvolvimiento íntegro; permite al aspirante **[i262]** convertirse verdaderamente en el Observador, y saber con seguridad lo que está haciendo; conduce a cada centro a un punto de respuesta espiritual y luego establece el ritmo ordenado y cíclico de una naturaleza inferior controlada. Es verdad y posible que los ejercicios de respiración puedan tener lugar oportunamente en el entrenamiento del discípulo, pero serán auto iniciados, como resultado de una vida rítmica y del constante y correcto empleo de la Palabra Sagrada OM. Cuando un discípulo en meditación emite el OM siete veces por ejemplo, equivale a un ejercicio de respiración; cuando puede enviar la energía generada, a uno u otro de los centros, en alas del pensamiento consciente y planeado, está produciendo cambios y reajustes dentro del mecanismo que manipula fuerza, y cuando esto puede realizarse con facilidad y con la mente mantenida en un punto de "tensión totalmente mental" el discípulo se halla bien encaminado para desplazar todo su foco de atención del mundo de la ilusión, del espejismo y de maya hacia el reino del alma, en el mundo de la "luz clara y fría" y en el reino de Dios.

Cuando también agrega a esto la comprensión y la práctica de la Técnica de la Indiferencia, está libre y liberado, y en todo momento es esencialmente el Observador y el Empleador del mecanismo de manifestación.

¿Qué significa esta técnica? ¿Qué es indiferencia? Me pregunto si comprenden el significado de la palabra "indiferencia». En realidad significa adoptar una actitud neutral hacia aquello que se considera el no yo; involucra el rechazo de lo similar; indica el reconocimiento de una diferenciación básica; significa la negativa a identificarse con lo que no sea una realidad espiritual, hasta donde se percibe y conoce, en un punto dado en tiempo y espacio. Por lo tanto, es algo mucho más fuerte y vital que lo que comúnmente significa esta palabra. Constituye un rechazo activo, sin concentrarse en aquello que es [i263] rechazado. Esta es una afirmación importante y merece una cuidadosa consideración. Concierne al punto de tensión desde el cual trabaja el discípulo o aspirante observador. El punto de tensión se convierte en la fuente de donde emana cierto tipo de energía que afluye al cuerpo etérico y lo atraviesa, sin ser afectado por maya o por la concentración de diversas fuerzas, de las cuales el cuerpo etérico está compuesto. Indiferencia, técnicamente comprendida, significa un descenso directo de un punto a otro, sin desviación ni distorsión. La entidad manifestante, el discípulo, permanece sólida y firme en este punto de tensión y lo primero que hace es asegurarse dónde se halla, en qué plano se encuentra y cuál es la fuerza de tensión de la que ha de depender. Lo siguiente consiste en descubrir si lo que trata de impartir al cuerpo físico, para producir efectos en el mundo externo del experimento y la experiencia, está distorsionado por cualquier tipo de ilusión, detenida su expresión por el espejismo o propenso a ser desviado por las fuerzas incontroladas y el maya, que ellas producen. Esto no lo comprueba identificándose, en cada etapa descendente, con los obstáculos y posibles obstrucciones, sino intensificando su punto de tensión, recordando constantemente la verdad, por un proceso de proyección, de que él es el Yo y no el noyo, esta proyección consiste en el envío de energía, cualificada y reconocida; desde el punto de tensión directamente y sin desviarse, hacia el cuerpo vital, desde donde puede hallar su camino a los siete centros de control.

Aquí aplica la técnica de la indiferencia, y si no lo hace, lo que trata de expresar puede ser detenido y demorado por la fuerza etérica o por los velos de maya. Trabaja, por consiguiente, desde un punto de intensa concentración; rehúsa "apegarse" a cualquier forma o plano, cuando proyecta la energía en y **[i264]** a través de los tres mundos. Cuando descubre que el progreso ha sido detenido y demorado por la ilusión activa o el espejismo, se "desapega" conscientemente de tales contactos y se prepara para la etapa final de indiferencia y de rechazo de todas las fuerzas, excepto aquéllas que él conscientemente y con determinado propósito trata de emplear en el plano físico.

En último análisis, el punto de tensión para el discípulo medio se halla en niveles mentales, implicando la mente iluminada y un creciente contacto con el alma, siendo entonces capaz de:

a. "Ver" con claridad por medio de la luz del alma, demostrando un desarrollado sentido de los valores, pudiendo así disipar la ilusión.
b. Proyectar luz conscientemente sobre el plano astral, disipando así el espejismo.
c. Derramar la energía de la luz a través del cuerpo etérico y arraigar la luz o energía en los centros adecuados, porque habrá total indiferencia y no se identificará con maya.

En lo que respecta al iniciado, el proceso se lleva a cabo primero desde un punto de tensión dentro del alma, y luego desde un punto de tensión en la Tríada espiritual. Sin embargo, en todos los casos, una vez dentro del "círculo infranqueable" de los tres mundos, la energía rectora produce los resultados descritos en este libro:

1. La dispersión de la ilusión.
2. La disipación del espejismo.
3. La conquista de maya.

Cuando el aspirante lee estas simples aclaraciones de un proceso difícil, parece algo sencillo y fácil de lograr, **[i265]** pero ello en sí es una ilusión. No se supera tan fácilmente una milenaria identificación con el aspecto forma de la vida; la tarea que tiene ante sí el discípulo es extensa y ardua, pero promete un éxito eventual, siempre que piense con claridad, tenga un serio propósito y realice un trabajo científico planeado.

CUARTA PARTE
LA TÉCNICA DE LA FUSIÓN

[i266]En esta última parte nos ocuparemos del control que, constante e incesantemente, ejerce el alma sobre la personalidad. Por lo tanto trataremos de esa etapa de la iniciación que pone fin al sendero de desarrollo de la humanidad, iniciando un ciclo de existencia del cual nada sabemos ni podemos saber, excepto que el Maestro liberado comienza a actuar en forma dual: como miembro de la Jerarquía, que colabora con el Plan y se ocupa de la salvación de la humanidad y luego como discípulo de Sanat Kumara. La tarea de Sanat Kumara, respecto a los Maestros, consiste en prepararlos para hollar el Camino de la Evolución superior. Cuando llega a ser posible, entonces la "atención" (empleo esta palabra inadecuada a falta de otra mejor) se traslada espiritualmente del alma y del Ángel de la Presencia, a la misteriosa Presencia misma; hasta ahora esto solo ha sido presentido y confusamente visualizado. El Maestro liberado de los tres y de los cinco mundos de la evolución humana y de la así denominada evolución superhumana posee los dones de la omnipresencia y de la omniciencia. Es consciente de la unidad subyacente, realizada por la naturaleza real de la Vida Una y del Ser que compenetra toda la manifestación; ha dominado también todas las técnicas, modos y métodos de actividad posibles, de control y de fusión. Pero, habiendo desarrollado esas capacidades, comienza a darse cuenta débilmente de lo que condiciona al

Ser Uno, sintiendo energías y contactos que son extraplanetarios y de los cuales ha sido totalmente inconsciente. El conocimiento le llega después de la quinta iniciación.

[i267] Tiene ante sí la obtención de una serie de percepciones más elevadas y, a fin de recoger la recompensa de esos posibles contactos, ha de dominar técnicas y métodos de desarrollo que lo harán omnipotente y, por lo tanto, expresará el más elevado de los tres aspectos divinos. Este desarrollo pondrá a su alcance poderes y experiencias que solo pueden ser manipulados y comprendidos por la actividad científica de la VOLUNTAD, y ello debe ser desarrollado desde un punto de tensión, enfocado en la "Mónada", en lo que pueda significar esta palabra. ¿Saben lo que esto significa? Estoy seguro que no. Únicamente los Maestros de Sabiduría tienen alguna comprensión de los desarrollos finales y solo en el sentido de una aspiración plenamente volitiva un aspecto de la aspiración, caracterizado por la voluntad consciente, así como la aspiración del discípulo está caracterizada por el deseo sublimado. Sin embargo esto se halla más allá de la comprensión del discípulo común; su único valor consiste en describir la infinita oportunidad que se presenta en cada etapa y punto de crisis en el interminable Camino.

Ahora nos ocuparemos del gran punto de crisis, con el cual se enfrenta el discípulo, cuando trata de resolver el último par de opuestos, previamente a ciertas iniciaciones mayores; significa enfrentar la personalidad con el Ángel de la PRESENCIA. No es necesario que defina los dos aspectos de la naturaleza del discípulo, porque esencialmente es eso. Ya se ha dicho, y también lo saben, que el Morador en el Umbral es la personalidad totalmente desarrollada, la suma total de todo el pasado y la conjunta presentación de todos los problemas no resueltos en el plano físico, todos los deseos reprimidos, todas las características y cualidades latentes, todos los aspectos del pensamiento y de la propia voluntad, todos los poderes inferiores y antiguos hábitos (tanto malos como buenos), de cualquiera de los tres cuerpos. Estos son traídos en su totalidad a la superficie **[i268]** de la conciencia para que sean tratados allí de tal modo, que rompan el control que ejercen. Entonces el discípulo se libera para recibir las iniciaciones finales. Este proceso no es consumado en un determinado enfrentamiento de las dos fuerzas antagónicas, sino como un triple proceso que abarca cada uno de los períodos que preceden a las tres primeras iniciaciones o (desde el ángulo de la Jerarquía) antes de las dos iniciaciones en el umbral y de la primera iniciación mayor, la Transfiguración.

Durante muchas vidas el discípulo ha morado en el umbral, siendo él mismo el Morador. Detrás del portal que se abre lentamente percibe la vida, la encarnación espiritual y la realidad del Ángel. Entre él y esa puerta hay una tierra ardiente, enfrenta a esta, y sabe que ha de cruzarla si quiere pasar por la puerta. Allí sabrá si su voluntad será suficientemente fuerte para someter su yo personal a los fuegos de la purificación final. El yo personal está ya muy desarrollado; es un instrumento útil que el alma puede emplear, un agente bien entrenado para prestar servicio, siendo esencialmente un equipo adecuado y útil. Sin embargo, tiene sus debilidades, que en cualquier momento pueden convertirse en puntos de crisis; también tiene sus puntos de fuerza que pueden ser trasmutados con relativa facilidad en puntos de tensión, y es totalmente un instrumento con el cual se puede contar y prestar un buen servicio. ¿Puede y debe ser él sacrificado para que, hablando esotéricamente, su vida se pierda y se lo reemplace por la consagración y la devoción? A todos los discípulos les resulta difícil resolver, comprender y llevar a la práctica este problema. Únicamente atravesando la tierra ardiente tres veces consecutivas, se destruyen todos los obstáculos que impiden el empleo libre de la voluntad. La relación existente entre el Ángel y el Morador debe ser llevada a una plena expresión por medio de la voluntad. Me refiero a la voluntad espiritual y a sus tres aspectos, que [i269] deben ser puestos en actividad antes de que la voluntad divina comience a ejercer control. El discípulo une los dos aspectos de su naturaleza con plena conciencia y con clara intención por medio de un acto volitivo planeado; dicho acto produce un punto de tensión en el "centro de la tierra ardiente, en el cual ambos pueden unirse", tal como lo establecen los antiguos Archivos.

Quisiera llamarles la atención sobre el hecho de que es en un "punto medio" donde tiene lugar el gran sometimiento de lo inferior a lo superior. Esto no ocurre cuando el discípulo vacila incierto en la periferia de la tierra ardiente o cuando se encuentra ante el portal, después de haber pasado por la experiencia de la tierra ardiente. El punto esencial de crisis que produce el punto de tensión necesario es el resultado de la "decisión invocadora" de la personalidad que, a su debido tiempo, produce una "respuesta evocadora" del Ángel. Los dos factores implicados (y no olviden que todo esto tiene lugar dentro del campo de la conciencia del discípulo) van juntos y uno hacia el otro. En el centro de la tierra ardiente se encuentran y, entonces, la luz menor (una verdadera luz por propio derecho) de la personalidad es absorbida en la luz mayor del Ángel o Alma. El Ángel "extingue esotéricamente" al Morador que se pierde de vista en la radiante aura del Ángel. Esto ha sido simbólica y pictóricamente representado en las imágenes de los cielos, cuando, de acuerdo a los Festivales Católicos, tiene lugar la Asunción de la Virgen y la constelación de Virgo se pierde de vista en la radiación del sol. Allí se hallan los tres factores:

La Virgen..... forma material......personalidad......Morador
El Sol........naturaleza espiritual........ alma............ Ángel
La Tierra..... el ser humano que aspira....... el discípulo

La personalidad permanece; sigue existiendo, pero ya no es la de antes. La luz del Ángel la envuelve; la tierra ardiente ha hecho su trabajo, y la personalidad no es ni [i270] más ni menos que el cascarón o forma purificada, por medio de la cual puede brillar la luz y la irradiación, la cualidad y las características del Ángel. Es una fusión de luces, la más fuerte y poderosa extingue a la menor.

¿Cómo se ha realizado esto? No me refiero aquí a la preparación del Morador en el Umbral para este gran acontecimiento ni a los eones de disciplina, preparación, experimento y experiencia, vida tras vida, que han hecho que esta consumación sea posible y exitosa. Los dos aspectos del ser humano solo pueden enfrentarse con pleno poder, intención y finalidad, cuando la ilusión ya no controla a la mente, el espejismo ha perdido todo poder de confundir y las fuerzas de maya no pueden obstaculizar. La discriminación, el desapasionamiento y la indiferencia, han producido la dispersión por medio de la luz enfocada, la potencia disipadora de la luz distribuida y el poder rector de la energía de la luz. Solo cinco reconocimientos controlan ahora al discípulo:

1. La realidad de su discipulado.
2. La percepción del Ángel, expectante y dinámico.
3. El llamado invocador del Morador en el Umbral.
4. La necesidad de emplear la voluntad en forma nueva y diferente.
5. La necesidad de cruzar la tierra ardiente.

Los resultados son completamente claros. Es cuestión del momento propicio y la decisión. Quisiera recordarles que en todos estos procesos, el que actúa es el discípulo en plena conciencia, iniciando él mismo todos los procesos. No es el Ángel o el Morador, sino el mismo ser humano espiritual que ha de emplear la voluntad e iniciar la acción definida y progresiva. Cuando el discípulo ha dado los pasos necesarios y ha avanzado irrevocablemente, la respuesta del Ángel es segura, automática y omniabarcante. La total extinción del **[i271]** yo personal, en tres etapas sucesivas, constituye el resultado inmediato y normal. A esto se refería Juan el Bautista cuando dijo, "Él debe acrecentarse pero yo debo disminuir". Pronunció estas palabras como discípulo, antes de recibir la segunda iniciación en el umbral. Estos aspectos esotéricos, creciente y menguante, los tenemos en las fases de la luna, y el planeta lo tiene representado en el signo de Géminis, donde la luz de uno de los mellizos disminuye lentamente y la luz del otro adquiere intensidad.

Cuando ha tenido lugar esta "extinción esotérica", ¿cuál es el destino del discípulo? Ser controlado totalmente por el alma y ello, en la práctica, implica realización, trabajo y servicio grupal y, oportunamente, iniciación grupal. No tengo la intención de ocuparme de tales desarrollos, pues me he referido a ellos en otros libros. En esta breve elucidación he considerado los efectos que las sustancias y las fuerzas sustanciales, que se encuentran en los tres mundos, producen en el discípulo a medida que afectan al aspirante. No he considerado el problema del espejismo, de la ilusión y de maya desde el punto de vista del individuo común. Este, lógicamente, está sumergido en ellos y vive bajo su constante impacto. Por su intermedio, aprende. No ha llegado todavía a ese punto en que trata de liberarse de ellos como lo hace el individuo que se halla en el Sendero. Por lo tanto, he tratado el problema desde el prisma de los discípulos y aspirantes.

Para ellos se abre el CAMINO, y para ellos llega el reconocimiento consciente de la luz. La necesidad de que presten servicio hombres y mujeres que se han liberado de la ilusión y del espejismo, nunca ha sido tan dramática como hoy, y escribo esto para los servidores en potencia, que pueden llenar una necesidad imperiosa.

Que el Ángel de la PRESENCIA pueda hacer sentir su proximidad y los inspire para que atraviesen valientemente [i272] los fuegos de la tierra ardiente, es mi más ferviente plegaria; que la *realidad* de la PRESENCIA pueda ser sentida por ustedes y los conduzca a una mayor actividad una vez que hayan cruzado la tierra ardiente, es mi más profundo deseo; y que la luz ilumine su camino y traiga una segura y verdadera consumación de todos los afanes y luchas que han caracterizado la manera de vivir, es mi cordial deseo. Los insto a una empresa más activa y constante.

EL TIBETANO

LA GRAN INVOCACIÓN

Desde el punto de Luz en la Mente de Dios,
Que afluya luz a las mentes de los hombres,
Que la Luz descienda a la Tierra.

Desde el punto de Amor en el Corazón de Dios,
Que afluya amor a los corazones de los hombres,
Que Cristo retorne a la Tierra.

Desde el centro donde la Voluntad de Dios es conocida,
Que el propósito guíe a las pequeñas voluntades de los hombres,
El propósito que los Maestros conocen y sirven.

Desde el centro que llamamos la raza de los hombres,
Que se realice el Plan de Amor y de Luz,
Y selle la puerta donde se halla el mal.

Que la Luz, el Amor y el Poder restablezcan el Plan en la Tierra.

Esta Invocación no es propiedad de ningún individuo o grupo en especial. Pertenece a toda la humanidad. Empleándola o estimulando a otros para que la reciten, no se favorece a grupo alguno ni a organización determinada.

La belleza y la fuerza de esta Invocación reside en su sencillez y en que expresa ciertas verdades esenciales que todos los individuos aceptan innata y normalmente: la verdad de la existencia de una Inteligencia básica a la que vagamente damos el nombre de Dios; la verdad de que detrás de las apariencias externas, el Amor es el poder motivador del Universo; la verdad de que vino a la tierra una gran Individualidad llamada el Cristo por los cristianos, que encarnó ese Amor para que pudiéramos comprenderlo; la verdad de que el Amor y la Inteligencia son consecuencia de la Voluntad de Dios, y finalmente de que el Plan Divino solo puede desarrollarse a través de la humanidad misma.

Alice A. Bailey

ÍNDICE ALFABÉTICO

NOTA: los números de las páginas indicadas en el presente índice corresponden a la versión original inglesa.

D

I

L

Observador-
  actitud, 17, 190
  divino, 243
  mental, 253
Observadores, entrenados, 15, 38
Occidental, características, 255
Ocultar- 194
Ocultismo-
  occidental, 180
  práctico, campo, 245
Ocultista, trabajo, 243-244
Ocultistas, prácticos, sujetos a la revelación, 138-139
Ojo-
  a ojo, 228
  de la visión, 250
  de manas, 251
  derecho, 250
  interior espiritual, 250-251
  izquierdo, 251
Ojos-
  como medio de dirección, 250
  tres, 250-251
OM-
  utilización, 217, 218, 231, 234, 236, 239, 254, 262

Omnipotencia, desarrollo, 267
Omnipresencia y omnisciencia, dones, 266
Opuestos-
  pares-
  campo de batalla, 141
  en el plano astral, 98
  lucha entre, 84, 85-86, 87, 91, 126-127
  permaneciendo en la luz entre, 100
  resueltos, 241
  última batalla, 203
  primer par, 96-97, 99
Orgullo-
  de tipo mental, 60
  falso, 145
Oriental, características, 254-255
Ortodoxia, tramas, liberación de la verdad de, 184

Z

La *Escuela Arcana* imparte entrenamiento para el discipulado de la nueva era. Enseña los principios de la Sabiduría Eterna a través de la meditación, el estudio y el servicio esotéricos, aplicados como un *modo de vivir*.

Para mayor información escriba a:

LUCIS TRUST
40, rue du Stand
CH-1211 Ginebra 11
Suiza

geneva@lucistrust.org
(para estudiantes residentes en Europa)

LUCIS TRUST
866 United Nations Plaza
Suite 482
New York, NY 10017
USA

newyork@lucistrust.org
(para estudiantes residentes en Hispano América)

OBRAS DE ALICE A. BAILEY

Iniciación Humana y Solar
Cartas sobre Meditación Ocultista
Tratado sobre Fuego Cósmico
Tratado sobre Magia Blanca
Discipulado en la Nueva Era – vol. I
Discipulado en la Nueva Era – vol. II
Los Problemas de la Humanidad
La Reaparición de Cristo
El Destino de las Naciones
Espejismo un Problema Mundial
Telepatía y el Vehículo Etérico
Educación en la Nueva Era
Exteriorización de la Jerarquía
Tratado sobre los Siete Rayos:
Vol. I Psicología Esotérica I
Vol. II Psicología Esotérica II
Vol. III Astrología Esotérica
Vol. IV Curación Esotérica
Vol. V Los Rayos y las Iniciaciones
La Consciencia del Átomo
El Alma y su Mecanismo
Del Intelecto a la Intuición
De Belén al Calvario
La Luz del Alma
Autobiografía Inconclusa

RECOPILACIONES:
La muerte, una Gran Aventura
Sirviendo a la Humanidad
El sexo
El reino animal
Reflexionen sobre esto
El Séptimo Rayo

OTROS:
El espíritu de la Masonería
Los trabajos de Hércules

EDITADO EN LA MONTAÑA DE LOS ÁNGELES

EQUINOCCIO DE OTOÑO 2017

∴

LOS BENEFICIOS EDITORIALES DE ESTA OBRA VAN DESTINADOS
A LA FUNDACIÓN DHARANA Y SUS PROYECTOS

WWW.DHARANA.ORG